Wellnessmanagement

Angebote, Anforderungen, Erfolgsfaktoren

Von
Professor Dr. Knut A. Wiesner

ERICH SCHMIDT VERLAG

Bibliografische Information der Deutschen Bibliothek
Die Deutsche Bibliothek verzeichnet diese Publikation
in der Deutschen Nationalbibliografie;
detaillierte bibliografische Daten sind im Internet über
dnb.ddb.de abrufbar.

Weitere Informationen zu diesem Titel finden Sie im Internet unter
ESV.info/978 3 503 10360 7

ISBN 978 3 503 10360 7

Dieses Papier erfüllt die Frankfurter Forderungen
der Deutschen Bibliothek und der Gesellschaft
für das Buch bezüglich der Alterungsbeständigkeit und
entspricht sowohl den strengen Bestimmungen der US Norm
Ansi/Niso Z 39.48-1992 als auch der ISO-Norm 9706.

Satz: multitext, Berlin
Druck und Bindung: Hubert & Co., Göttingen

Vorwort

Der Wellness-Sektor ist einer der weltweit größten und zukunftsträchtigsten Wirtschaftsbereiche überhaupt und eine der derzeit international besonders dynamischen Branchen. In den entwickelten Staaten ist inzwischen etwa jeder 10. Beschäftigte in der Gesundheitsbranche tätig, mit steigender Tendenz. In Deutschland, Österreich und der Schweiz werden von der Wellnesswirtschaft fast 100 Mio. € umgesetzt.

Doch die Abgrenzung der Branche ist nicht einfach und sicherlich auch fließend, also wird in diesem Buch eine große Bandbreite der Wellnessunternehmen aufgezeigt. Bestimmte Unternehmen der Branche sind bereits heute erfolgreicher als andere, aber wird dies in Zukunft auch so sein? Was macht den Erfolg heute und in Zukunft aus? Das Buch versucht, Erfolgsfaktoren zu identifizieren und Handlungsanregungen für zukünftigen Erfolg zu bieten.

Gerade in der Wellnesswirtschaft bedarf es gelebter Kundenorientierung mit besonderer Rücksicht auf individuelle Kundenwünsche, eines umfassenden Qualitätsmanagements hinsichtlich der Leistungserstellungsprozesse, eines effektiven Innovations- und Beschwerdemanagements sowie der Vermittlung von Kompetenz, Vertrauen und Wohlfühlwelten.

Ungeachtet bestimmter, meist kurzfristiger Trends müssen sich Wellnessanbieter gegenüber ihren Kunden eindeutig positionieren. Dazu bedarf es der Instrumente des strategischen Managements. Denn langfristig sind nur diejenigen Anbieter erfolgreich, denen es gelingt, ihre Wellnesskunden auf unterschiedlichen Ebenen zu erreichen und dauerhaft zu binden.

Zunächst bedarf es allerdings nachvollziehbarer Visionen und greifbarer Ziele um die richtigen Strategien ergreifen und umsetzen zu können. Strategisches Management bietet die wirkungsvollsten Instrumentarien, um Wellnessunternehmen erfolgreich und zukunftsorientiert zu führen, so dass eine Customer Driven Company verwirklicht wird.

Im vorliegenden Buch werden die Erfolgsfaktoren des Wellnessmanagements dargestellt, soweit dies für eine so heterogene Branche im Einzelnen überhaupt möglich ist. Beispiele veranschaulichen die dargestellten Instrumentarien und eröffnen sowohl Praktikern als auch Studierenden den Zugang zu diesem Buch. Es soll die bisher im Erich Schmidt Verlag erschienenen Veröffentlichungen zu Wellness, Tourismus und Freizeit in diesen wichtigen zukunftsorientierten Managementbereich ergänzen und einen Beitrag zur Professionalisierung der Branche leisten.

Mein Dank gilt allen, die mich bei der Erstellung dieses Buches unterstützt haben. Insbesondere danke ich Frau Uta Lewien, die mir erlaubte, einige ihrer Wohlgefühl erzeugenden Bilder zu veröffentlichen (www.paintings-online.de).

Detmold, Würzburg-Schweinfurt
im Herbst 2007

Prof. Dr. Knut A. Wiesner
(info@professorwiesner.de)

Inhaltsverzeichnis

Abbildungsverzeichnis

1 Alles Wellness oder was ist Wellness?

„Wellness ist alles, was mir gut tut", sagte mir eine Studentin auf die Frage, was sie unter Wellness verstehe. Andere Antworten lauteten: „sich verwöhnen lassen", relaxen und auftanken", „etwas für die Gesundheit oder Schönheit tun", „sich etwas gönnen" oder „im Einklang mit Körper und Natur sein". Männlichen Probanden kommen spontan z. T. andere Vorstellungen in den Sinn, nämlich „aktiv und fit sein", „Kraft sammeln" „Sport treiben und danach in die Sauna" oder „Körper trainieren und fit werden". Fast pathetisch klingt dagegen schon „Begegnung von sinnlichem Genuss und Gesundheit".

Bei den Damen dominieren die Wellnessvorstellung eher Verwöhn- und Beautyangebote sowie gesunde und natürliche Ernährung, bei den Herren steht offensichtlich die körperliche Leistungsfähigkeit mit Fitness- und Sportangeboten im Vordergrund. Von manchen Menschen wird Wellness eher mit etwas Passivem (verwöhnen lassen und genießen) und von anderen eher mit etwas Aktivem und Herausforderndem (aktiv Sport treiben, Anstrengung und ganzheitliche Fitness erreichen) verbunden.

Und all dies ist also Wellness und offensichtlich noch viel mehr: Wenn man den Versprechungen der vielfältigen Wellnessangebote Glauben schenken darf, zieht sich Wellness durch alle Lebensbereiche. Von der Wellnessdecke und Wellnesskleidung über Wellnessmusik und Wellnessdüfte bis hin zu Wellnessjogurt oder leistungssteigernden bzw. lebensverlängernden Vitaminpräparaten – sog. Lifestyleprodukten. Aber auch ein toller neuer Zahnersatz oder eine Schönheitsoperation sollen zum persönlichen Wohlbefinden der Patienten bzw. Kunden beitragen. Angesichts eines inzwischen fast inflationären Gebrauchs des Begriffes oder Wortbestandteils Wellness könnte man also fragen: „Alles Wellness – oder was?" Oder gilt vielleicht doch „Wellnepp" statt Wellness?

Offensichtlich gibt es fast unbegrenzte unternehmerischen Chancen bei Dienstleistungen und Produkten in Verbindung mit dem gelegentlich etwas schillernden Begriff Wellness. Doch auch wenn der Begriff etwas abgegriffen zu sein scheint, tun sich auch heute und zukünftig noch Chancen auf, Wellnessleistungen zu kreieren und erfolgreich auf dem Markt anzubieten, wenn bestimmte Erkenntnisse und Verhaltensweisen beachtet werden. Dazu gibt es nachfolgend einige Anregungen und Handreichungen. Angesichts aktueller und sich für die Zukunft abzeichnender Konsumgewohnheiten in Mitteleuropa scheint noch reichlich Nährboden für neue Wellnessleistungen oder zumindest für Leistungen mit mehr oder minder umfangreichen Wellnesseigenschaften vorhanden zu sein. Und dies nicht erst seit Fußballbundestrainer Klinsmann seine Mannschaft mit Wellness fast zum Weltmeistertitel führte.

1.1 Gesundheit – Krankheit – Wellness

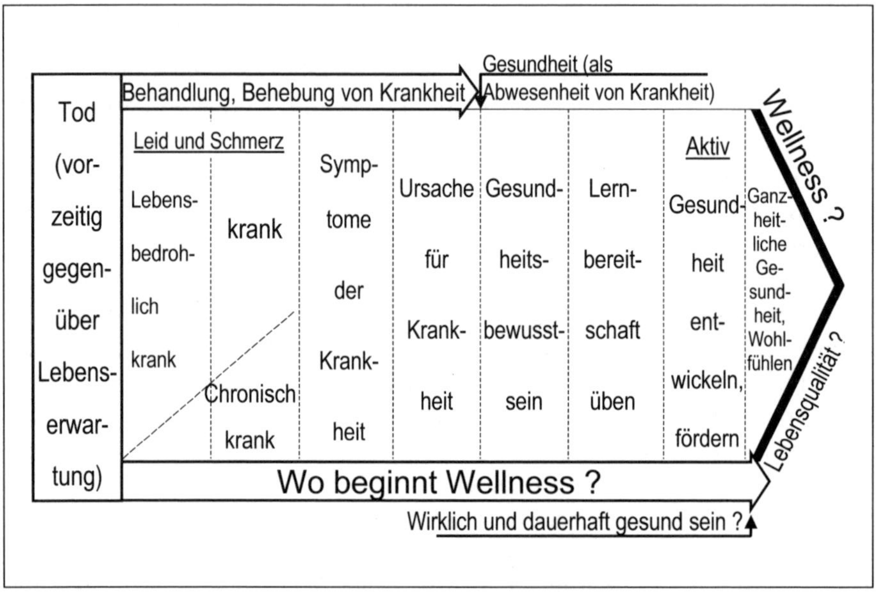

Abbildung 1: Kontinuum Krankheit – Gesundheit – Wellness (nach Travis)

Wellness hat offensichtlich etwas mit der Gesundheit zu tun, zumindest mit deren (nachhaltiger?) Verbesserung. Aber hat auch die (heutige) Medizin etwas mit Wellness zu tun? Repariert oder lindert unsere traditionelle Medizin nicht fast ausschließlich? Da muss man doch eigentlich erst krank sein, um die Hilfe und Unterstützung der Ärzte bzw. der Medizin in Anspruch zu nehmen. Das Gesundheitswesen in Deutschland, ebenso wie das in Österreich oder der Schweiz, ist seit jeher eher ein Krankheitswesen als ein Gesundheitswesen. Gesundheit ist also zumindest die Abwesenheit von Krankheit, wenn man dies auf einem Gesundheits-Krankheits-Kontinuum betrachtet (vgl. Abbildung 1) und Wellness muss danach sicher über diese Minimaldefinition von Gesundheit hinausgehen.

Was ein einzelner Mensch unter Wellness versteht bzw. wann er sich „well" bzw. wohl und fit fühlt, hat sicherlich auch etwas mit persönlicher Einstellung,

Empfindung und Erwartung zu tun. Vielleicht fühlt sich jemand schon wohl, wenn er nicht krank ist und Musik genießen kann. Ein anderer hat möglicherweise viel höhere Ansprüche und fühlt sich dann erst wohl, wenn er dauerhaft gesund, fit und widerstandsfähig ist und in diesem Zustand auch sehr alt wird ohne dabei aber alt auszusehen.

Offensichtlich gibt es einen herkömmlichen Gesundheitsbegriff und einen neueren, moderneren und umfassenderen, der mit Wellness verbunden wird. Traditionell werden dem Gesundheitssektor die Bereiche Krankenkassen, Medizintechnik, Pharmazie, Krankenbetriebe (einschließlich Ärzten, Heilpraktikern, Physiotherapeuten, Apotheken ...), Kur- und Reha-Betriebe, Sanatorien, Pflegeeinrichtungen, die diätetische Nahrungsmittelwirtschaft, Hersteller von Krankenhilfsmitteln u. ä. sowie der öffentliche oder halböffentliche Gesundheitssektor zugerechnet.

Neu aufkommende Gesundheitsbranchen orientieren sich eher an den von der WHO beschriebenen zusätzlichen Dimensionen der Gesundheit (vgl. Abschnitt 1.3). Zu diesen zählen neben der Biotechnologie und gesundheitsbezogener Umwelttechnik vor allem Naturheilverfahren, Naturkost, die sog. alternative Medizin, betriebsinterne Gesundheitsdienste, Fitness, Wellness, Religion (?) und die psychische Medizin. Und Gesundheit ist weniger ein Zustand als eher ein ständiger Optimierungsprozess (Gesundheitsförderung und Prävention).

1.2 Wellness-Historie

Der Begriff Wellness wurde erstmals 1654 im „Oxford English Dictionary" als „wealnesse" erwähnt und bedeutete bereits vor mehr als dreihundertfünfzig Jahren gute Gesundheit und Wohlbefinden. Im neueren Englisch ist dieser Begriff allerdings nicht mehr gebräuchlich.

Die Wurzeln von Wellness reichen aber tatsächlich Jahrtausende zurück, da im alten China bereits einige heute noch (bzw. wieder) gebräuchliche Behandlungsmethoden bekannt waren. Auch im alten Rom schätzte man vor mehr als 2000 Jahren Badeanwendungen, die schon zuvor bei den alten Griechen angewandt wurden. Auch Ayurveda und andere alternative Heilmethoden, die heute alle in die Wellnessangebote integriert sind, haben eine sehr lange Tradition.

Mit Beginn der präventivmedizinischen Bewegung in den USA formte Dr. H. Dunn in den 1950er Jahren den Begriff Wellness angeblich neu aus Teilen der Worte Wellbeing und Fitness, die sowohl die psychische als auch die körperliche Ebene umfassen. Bei Wellness ging es ihm um Maßnahmen zur Steigerung individueller, biologischer und soziologischer Potenziale insbesondere der arbeitenden Menschen, also um ein sog. Lifestyle-Management.

In den 60er Jahren des vorigen Jahrhunderts erfreute sich Wellness in den USA ständig wachsender Popularität, zunächst in Fachkreisen, dann auch zunehmend in der Öffentlichkeit. Dort entdeckten seit den 1970er Jahren sowohl staatliche als auch private wirtschaftliche Akteure in diesem Wellness-Konzept ein anwendbares Mittel zur Senkung lebensstilbedingter Gesundheitskosten. Denn der Kerngedanke lautet: Krankheiten erst gar nicht entstehen zu lassen, sondern diesen durch bewusste Lebensweise vorzubeugen und die individuell vorhandenen bzw. zu weckenden Vitalpotenziale der Menschen voll auszuschöpfen. Damit sollte Wellness also komplementär zum traditionellen Gesundheitswesen wirken und so die volkswirtschaftlichen Gesundheitskosten reduzieren.

Anfang der 90er Jahre des letzten Jahrhunderts gewann der Begriff Wellness auch in Deutschland, Österreich und der Schweiz an Bekanntheit, wenngleich seine heutige Verwendung im deutschsprachigen Raum oftmals nur geringen Bezug zu seiner Herkunft und eigentlichen Bedeutung erkennen lässt. In Deutschland knüpfte die Wellnessbewegung nahtlos an die Trimm-Dich-Aktion des Deutschen Sportbundes an, die unter dem Motto „Trimm Dich – durch Sport" mit Hilfe des „Trimmy-Logos" sehr erfolgreich von 1970 bis 1994 lief. Millionen von Menschen traten Sportvereinen bei oder frequentierten die unzähligen Trimm-Dich-Pfade, die überall entstanden. Aber neue Trendsportarten kamen ‚en vogue' und haben inzwischen den Platz des Dauerlaufs mit Trimm-Dich-Unterbrechung eingenommen. Auch das Thema seniorengerechte Bewegung spielt heutzutage eine große Rolle, so dass inzwischen Senioren-Spielplätze oder -Fitnessparks entstehen.

Abbildung 2: Trimmy prägte die Fitness-Einstellung der Deutschen

Übrigens entstand die „geistige Mutter" der heutigen Beauty- bzw. Wellness-Hotels schon vor mehr als 50 Jahren am Tegernsee. Die Heilgymnastin

Gertraud Gruber wollte gleich nach dem 2. Weltkrieg einen Ort schaffen, an dem sich Frauen rundum verwöhnen lassen konnten. Zunächst startete Sie ihre Behandlungen in Sachen Schönheit mit einem ambulanten Service: mit dem Rad fuhr sie anfangs zu ihren Kundinnen nach Hause.

Bereits 1955 gründete sie in Rottach-Egern die erste „Schönheitsfarm" Europas, die sie zunächst selber als „Runzel-Ranch" verspottete. Sie setzte dabei schon ganz nach der heutigen Sichtweise auf Ganzheitlichkeit. So kamen in ihrer Schönheitsfarm zur Körper- und Gesichtspflege auch Entspannung, Ernährung und Bewegung, Vorträge und Spielabende hinzu. Nach einer Woche fühlten sich die Damen deutlich wohler; und spätestens als sich die ersten Prominenten bei ihr einbuchten, wurde aus der zunächst belächelte Idee eine Erfolgsgeschichte.

1.3 Wellness-Eingrenzung

Wellness ist in seiner Kernaussage heute vor allem ein Synonym für ein positiv geprägtes Verständnis von Gesundheit im Sinne der abstrakt normativen Definition der Weltgesundheitsorganisation (WHO). Die Weltgesundheitsorganisation definierte nämlich schon vor mehr als fünfzig Jahren Gesundheit als Zustand des vollkommenen körperlichen, seelischen und sozialen Wohlbefindens.

Inzwischen beschreibt die WHO Gesundheit realitätsnäher, nämlich als die Fähigkeit, trotz eines gewissen Maßes an Mängeln, Störungen und Schäden leben, arbeiten, genießen und zufrieden sein zu können. In weiteren Veröffentlichungen beschrieb die WHO folgende sieben Grundbedingungen für Gesundheit:

- stabiles Selbstwertgefühl
- positives Verhältnis zum eigenen Körper
- Freundschaft und soziale Beziehungen
- intakte Umwelt
- sinnvolle Arbeit und gesunde Arbeitsbedingungen
- Gesundheitswissen und Zugang zur Gesundheitsversorgung
- lebenswerte Gegenwart und begründete Hoffnung auf eine lebenswerte Zukunft

Hierin finden sich einige Bestandteile, die sicherlich auch dem Wellnessbereich zuzurechnen sind. So wird deutlich, dass sich der Begriff Wellness nicht in einem oder wenigen Worten beschreiben lässt, wenngleich es die Römer bereits mit dem Satz „mens sana in corpore sano" versuchten und dabei vor allem auf Körperertüchtigung, Thermen und Wasserbehandlungen setzten. Die alten

Griechen schon sprachen von Regelkreisen des Wohlbefindens und noch weiter zurück reichen die Ansätze zur umfassenden Gesundheitslehre des Ayurveda und der Traditionellen Chinesischen Medizin (TCM) mit ihrem ganzheitlichen Ansatz nach ungehindertem Fließen der Lebensenergie „Qi".

Der Wellnessverband definiert hingegen Wellness relativ kurz als einen „Prozess ganzheitlichen Wohlbefindens im Kontext (wissenschaftlich gesicherter) gesundheitsfördernder Faktoren. Laienverständlich ausgedrückt: Genussvoll gesund leben" (www.wellnessverband.de). Allerdings erscheint mir dies doch etwas zu kurz gegriffen, denn Genuss könnte auch das rauchen einer Zigarre, das Trinken eines exquisiten Schoppens Wein oder das Essen einer fetten Weihnachtsgans sein. Und ob dies auch unter Wellness zu subsumieren ist, darf man bezweifeln, wenngleich genussvolles Leben für manche Menschen sicher die höchste Stufe des Wohlbefindens darstellt.

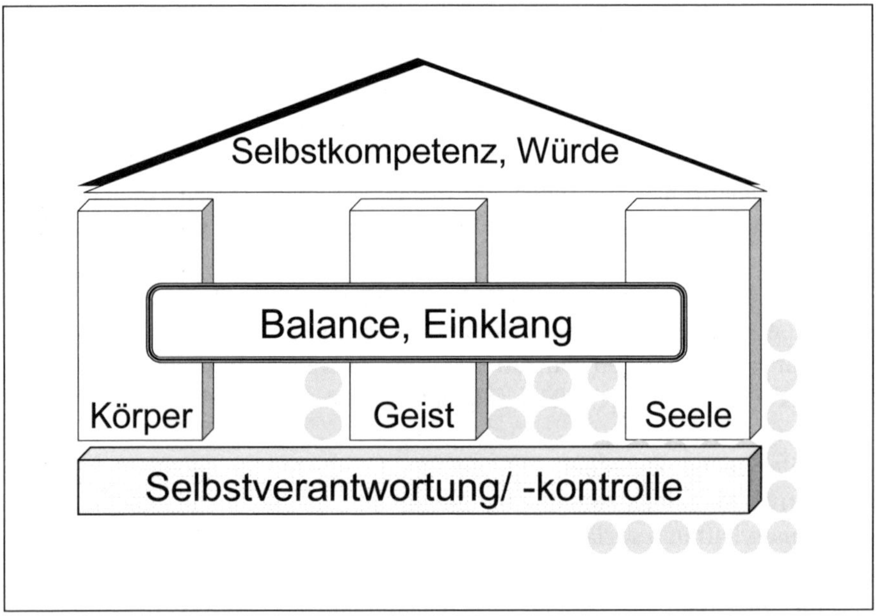

Abbildung 3: Bestandteile ganzheitlicher Wellness

Die IHKn beschreiben daher den Begriffes Wellness etwas genauer in vier Dimensionen; und zwar den folgenden:

- Gesundheit und Ernährung
- Beauty und Wellness
- Antistress und Entspannung
- Fitness und Bewegung

Dies kommt m. E. der Breite des heute verwandten Wellnessbegriffes schon deutlich näher, es fehlen aber noch einige Aspekte zu einer ganzheitlichen Wellnesssicht. So ist klar, dass die drei Dimensionen Körper, Geist und Seele (vgl. Abbildung 3) ergänzt um die Berücksichtigung des Lebensumfeldes, nämlich Umwelt, Moral/Ethik, soziale Beziehungen und Selbstverantwortung stets zu berücksichtigen sind.

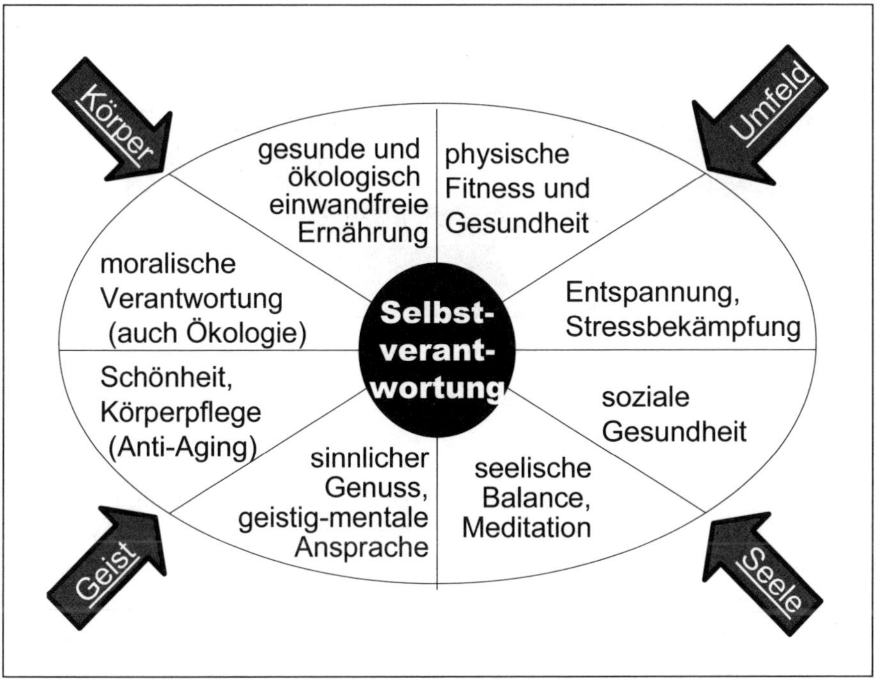

Abbildung 4: Wellness-Dimensionen

In voller oder zumindest teilweiser Selbstbestimmung und -verantwortung sind somit die Bereiche physische Fitness und Gesundheit (Vitalität), Entspannung und Stressbekämpfung (Muße), soziale Gesundheit und Kontakte, seelische Balance und Spiritualität, eine moralisch-ökologische Verantwortung, die geistig-mentale (sinnliche) Ansprache, Schönheit und Körperpflege sowie eine gesunde (natürlich-biologische) Ernährung zur vollständigen Beschreibung des Begriffes Wellness zu zählen (vgl. Abbildung 4). Horx wählte für diese erweiterte Form von Wellness zunächst den Begriff „acitve Lifestyle“ dann den Begriff „Selfness“, um dem Streben nach verstärkter Selbstkontrolle und Selbstkompetenz sowie nach Selbst-Wissen aber auch Selbst-Genuss Rechnung zu tragen.

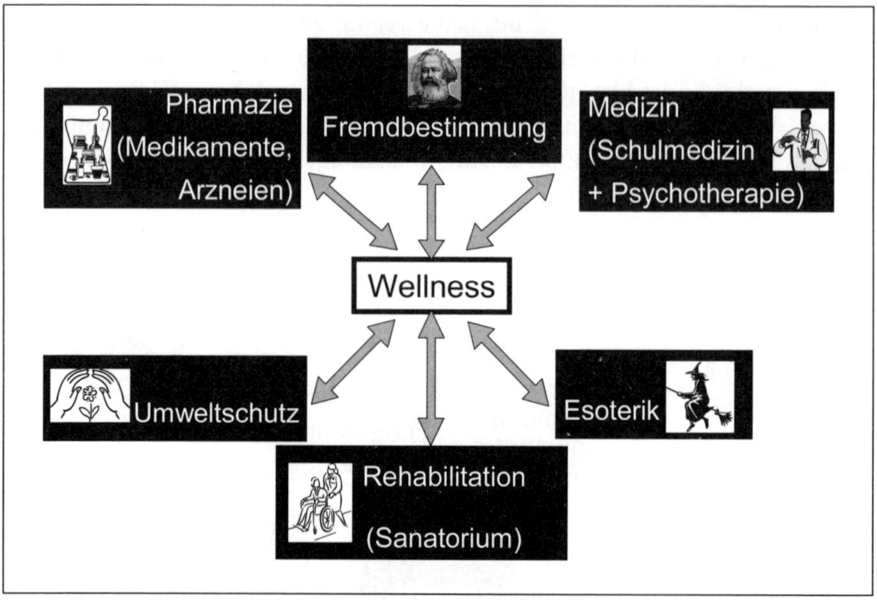

Abbildung 5: Abgrenzung von Wellness

Allerdings besteht die Gefahr, dass sich nach dieser Beschreibung (siehe Abbildung 4), die auf einer ähnlichen von Narstedt basiert, die acht Wellness-Dimensionen weit über das zuträgliche Maß über den Kern der Wellness hinaus in angrenzende Bereiche ausdehnen. Aber zum Wellness-Sektor zählt üblicherweise eben nicht die (traditionelle) Medizin (allenfalls nur zu einem geringen Teil), nicht die Pharmazie und nicht die Esoterik oder der Glaube, wenngleich diese Grenzen aus persönlicher Sicht verschwimmen können (vgl. Abbildung 5). Zum persönlichen Wohlbefinden eines Einzelnen kann selbstverständlich auch der ein oder andere Grenzbereich beitragen, allerdings sollen in diesem Buch diese Bereiche nicht vertieft betrachtet werden, wenngleich sich auch dort Marktchancen ergeben können. Schließlich geht es bei Wellness um ein qualitatives Lebensgefühl, und was Qualität ist, entscheidet letztendlich jeder für sich.

1.4 Megatrend Wellness

Nachdem eine Beschreibung bzw. Eingrenzung des Begriffes Wellness einigermaßen griffig gelungen ist, erhebt sich die Frage, ob es sich bei dem Wellness-Boom evtl. nur um einen kurzfristigen Trend oder sogar nur um eine schnell wieder verschwindende Modeerscheinung handelt. Oder ist Wellness ein stabiler und langfristiger Markttrend, ja vielleicht sogar ein Megatrend? Denn von dieser Einschätzung hängt es letztendlich ab, ob Unternehmen bzw. UnternehmerInnen in neue oder zusätzliche Wellnessangebote bzw. deren Verbesserung oder Ausweitung investieren sollen.

Einige Zukunftsforscher, wie Opaschowski oder Horx, sehen inzwischen im Thema Wellness nicht nur eine Modewelle sondern einen soliden Megatrend, der noch viele Jahre anhalten wird. Zukunftsforscher Nefiodow geht sogar noch einen Schritt weiter und belegt, dass das Thema Gesundheit und Wellness den nächsten langfristigen Konjunkturzyklus bestimmen wird. Wenn das so ist, bedeutet dies, dass das Thema Wellness die wirtschaftliche Entwicklung in den nächsten 40–60 Jahren in starkem Maße (positiv) beeinflussen wird.

Diese bereits vom Wirtschaftswissenschaftler Kondratieff vor ca. 100 Jahren erkannten langen Konjunkturwellen werden nach ihm auch Kondratieff-Zyklen genannt (vgl. Abbildung 6). Seit Ende des 18. Jahrhunderts hat es bereits fünf solch lange Konjunkturzyklen gegeben, die aufbauend auf bestimmten relevanten Basisinnovationen zunächst einen langen Aufschwung, darauf folgend aber auch eine längere Abschwungphase brachten. Wenn solche Baisinnovationen in Marktwirtschaften auf ein latent vorhandenes Marktbedürfnis treffen, können sie den Erfolg dieser Wirtschaften nachhaltig und über Jahrzehnte antreiben, wie frühere und heutige Statistiken eindrucksvoll belegen.

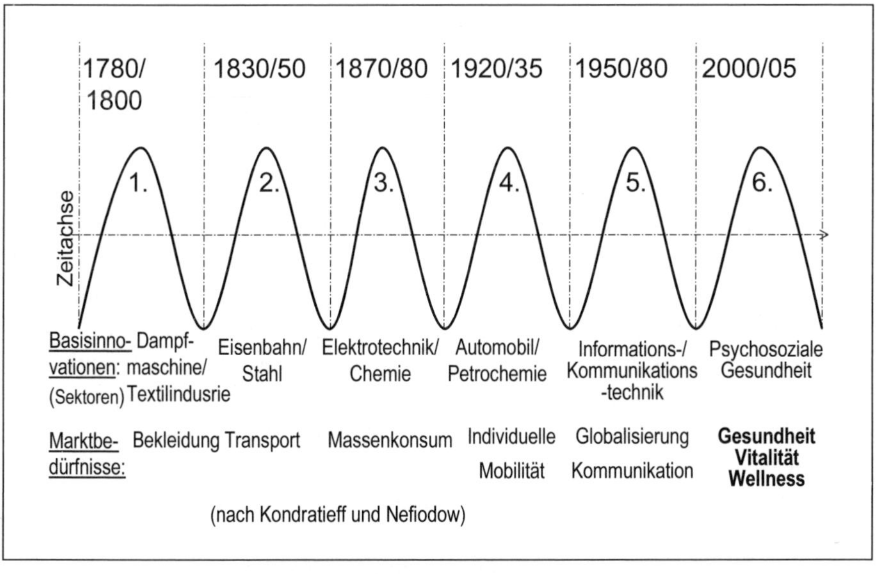

Abbildung 6: Lang anhaltender Megatrend Wellness (6. Kondratieff = langer Konjunkturzyklus)

Der erste dieser Kondratieff-Zyklen (vgl. Abbildung 6) wurde angetrieben von der Erfindung von Dampfmaschinen in der Textilindustrie. Diese ermöglichten die Herstellung günstigerer Kleidung und führte zum ersten großen Konjunkturschub, der wissenschaftlich belegt werden konnte. Gegen Mitte des 19. Jahrhunderts folgte einhergehend mit der Stahlproduktion der Durchbruch in der Eisenbahntechnologie, was wiederum günstiger Transportmöglichkeiten für den Stahl und andere Produkte bot usw. Im letzten zurückliegenden Kondratieff-Zyklus trafen Innovationen in der Informations- und Kommunikationstechnologie (u. a. TV, Massentelekommunikation, Internet, Mobilfunk ...) auf das gestiegene Kommunikations- und Informationsbedürfnis einer sich globalisierenden Wirtschaft und wurden zum mehrjährigen Treiber der Konjunktur.

Selbstverständlich lassen sich die Auswirkungen eines solchen Zyklus' zeitlich nicht exakt gegeneinander abgrenzen. So gibt es zeitliche Überlappungen der Zyklen sowie zeitliche Schwankungen je nach Weltregion. Selbst wenn jetzt ein neuer Zyklus beginnt, läuft die wirtschaftliche Verwertung der Informations- und Kommunikationstechnologie (Treiber des 5. Kondratieff-Zyklus') noch weiter. Dennoch sind die Zeichen für einen neuen Kondratieff-Zyklus in den letzten Jahren unverkennbar. Aus der Informationstechnologie kommen weniger wirtschaftliche Impulse, stattdessen nun aus den Bereichen Fitness, Umwelt- bzw. Gesundheitsschutz und Biotechnologie.

Also wird der neue Kondratieff-Zyklus offensichtlich über den Gesundheitsmarkt angetrieben. Die Menschen haben ein wachsendes Bedürfnis nach lang anhaltender Gesundheit und sind auch zunehmend bereit, dafür Geld auszugeben. Denn der Wunsch nach Gesundheit, Wohlbefinden, Prävention und allem was damit zusammenhängt, übt bereits heute eine starke Nachfrage in den genannten Bereichen und somit auch im Wellnessmarkt aus und wird in unserer Gesellschaft immer wichtiger werden.

Die Gründe liegen zum einen in der demografischen Entwicklung, zum anderen im Faktor Arbeit. In der modernen Arbeitswelt werden soziale und seelische Gesundheit (der Mitarbeiter) zunehmend zum Dreh- und Angelpunkt der wirtschaftlichen Prosperität und des persönlichen Erfolgs. Parallel dazu werden Medizintechnik und Biowissenschaften immer leistungsfähiger und sind in der Lage, diesen neuen Bedürfnissen Rechnung zu tragen. Und wenn wir alle mehr in unsere Gesundheit investieren müssen, würde dies die wichtigste Voraussetzung für das Wachstum und die Refinanzierung von Investitionen darstellen: Ein solch kräftiger Produktivitätsstoß würde einen neuen langen Konjunkturzyklus antreiben.

Träger des nächsten, des sechsten Kondratieff-Zyklus' werden nach Nefiodow die Biotechnologie und die psychosoziale Gesundheit (vgl. Abbildung 6) als zwei völlig neue Basis-Innovationen sein. Die Biotechnologie vermittelt dabei ein neues Verständnis von Gesundheit und Krankheit (vgl. Abbildung 1), mit der psychosozialen Gesundheit steht erstmalig das Innenleben des Menschen im Mittelpunkt (vgl. auch Abbildung 3).

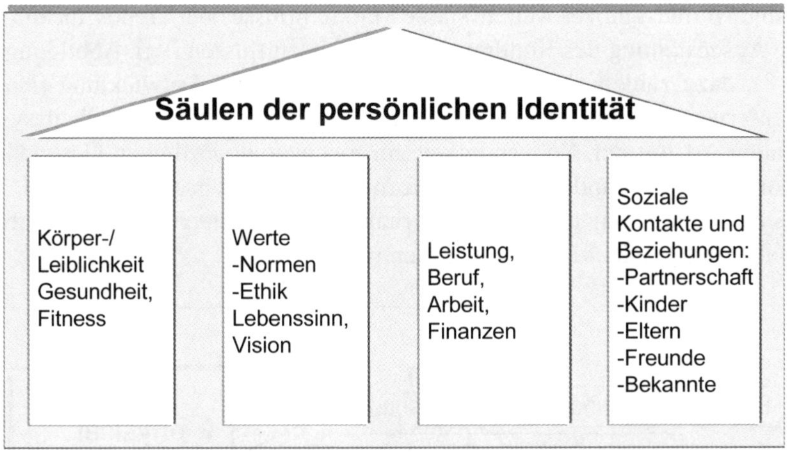

Abbildung 7: Vier relevante Identitätssäulen im System der Worklife-Balance

Nefiodow definiert Gesundheit als ein Zusammenspiel von stabilem Selbstwertgefühl, einem positiven Verhältnis zum eigenen Körper, einem stabilen Freundeskreis, einer intakten Umwelt, einer sinnvollen Arbeit und guten Arbeitsbedingungen, Gesundheits-Know-how und lebenswerten Zukunftszielen. Wenn alle in diesem Sinne bzw. entsprechend einer Worklife-Balance (vgl. Abbildung 7) gesund sind, wird die Kreativität und Arbeitsleistung um ein Vielfaches erhöht. Die zwangsläufige Folge ist eine weiter wachsende Nachfrage nach Gesundheitsangeboten.

Wer also unternehmerisch am neuen lang anhaltenden Aufschwung teilnehmen will, muss im Gesundheits- und im Wellnessmarkt möglichst frühzeitig Kompetenz aufbauen und dort investieren bzw. innovieren. Sonst wird eines Tages erkennbar werden, dass die internationalen Investitionsströme an Mitteleuropa vorbeifließen und die neuen Arbeitsplätze anderswo in der Welt entstehen. In Deutschland hatte man schon während des fünften Kondratieff-Zyklus' zu lange gegenüber den Chancen der Informationstechnologie gezögert, so dass Deutschland heute in der Informationstechnik (IT) Importland ist und viele der neuen IT-Arbeitsplätze im Ausland entstanden. Die Erkenntnis lautet also: Die Ersten, die sich den neuen Gesundheits- bzw. Wellnessmarkt erschließen, werden zu den „Gewinnern" gehören. Der Wissens- und Produktivitätsfortschritt bzw. -wechsel ist stets die Hauptquelle (mit bis zu 2/3) des wirtschaftlichen Wachstums, Arbeitskraft und Kapitaleinsatz sind gemeinsam nur halb so wichtig für den Aufschwung.

Neben einem lang anhaltenden Konjunkturzyklus bzw. Megatrend Gesundheit und Wellness gibt es weitere starke Markteinflüsse oder Trends, die die konkrete Ausgestaltung des Kondratieff-Zyklus' beeinflussen (vgl. Abbildungen 6 und 8); dazu zählen als wichtigste die demografische Entwicklung (längere Lebenserwartung), die Individualisierung, das kränkelnde Gesundheitssystem der alten Art mit der Notwendigkeit zur eigenverantwortlichen Gesundheitsvorsorge und die modernen Arbeitsformen bzw. Arbeitsanforderungen, aber auch die gesicherten finanziellen Verhältnisse oder die relativ hohe Freizeit (die allerdings z. Zt. wieder beschnitten wird).

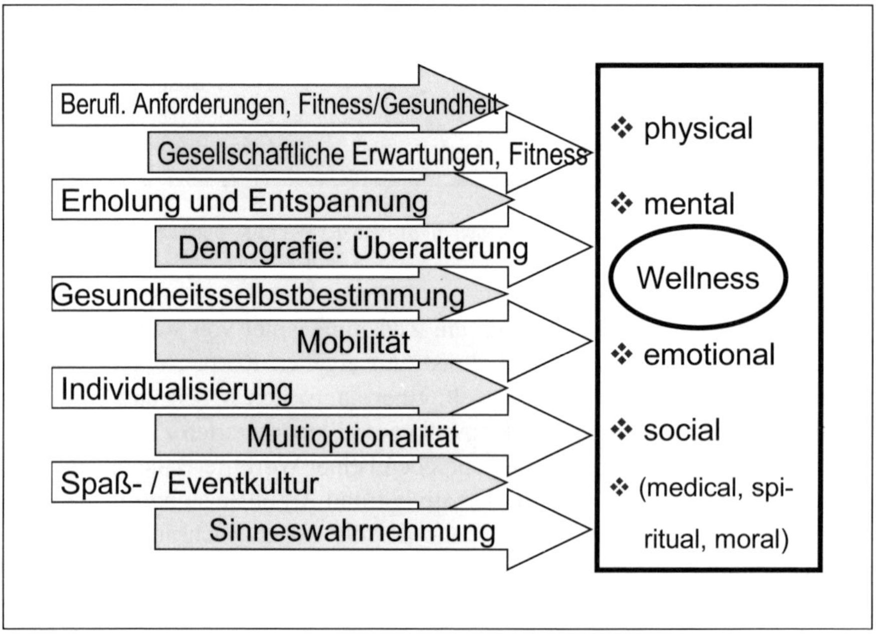

Abbildung 8: Einflussfaktoren auf den Wellnessmarkt und seine Dimensionen

Der Gesundheitsmarkt neuer Art wird nach Nefiodow folgende Bereiche umfassen:

- Biotechnologie
- Umwelttechnik, soweit auch Gesundheitsschutz
- Naturheilverfahren

- Naturwaren, Naturkost
- Baustoffe, Textilien
- Sinne (Farbe, Geruch, Musik), Architektur (innen, außen), Ästhetik
- sog. alternative Medizin
- Wellness, Fitness, Sport
- Gesundheitstourismus
- Betriebsinterne Gesundheitsdienste (BKK, Sozialstation, Kantine ...)
- Psychotherapie, Psychologie, Psychiatrie, Psychosomatik
- Religion, Spiritualität
- andere Kostenträger (Beteiligung der Verursacher, Selbstbeteiligung der versicherten)

Eine Vielzahl der hier genannten Bereiche lässt sich unter dem von uns gewählten Wellnessbegriff subsumieren, der damit zum zentralen Bereich des aktuellen Megatrends bzw. Kondratieff-Zyklus' wird. Wellness wird quasi zum neuen umfassenden Gesundheitsbegriff. Dementsprechend gibt es auch verschiedene Ausprägungen von Wellness, z. B. analog Abbildung 8 bzw. Abbildung 4, und damit wird deutlich, dass es verschieden ausgeprägte Wellnessteilmärkte geben wird.

1.5 Markttendenzen

Dienstleistungen umfassen inzwischen deutlich mehr als 70 % der Wirtschaftstätigkeit in Deutschland, Österreich oder der Schweiz. Und die Bruttowertschöpfung (BWS) der Dienstleistungen wird auch in den nächsten Jahren weiter ansteigen, wenngleich auch der Dienstleistungssektor von Rationalisierungsmaßnahmen betroffen sein wird, wie eine Prognos-Studie zum Strukturwandel bis 2020 aufzeigt (vgl. Abbildung 9). Besonders profitieren werden danach u. a. das Gesundheitswesen, Tourismus und Logistik sowie die Kommunikation. Ähnliche Tendenzen lassen sich auch in den USA erkennen.

Gründe für die weitere Zunahme von Dienstleistungen liegen nach Meffert insbesondere in gesellschaftlichen Entwicklungen (z. B. steigende Frauenerwerbsquote, steigendes Gesundheitsbewusstsein oder Singlehaushalte), Konsumveränderungen (z. B. Wunsch nach Convenience, „sich etwas gönnen"), technischen Entwicklungen (z. B. neue Kommunikationsmittel, Umwelt-, Medizin- und Biotechnologien), demografischen Veränderungen (Alters- und Haushaltsstruktur verändert sich, längeres Leben) sowie Marktveränderungen (z. B. zunehmender Wettbewerb oder Internationalisierung bringen die Notwendigkeit zur Differenzierung).

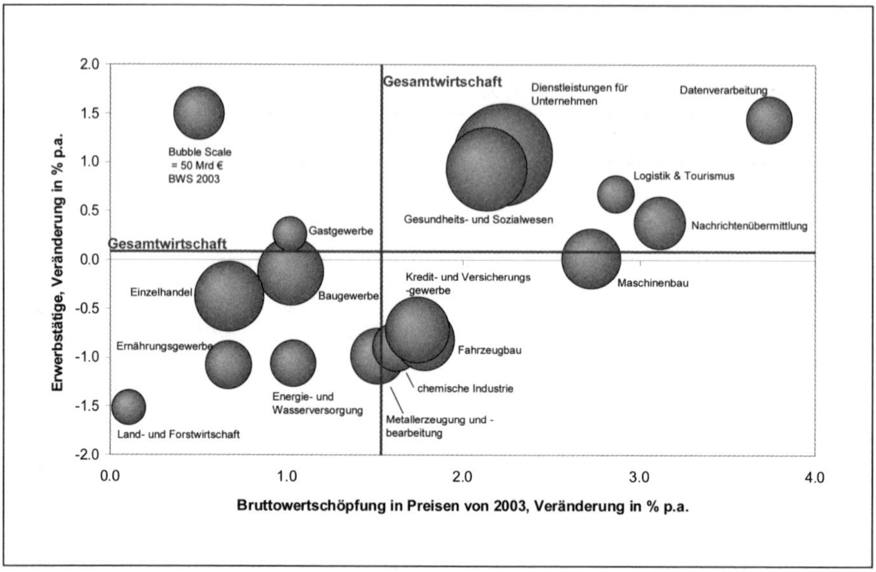

Abbildung 9: Gesundheitsdienstleistungen wachsen bis 2020 stark (nach Prognos)

Diese Entwicklungen sind grundsätzlich auch im Wellnessmarkt zu berücksichtigen, da dort Dienstleistungen vorherrschen. Der Wellnessmarkt weist offensichtlich noch starkes Wachstumspotenzial auf, egal ob es sich um Wellnessreisen, Beauty- und Anti-Aging-Angebote, Wellnesskleidung oder Wellnessbrötchen handelt. Obwohl verlässliche Zahlen fehlen, gibt es einige zuverlässige Schätzungen und Markterhebungen, die das Volumen dieses Zukunftsmarktes umreißen.

Nach Angaben des Wellnessverbandes erreichte der Umsatz allein in Deutschland im Jahr 2005 knapp 73 Mrd. €, womit wieder ein Anstieg von etwa 6 % erzielt wurde. Eine solche Wachstumsrate wurde wohl auch 2006 erreicht, so dass das Marktvolumen ca. 77 Mrd. € erreicht haben dürfte; und ähnliche Steigerungen sind auch in den nächsten Jahren zu erwarten.

Der Gesundheitsmarkt in einer umfassenden Betrachtung habe etwa ein Marktvolumen von ca. 250 Mrd. € (mehr als vier Millionen Menschen, also jeder zehnte Erwerbstätige, sind schon darin beschäftigt) und soll bis zum Jahr 2013 auf 300 Mrd. € und bis 2020 sogar auf 450 Mrd. € anwachsen, wie verschiedene Studien prognostizieren. Bereits seit Mitte der neunziger Jahre ist der Gesundheitssektor jährlich um etwa einen Prozentpunkt stärker gewachsen als die gesamte deutsche Wirtschaft. Allerdings sind solche konkreten Wertangaben problematisch, da sich allein die Abgrenzung des Marktes als sehr schwierig erweist.

Auf jeden Fall verdeutlichen alle Prognosen, dass reichlich Nährboden für Dienstleistungen oder Produkte besteht, die Wellness verkörpern oder zumindest wellnessverbessernde Eigenschaften aufweisen. Selbst wenn der Begriff Wellness seine Attraktivität einbüßen sollte – das dahinter stehende Bedürfnis wird auch zukünftig gefragt sein oder sogar noch gefragter werden. Im Zweifelsfall werden neue, attraktivere Begriffe für solche Angebote gefunden.

Der bewusstere Umgang vieler Menschen mit ihrer Gesundheit, der medizinisch-technische Fortschritt sowie die steigende Lebenserwartung fördern die Nachfrage nach Gesundheitsleistungen, auch wenn sie aus eigener Tasche zu bezahlen sind (wie viele der Wellnessleistungen). Jeder zweite Deutsche würde auch eine freie Wahl zwischen der gesetzlichen Krankenversicherung (GKV) und der privaten Krankenversicherung (PKV) begrüßen. So gaben die Deutschen bereits 2003 etwa 50 Milliarden € zusätzlich für ihre Gesundheit aus und bezahlten damit knapp 20 % aller in Anspruch genommenen Gesundheitsleistungen aus eigener Tasche. Zwei Drittel der Bevölkerung unterstützen vor allem solche Reformoptionen, die ein gesundheitsbewusstes Verhalten fördern, wie etwa Beitragsrabatte für die regelmäßige Teilnahme an Vorsorgeuntersuchungen. Die Bereitschaft zu mehr Eigenverantwortung und einer damit verbundenen Entlastung der gesetzlichen Versorgung nimmt offensichtlich deutlich zu, daher kann das Gesundheitssystem nun zukunftsfähig gestaltet werden (vergl Abbildung 10). Dies wird dann insbesondere der Wellnesswirtschaft neue Chancen eröffnen.

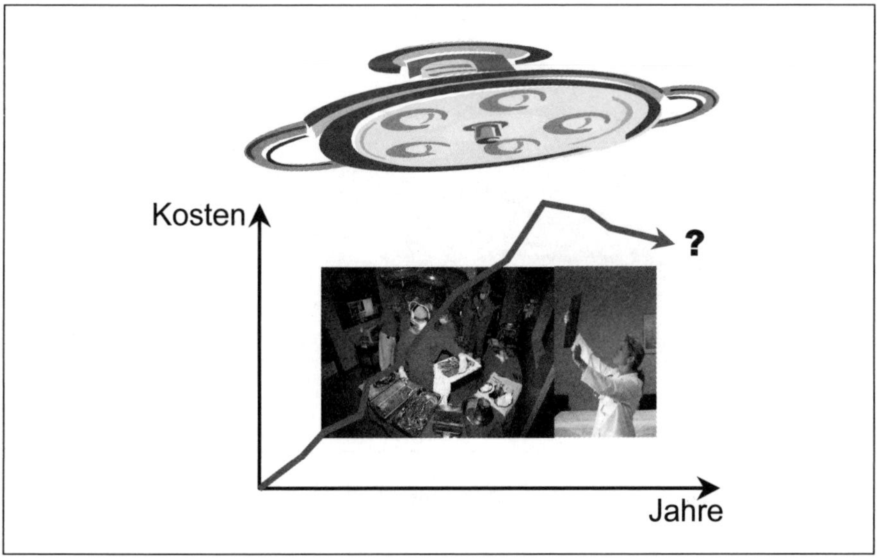

Abbildung 10: Kostenexplosion im öffentlichen Gesundheitswesen

Ihren Gesundheitszustand beschreiben zwei Drittel der Deutschen als „ziemlich gut“ oder „sehr gut“, also deutlich mehr als Mitte der neunziger Jahre. Dabei messen immer mehr Menschen einem gesundheitsbewussten Verhalten eine bedeutende Rolle bei. Aber es gibt Diskrepanzen zwischen Idealvorstellung und tatsächlichem Verhalten: Während 84 % eine gesundheitsbewusste Ernährung als sehr wichtig empfinden, setzen dies lediglich 38 % auch regelmäßig um.

Laut Focus (2005) ist Wellness im Bewusstsein der Bevölkerung inzwischen fest verankert: gut 37 % der leitenden Angestellten nutzen ihre Freizeit, um sich durch Sport für den Beruf fit zu halten, bei einfachen Angestellten und Beamten sind es immerhin 21 %.

Der BBE in Köln veröffentlichte 2005 einen Branchenreport zum Wellnessmarkt und seinen Teilmärkten, danach erwartete der BBE nach einer Stagnationsphase ab 2006 wieder ein Wachstum in allen Teilmärkten (Entwicklung von 1992 bis 2004 s. Abbildung 11). Am stärksten wuchs der wellnessorientierte Ernährungssektor, gefolgt vom Beauty-Bereich und dem Fitnesssektor; inzwischen sind fast 40 Mio. Europäer Mitglied in einem Fitnessstudio.

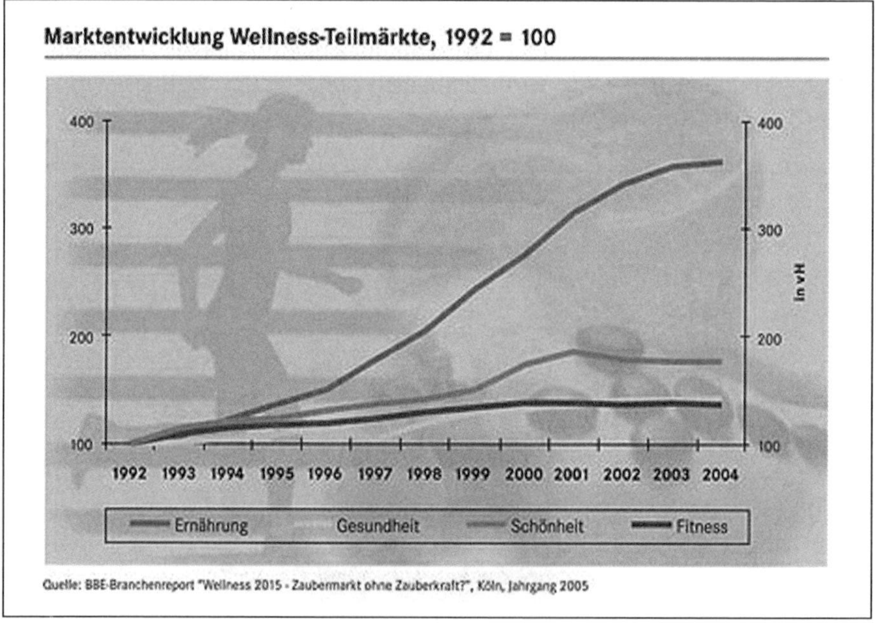

Abbildung 11: Wellnessmarkt und Teilmärkte (BBE, Köln 2005)

Erfolgreich werden allerdings nur solche Leistungen sein, die sich nicht nur mit dem Etikett Wellness schmücken, sondern den interessierten Verbrauchern bzw. Nutzern auch einen konkreten, nachprüfbaren oder selbst erfahrbaren Nutzen liefern. Sicherlich sind im Wellnessmarkt von erfolgreichen Anbietern auch die Dimensionen einer sich verändernden Wellnesskultur (vgl. Abbildung 4) und die konkreten Kundenerwartungen genau zu beachten.

Im Auftrag von American Express hat das BAT Freizeit-Forschungsinstitut Anfang 2006 eine Befragung zur Zukunft des Reisens durchgeführt. In dieser Repräsentativbefragung wurden insgesamt 2.044 Personen ab 16 Jahren in Deutschland über ihre Reisewünsche und -ziele für die Zukunft befragt. Danach bleibt für 39 % der Befragten ein Urlaub im Grünen der Urlaubswunsch Nummer 1, einen Wohlfühlurlaub schätzen inzwischen schon 31 % – also besteht Zukunftspotenzial für Wellness- und Naturreisen. Bereits 2003 wurden schon mehr als 1 Mio. Wellnessreisen gebucht und seitdem noch satte Steigerungsraten erzielt.

Wellness als ganzheitliches Wohlbefinden für Körper und Seele hält quasi als neue Gesundheitswelle Einzug in die Hotel- und Ferienanlagen sowie in die (Luft-; Heil-)Kurorte. Vitalität, Fitness, Schönheit und Lebensfreude werden beim Wellnessurlaub gefördert und ersetzen schrittweise die Erholung alten Typs, wie Kuren oder Gesundheitsurlaub (Kurlaub). Und ein Wellnessurlauber gibt deutlich mehr Geld aus als ein ganz normaler Urlauber, daher gilt es den Wellnessbedürfnissen der Urlauber nachzukommen.

Abbildung 12: Wellness als zentrale Funktion im Hotel

Nach einer Studie (2005) des Sebastian-Kneipp-Instituts in Bad Wörrishofen ist der Begriff „Medical Wellness“ in vielen Kur- und Wellnessbetrieben bereits angekommen und wird inhaltlich auch weitgehend richtig interpretiert. Über die Hälfte der 148 Teilnehmerhotels sehen darin einen ernst zu nehmenden

Trend und knapp 70 % von ihnen erwarten durch Medical Wellness-Angebote steigende Gästezahlen. Ganzheitliche Wellness-Konzepte, verbunden mit der Vermittlung von Kompetenzen zur Gesunderhaltung, gelten als bedeutendste Entwicklungen der Branche in den nächsten drei bis fünf Jahren. Individualität und Kompetenz in der Gästebetreuung und -beratung werden von den Hoteliers als immer wichtiger eingeschätzt und so gelten bei diesen medizinische Kompetenz und Mitarbeiterschulungen als die Erfolgskriterien, um den Kundenanforderungen gerecht zu werden. Allerdings gehen nicht alle Auguren von hohen Wachstumsraten in diesem Segment aus.

Stark gefragt sein werden zukünftig seniorenorientierte Wellnessangebote aller Art mit Schwerpunkten auf Vitalität, Fitness und Beratung bzw. Coaching. Beratungsangebote (auch über Internet) und Hilfen zum ganzheitlichen Wellnessmanagement gelten generell als vielversprechende Tätigkeitsfelder. Als zukunftsfähige Wellnessleistungen gelten auch sog. Instant Wellness-Angebote, Soft- and Slow-Aging, Functional oder Energy Food, Vitaminbars oder eine ganzheitliche Wellnessgastronomie. Aber für alle diese Angebote gelten die Regeln der Glaubwürdigkeit, Ernsthaftigkeit und Ehrlichkeit, denn Wellnesskunden lassen sich nicht für dumm verkaufen.

2 Anforderungen an Wellness-Leistungen sowie bestehende Angebote

Die zentrale Frage für viele Unternehmen lautet: Wie werden oder bleiben wir zukünftig erfolgreich im Wellness- und Gesundheitsmarkt? Wie viel Wellness vertragen unser Leistungsangebot und unsere Marke(n)? Was zeichnet auch in Zukunft erfolgreiche Wellness-Leistungen aus? Gelingt es uns, unsere Kunden glücklich zu machen?

Beim Angebot von Wellnessleistungen sind Besonderheiten zu beachten, da die Gesundheit unbestritten das höchste Gut der Menschen ist. Somit sind die Erwartungen der Wellnessinteressierten sowohl an den gesundheitsfördernden bzw. -erhaltenden Aspekt als auch an die gewünschte persönliche Wirkung bzw. Erfahrung von Wellnessleistungen sehr hoch. Da es sich bei vielen Wellnessleistungen um ein ganz besonderes und auch meist sehr persönliches Erlebnis handelt (bei Wellnessreisen sind es die „schönsten Wochen" des Jahres, die Beauty-Behandlung ist eine kleine Flucht aus dem stressigen Alltag) muss die Wellnesswirtschaft und ihr Management diesem Anspruch auch stets gerecht werden.

Wellness-Erleben ist gefragt und nicht „Wellnepp". Die Anforderungen an die Qualität von Wellnessleistungen ist schon hoch und werden tendenziell eher noch ansteigen – und dort wird sich die Spreu vom Weizen trennen. Auch Wellness als Zusatznutzen täglich zu nutzender Produkte darf diese Erwartung nicht leichtsinnig ignorieren, wenngleich sicherlich eine differenzierte Betrachtung für Wellnessprodukte aus dem Supermarkt und andere Wellness-Discountangebote angebracht ist, denn hier könnten neue Wellnessmärkte entstehen. Wellness fördernde Wirkungen müssen für die Kunden aber in jedem Fall feststellbar sein, damit sie sich nicht übervorteilt fühlen. Ein erst einmal entstandener Imageschaden ist später kaum reparabel.

Um auch zukünftig erfolgreich in der Wellnesswirtschaft tätig zu sein, muss es jedem Anbieter immer wieder gelingen, bestehende und neue Kunden für das eigene Angebot zu gewinnen. So interessieren insbesondere die Beweggründe (und deren Beeinflussungsmöglichkeit) der Nutzer der sehr verschiedenartigen Wellnessangebote. Die Akzeptanz der Kunden muss immer wieder neu erarbeitet werden. Daher ist die Berücksichtigung strategischer Erkenntnisse und

Managementansätze auf Dauer erfolgreicher, als nur jedem neuen Trend hinterherzuhecheln (wenngleich Trendsetting und Innovationen auch zur Strategie werden können). Aber jede Strategie ist auch nur so gut wie die Vision bzw. Idee, die ihr die Richtung vorgibt.

Insbesondere das Management und Marketing von Wellness-Dienstleistungen hat darüber hinaus einige Herausforderungen zu meistern, die bei Wellnessprodukten bzw. -waren in dieser Form nicht bestehen. So ist die fehlende Materialität (vgl. Abbildung 14) eine besondere Herausforderung, denn Wellness-Dienstleistungen sind weder anfassbar noch lager- oder transportfähig und es kann nach deren Erwerb kein direkter Eigentumsübergang an den Kunden erfolgen. Die Leistungserbringung erfolgt zudem in einem Prozess, an dem sowohl die Wellnessanbieter mit ihren Mitarbeitern als auch die Kunden mit ihren Erwartungen, Kenntnissen und ihrem Verhalten in einem Kombinationsprozess beteiligt sind (vgl. Abbildung 15).

Jede Dienstleistung lässt sich üblicherweise in drei Phasen (nach Meffert, vgl. Abbildung 13) unterteilen, nämlich die sog. Potenzial- oder Vorbereitungsphase, die Erstellungsprozess- bzw. Durchführungsphase sowie die Ergebnisphase.

In der Potenzial- oder Vorbereitungsphase geht es um die Befähigung und Bereitschaft zur Erbringung der Dienstleistung in der vorgesehenen Qualität, am erwarteten Ort und zu dem vom Kunden erwünschten Zeitpunkt oder Zeitraum. Die Prozessphase stellt die eigentliche Erbringung der Dienstleistung dar, die in engem Zusammenwirken mit dem Kunden stattfindet. In Abbildung 13 sind die einzelnen Phasen mit Beispielen aus der Sicht der Wellnessanbieter dargestellt. Selbstverständlich lassen sich diese auch aus der Sicht eines Wellnesskunden betrachten:

- Potenzialphase: Information, Beratung, Vorbereitung, Terminfestlegung, Anrechte sichern (buchen, reservieren, Mitglied werden ...)
- Prozessphase: konkrete Beratung, Inanspruchnahme der Dienstleistung mit ihren Rahmenbedingungen
- Ergebnisphase: Geschäftszweck erreicht, persönliche Erfahrung, Erkenntnis, Erholung, Erinnerung, besonderes Erlebnis, Weiterempfehlung, ggf. Reklamation oder Beschwerde ...

Perspektive	Potenzialphase	Prozessphase	Ergebnisphase
Dienstleistung allgemein	Bereitstellung der notwendigen Dienstleistungspotenziale (nach Qualität, Menge, Zeitpunkt) i. S. von Befähigung u. Bereitschaft	Durchführung/Verrichtung der Dienstleistung im Zusammenwirken mit dem Kunden	Ergebnis, Wirkung der Dienstleistung
Wellness-wirtschaft allgemein	Bereitstellung diverser Wohlfühlen erzeugender Kapazitäten/Teilleistungen und Einsatz von Leistungsbefähigungen	Kombination interner Faktoren/Ressourcen	Nutzenstiftende Wirkung an Wellness-Kunden, Erlebnis, Erholung, Schönheit ...
Wellness-Hotel	Zimmer, Räumlichkeiten, Speisen, Getränke und Personal in ausreichenden Menge/Anzahl und Qualität, Wellness-Ambiente	Freundlicher Check-In/Out, guter Service, gute (Bio-)Speisen/Getränke, gute Wellness Angebote/Behandlungen	Wohlfühlen, Erholung, Entspannung, Gesundheit, Fitness, Freude, Erlebnis, Wunsch nach Wiederkehr ...
Fitness-Studio	Geeignete Räumlichkeiten, Fitness-Infrastruktur, Umkleide- und Duschräume, Sauna, Hilfsmittel, Getränke, Broschüren, Information, Beratung ...	Begrüßung, Geräte erwartungsgemäß nutzbar, Kurse, Beratung/Betreuung Services ...	Erlebnis, Fitness, Freude, Erfahrung, Gesundheit, Wissen, Wunsch nach Fortsetzung/Wiederkehr ...

Abbildung 13: Dienstleistungsphasen verschiedener Wellness-Leistungen

Die fehlende Materialität (und oft schnelle Vergänglichkeit) der meisten Wellness-Dienstleistungen erschwert auch das Marketing für diese im Vergleich zum Marketing für greifbare Sachleistungen. Die Auswirkungen auf die Kundenbeziehung sowie die Konsequenzen, die sich für ein strategisches Wellnessmarketing bzw. -management ergeben, sind in Abbildung 14 übersichtlich dargestellt.

Konkrete Auswirkung	Bedeutung für den Kunden bzw. die Beziehung zum Kunden	Herausforderung für Wellnessmanagement bzw. -marketing
• nicht anfassbar	• nicht prüfbar • nicht vergleichbar • nicht vorführbar • noch nicht vorhanden • Zusatznutzen?	• Qualitätskontrolle sicher stellen • Leistungsbereitschaft sicher stellen • Potenziale darstellen (Materialisierung des Fähigkeitenpotenzials, Zertifikate, Performance) • Qualitätsvermutung erzeugen • Visualisierung sicher stellen • Vertrauen beim Wellness-Kunden erzeugen • Empfehlungsmarketing • Kaufunsicherheit des Kunden reduzieren (insb. b. Neukunden) • Marke mit klarer Positionierung aufbauen • Positives Image durch klare CI • Kundenpflege/-bindung
• nicht lagerfähig	• keine Vorratshaltung (außer bei materiellen Bestandteilen der Leistung) • keine Leistung, wenn interne Potenziale aktuell nicht verfügbar • Über-/Unternachfrage möglich	• Absatzrisiko beherrschen • Beschäftigungsrisiko für MA • Investitions-/Kostenrisiko • Optimierung der Leistungsbereitschaft (Koordination zwischen Angebot und Nachfrage) • Anreize zur gleichmäßigen Nutzung der Potenziale schaffen (Yield Management) • Kurzfristige Nachfragesteuerung
• nicht oder nur eingeschränkt transportfähig	• räumliche Distanz zwischen Angebot und Nachfrage	• Dienstleistungsradius definieren (abhängig von Bedarfshäufigkeit) • Dienstleistung beim Kunden • Ggf. Kundentransport zum Dienstleistungsort
• kein direkter Eigentumsübergang	• Bewertungsprobleme beim Kunden	• „Materialisierung" erreichen • immateriellen Gewinn verdeutlichen • Preis wird zum Qualitätskriterium • Positives Image vermitteln

Abbildung 14: Herausforderungen durch Immaterialität von Wellness-Dienstleistungen

Konkrete Bedeutung	**Bedeutung für den Kunden bzw. die Beziehung zum Kunden**	**Herausforderung für Wellnessmanagement bzw. -marketing**
• Uno-Actu-Prinzip	• Leistungserstellung und Konsum gleichzeitig	• Synchronisation von Angebot und Nachfrage • Yield Management
• Leistungserstellung im Verbund von Leistungsgeber und Leistungsnehmer	• Interaktion und Zusammenarbeit zwischen Wellness-Kunden und Wellness-Dienstleistern • Dialogbereitschaft erforderlich • Prosument	• Qualitätsmanagement • Mitarbeitermotivation • Optimierung des Informationsstandes des Kunden • Kundenfreundlichkeit • Angenehme Wellnessatmosphäre schaffen • Nutzung des Angebots erleichtern
• differenzierte Erwartungshaltung der Wellnesskunden	• Kundenwünsche klären/ verdeutlichen • Dialogbereitschaft • Convenience-Erwartung	• Kundenfreundlichkeit • Meist keine Massenherstellung möglich • Individualisierung/Differenzierung des Angebots • Individuelle Beratung • Convenience-Schaffung
• (Hohe) Schwankungsbreite der Leistungen	• Fehler sind Verhaltensfehler	• Qualitätsmanagement • Mitarbeitermotivation, Empowerment • Standardisierung soweit möglich • Corporate Behaviour • Beschwerdemanagement

Abbildung 15: Herausforderungen des Leistungserstellungs- bzw. Kombinationsprozesses

Es gilt also, so viel Vertrauen (durch Marke, Image, Empfehlung ...) beim potenziellen Kunden/Nutzer zu erzeugen, dass dieser das jeweilige Wellnessangebot aus einer Vielzahl von Konkurrenzangeboten auswählt. Im nächsten Schritt ist es dann genauso wichtig, die Erwartungen des Kunden hinsichtlich Art, Umfang oder Qualität der gewählten Wellness-Dienstleistung nicht zu enttäuschen, wenn möglich sogar zu übertreffen. So wird Zufriedenheit erzeugt, Kundenbindung erreicht und möglicherweise sogar eine wünschenswerte Weiterempfehlung initiiert.

Der Erstellungsprozess der Wellnessdienstleistung ist aber nicht nur abhängig vom jeweiligen Anbieter bzw. dessen Mitarbeitern, sondern auch vom Kunden selbst bzw. von dessen Bereitschaft (ggf. auch aktiv) an diesem Prozess mitzuwirken. Es handelt sich also um einen Prozess der Kombination von internen (Unternehmens-)Faktoren mit dem externen Faktor Kunde (mit seiner Einstellung oder Erwartung, seinem Wissen ...); und nur wenn dies gelingt, ist die Leistung erfolgreich.

Bei einer Wellnessgruppenreise hängt beispielsweise das Reiseerlebnis der ganzen Gruppe nicht nur vom Hotel, den Wellnesseinrichtungen und der Reiseleitung ab. Vielmehr hat es auch starken Einfluss, ob sich die Busreisenden in die Gemeinschaft einfügen, gesellig oder eigenbrötlerisch, gesund oder krank, gut oder schlecht gelaunt und ob sie pünktlich oder unpünktlich sind. Dazu gehört auch die unterschiedliche Erwartungshaltung und der unterschiedliche Informationsstand der Reisenden über die Reise bzw. Urlaubsdestination. In Abbildung 13 sind die Zusammenhänge, Wirkungen und Herausforderungen für ein erfolgreiches Wellnessmarketing bzw. -management übersichtlich dargestellt. Dabei ist es unumgänglich, dass sich Marketing als verinnerlichte Denkhaltung aller Mitarbeiter des Wellnessunternehmens sowohl gegenüber den externen als auch den internen Kunden/Zielgruppen manifestiert.

Abbildung 16: Unterschiedliche Kundenerwartung an Wellnessleistungen

Eine weitere Besonderheit, die in einem erfolgreichen Wellnessmarketing berücksichtigt werden muss, ist die Tatsache, dass es sich z. B. bei einem

Wellenessurlaub aus Kundensicht entweder um die schönsten Tage des Jahres handelt oder bei einer Wellnessanwendung zumindest über einen sehr angenehmen, lang nachwirkenden Erfolg (kleine Fluchten). Also ist die Erwartungshaltung und der Anspruch (Wellnesserfahrung, Erholung, Sport, Fitness, Erlebnis, Relaxen, Genuss, Freude, Natur, Ambiente, Beratung, Bildung, kulturelle und geistige Anregung, spirituelle oder soziale Erfahrungen …, vgl. Abbildung 16) der meisten Wellnessnutzer i. d. R. sehr hoch. Somit liegt auch die Messlatte für die Zufriedenheit der Wellnesskunden ziemlich hoch. Und damit wird die Erforschung der Kundenzufriedenheit der Wellnesskunden (s. Kapitel 6) und eine kundenorientierte Unternehmenskultur zum zentralen Erfolgsfaktor in der Wellnesswirtschaft (s. Kapitel 3.1 und 3.2).

In der Umsetzung kommt es dann in besonderem Maße auf die Qualität und Vertrauenswürdigkeit der Wellness-Angebote an, die z. B. durch Qualitätssiegel oder -zertifikate nachgewiesen werden können (vgl. Abbildung 17 und Kapitel 7). Eine Reihe von Organisationen und Verbänden bietet interessierten Unternehmen dabei ihre Hilfestellung an.

Abbildung 17: Qualitätssiegel in Mecklenburg-Vorpommern (www.ostsee-und-wellness.de)

Der Zukunfts- und Absatzforscher Oliver W. Schwarzmann (Future Business Group) plädiert für eine zukunftsweisende und absatzfördernde Differenzierung der Wellness-Angebote durch Re-Spezialisierung und innovative Definition des Wellnessbegriffs, um dem Markt für Wellnessleistungen neue Impulse zu verleihen. Dies bezeichnet er als New Wellness Styling.

Die bisherige Körperbetonung des heutigen Wellnessansatzes sollte seiner Meinung nach künftig durch die Integration geeigneter Motivations- und Erfolgsprogramme um die geistige und mentale Wellness-Dimension erweitert werden. Körper- und Gehirnleistungen müssen seiner Auffassung nach auf einem hohen Leistungsniveau funktionieren und Kreativität sei ebenso gefragt wie Durchhaltevermögen und eine kraftvolle Präsenz. Durchhaltevermögen müssen z.T. auch neue Wellnessleistungen zeigen, bevor sie von den Kunden akzeptiert werden und sich zu einem attraktiven Markt entwickeln. Denn der Kunde erwartet, dass sich mit Wellness quasi ein paradiesischer Zustand erfüllt.

Im Folgenden werfen wir nun einen Blick auf die sehr heterogenen Wellnessangebote und versuchen deren Zukunftsfähigkeit (Erfolg) zu bewerten. Wellnessangebote müssen immer mehr zum Lifestylemanagement der (z.T. narzistischen) Kunden beitragen oder eine möglichst ganzheitliche, individuell zugeschnittene Wellness bieten und dabei möglichst die Träume, Wünsche und Defizite der Nutzer erfüllen. Wellness kann dabei sogar zum Heils- bzw. Sinnbringer oder zum Religionsersatz werden. In einer sich vereinzelnden Welt wird Wellness vielleicht sogar zum Mittel sozialer Überlebensfähigkeit; denn sowohl religiöse als auch gesellige Menschen (in Partnerschaft) Leben länger.

2.1 Wellness- und Fitnessdienstleistungen bzw -anwendungen

Die Vielfalt der Wellnessleistungen wurde bereits in Kap. 1.3 kurz angerissen, und sicherlich hat jeder einzelne eine andere Sichtweise, was Wellness für Ihn bedeutet (vgl. Abbildung 16). Für den einen ist es Sport und Fitness, für die andere eine gesunde Bräune und eine Kosmetikbehandlung, für den nächsten eher Walking/Jogging und dann Sauna und für wieder andere eine Massage mit anschließender Fangopackung. Je nach Studie behaupten 75–80 % der Deutschen, Sport, Fitness und die eigene Gesundheit in den Vordergrund ihrer Freizeitaktivitäten zu stellen.

Ein Kernbereich der bekannten Wellnessdienstleistungen findet sich im Fitnesssektor. Aufbauend auf ein breites Vereinssportangebot auf die „Trimm-dich-Welle“ (s. Kapitel 1.2) entstanden erste Fitnesscenter meist als sog. „Muckibuden“ zum Muskelaufbau und zum Bodybuilding. Die Trainingsmethoden sind heute verfeinert und meist durch eine individuelle Beratung sowie weitere (Fitness- und Work-Out-)Angebote begleitet. Speziell abgestimmte Fitnessgeräte, Aerobic oder Gymnastik, Gesundheits- bzw. Fitness-Checks (vgl. Abbildung 18) oder Bewegungsangebote aller Art ergänzen heutzutage das Angebot der Fitnessanlagen, die ihre Angebote meist über „Mitgliedschaften“ vermarkten. Durch die Ergänzung um Wohlfühlangebote (Sauna, Massage, Whirlpool ...), Vitamin- oder Fitnessgetränke oder Ernährungsberatung findet teilweise ein Wandel zu Lifestyleanlagen statt. Und die soziale Komponente des Gemeinschaftserlebnisses wird so auch noch verstärkt.

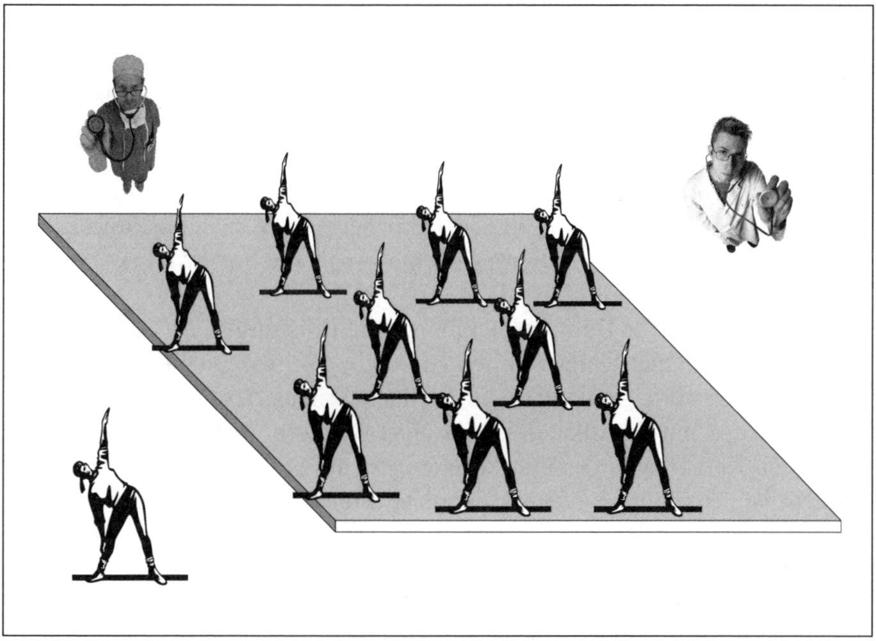

Abbildung 18: Wellness- und Fitnessleistungen mit gesundheitlicher Betreuung

Inzwischen sind nach einer Erhebung des Internationalen Sportverbandes IHRSA fast 40 Mio. Europäer (jeder 14.) Mitglied in einem Fitness-Studio. EU-weit liegt die Quote sogar bei etwa 8 % – wie in Deutschland, in den Niederlanden sogar bei 15,5 % der Bevölkerung. In Deutschland trainieren nach Deloitte mehr als 5 Mio. Bundesbürger (+5 %) in kommerziellen Fitnessanlagen (mind. 200 qm). Wie viel davon inaktive Mitgliedschaften sind, ist nicht bekannt. Dennoch ist das Marktsegment mit Erlösen von 20 Mrd. € aus Mitgliedsbeiträgen in Europa und fast 3 Mrd. € in Deutschland (GB: 5 Mrd. €) sehr interessant, insbesondere, wenn man die weiteren Erlöse aus dem Verkauf von Artikeln und Geräten, Nahrungsergänzungsmitteln und Getränken hinzurechnet.

Die Fitnessbranche in Deutschland stagnierte 2006 auf einem hohem Niveau von ca. 5550 Anlagen (-1 %), wobei Ketten einschl. Franchise ihrem Marktanteil auf über 30 % zu Lasten der Einzelanbieter steigern konnten. Stark rückläufig sind Fitnessanlagen für Frauen, besser sieht es bei Wellnessanlagen für diese Zielgruppe aus. Städtische Standorte mit hoher Kaufkraft laufen gut, in ländlichen Regionen schreitet die Konsolidierung voran.

Insgesamt wird das Angebot immer differenzierter: einerseits werden Discount-Konzepte erfolgreich vermarktet, andererseits laufen sog. „High-Ende

Business Clubs“, „Day-Spas“ und „Health-Clubs“ besonders gut. Erfolgreich sind auch Lifestyle-Anlagen im mittleren Preissegment. Erfolgsrezepte sind integrierte Wellnessfeatures und Instant-Wellness-Bars sowie Angebote aus der Life-Style-Medizin. Die Entwicklung vom Fitnessstudio zum Experience- und Perfomance-Studio ist vorgezeichnet. Gefragt ist ein konkretes und nachvollziehbares (evt. sogar messbares) Nutzenversprechen, dass auch für normale Kunden umsetzbar erscheint. Ein ganzheitlicher Ansatz, mentale Fitness- bzw. Wellnesskonzepte sowie seniorengerechte Angebote mit Wellnessberatung versprechen auch zukünftig Erfolg.

Doch Angebote für Bewegungstraining und Fitness gibt es viele. Die Beurteilung der Qualität hängt von den zugrunde gelegten Qualitäts-Maßstäben ab. Empfehlenswerte Anbieter für ein Wellness orientiertes Bewegungstraining lassen sich u. a. am Zertifikat des Deutschen Wellness Verbandes erkennen. Es besteht ein Katalog von Qualitätskriterien, der auf seinen Internetseiten veröffentlicht ist. Zukünftig werden also solche Fitness-, Sport- und Bewegungsanbieter gegenüber den Kunden hervorgehoben, bei denen eine von neutraler Seite empfohlener Wellness-Qualität testiert wird.

Bewegung ist auch in Zukunft eine der Grundsäulen eines Wellness-Lebensstils, bei dem Bewegung zunächst einmal Freude, Spaß und Genuss machen soll. Ziel ist es, sich nicht erst später besser und gesünder zu fühlen, sondern just in dem Moment des Trainings. Neben einer professionellen Anleitung zum Bewegungstraining, so wie sie in vielen Fitness-Studios oder Sportvereinen üblich ist, offenbart sich nach Ansicht des Wellnessverbandes der Wellness-Gedanke auch im persönlichen Kontakt und der Art der Kommunikation mit den dort tätigen Trainern und Beratern. Am Anfang steht dabei ein Fitness-Check mit der Erhebung von persönlichen Daten sowie der persönlichen Einschätzung des aktuellen körperlichen und psychischen Befindens des Fitness suchenden Kunden.

Organisierter Sport in Vereinen ist auf dem Rückzug. In Deutschland gehören inzwischen nur noch ca. 14 Mio. der ca. 24 Mio. Sportler auch einem Verein an, in Österreich ca. 1,2 von 2,2 Mio. Sportlern. Laufen oder Joggen zählt eher zu den rückläufigen Sportarten, obwohl fast noch jeder 4. Mensch bei uns zumindest gelegentlich läuft (jeder 8. regelmäßig). Dennoch dominieren Ausdauersportarten (mit ihren Selbsterfahrungsmöglichkeiten) bei den Wellnesssuchenden, aber auch Golf ist für viele eine Wellnesssportart.

Thermen haben den Anspruch, Wohlfühlorte für die „kleinen Fluchten aus dem Alltag“ zu sein. Wohlig warmes und sprudelndes Wasser, saubere Sauna- und Badewelten, angenehm gestaltete Räume der Ruhe und zur Entspannung, Körperbehandlungen (oftmals nach traditionellen Methoden) oder Wannenbäder und Beautyanwendungen, dies alles findet sich häufig in wellnessorientierten Freizeitbädern, Spas, Thermen oder Saunalandschaften. Das „Alpamare“ in Bad Tölz war bereits Anfang der 1970er Jahre der Prototyp des Freizeitbads im deutschsprachigen Raum. Insgesamt gibt es in den drei Ländern ca. 500 Bäder- oder Thermenparadiese, davon allein 400 dieser Entspannungs- und Vergnügungstempel in Deutschland.

Auch solche Anlagen werden auf Wunsch einem Qualitäts-Check durch den solche Deutschen Wellnessverband unterzogen. Dabei wurden die Caracalla Therme in Baden-Baden und die Carolus Thermen in Aachen z. B. als Premiumqualität ausgezeichnet. Im Rahmen der Bewertung besuchten die neutralen Prüfer anonym die Anlage und checken insgesamt 350 Prüfkriterien, von denen mindestens 75 % erfüllt werden mussten. Damit wurden erstmals Qualitäts-Benchmarks für den Premiumsektor gesetzt. Allerdings haben sich solche neutralen Überprüfungen leider noch nicht überall durchgesetzt.

In Mecklenburg-Vorpommern wurden durch den Wellnessverband auch Freizeitbäder nach einem Basis-Qualitätsstandard bewertet, der immerhin noch 200 Prüfkriterien umfasst. So zertifizierte Freizeitbäder finden sich u. a. in Wismar, Graal-Müritz und Stralsund. Die Prüfkriterien für Freizeitbäder umfassen die Bereiche Baden, Saunieren, Fitness, Behandlungen, Ruhebereiche und Verpflegung. Dabei werden Konzept, Funktionalität, Bau und Technik sowie Service- und Betreuungsqualität genau unter die Lupe genommen.

Sauna-Anlagen wurden vom Wellnessverband bisher noch nicht zertifiziert. Schwierig wird es auch bei der Beurteilung der vielen angebotenen sehr unterschiedlichen Körperbehandlungen, da es nur wenig anerkannte Standards zu ihrer Bewertung gibt, sofern diese nicht sowieso eher einen spirituellen Wellness-Charakter haben. Zwar gibt es Berufsverbände, die auf die Einhaltung von ihnen gesetzter Mindeststandards bei der Berufsaus- und -weiterbildung achten, aber spezielle Richtlinien oder Bewertungskriterien für die Behandlungen selbst fehlen meist; oftmals fehlt sogar der (medizinische) Beleg für eine gesundheitsfördernde Wirkung. Bei Sonnenbänken überwiegt inzwischen sogar das Risiko, sich durch eine gesund erscheinende Hautfarbe Krebs zu holen, daher sind in diesem Bereich auch Beratung und neueste Technik ein Muss.

Also besteht für die meisten Wellnesskunden nur die Möglichkeit, sich auf Empfehlungen zu verlassen und die Wirkung sowie die Rahmenbedingungen der Behandlungen selbst auszuprobieren und zu bewerten. Eine Vertrauensbasis zwischen behandelnder Person und Kunde ist wichtige Basis für den Erfolg (und manchmal auch der Glaube an die Wirkung). So liegt der Erfolg einzelner Behandlungsmethoden oft in einer positiven Mund-zu-Mund-Propaganda, die vielleicht zu einer Welle oder sogar Hype führen kann. Ob Ayurveda oder TCM, Thalasso Bäder oder doch eher Kneipp'sche Anwendungen ist oftmals nur eine Frage des aktuellen Modetrends, also werden Trendmonitoring oder vermittelte Authentizität zum Erfolgsfaktor.

Auch neue oder auch althergebrachte Kombinationen können Erfolg haben, so wie Wellness-Massage & Tattoos oder die Wohlfühlangebote der Friseure mit Kopf- bzw. Verwöhnmassage. Hierbei soll nicht unerwähnt bleiben, dass ein ausführlicher Friseurbesuch oder ein intensiver Shoppingtag für viele Frauen schon ausreichend Wellness vermittelt. Wer umfangreichere Angebote sucht, wird sicher auf einer Kuschel- bzw. Tagesfarm oder der Traumfabrik fündig, wenn sie/er bereit ist auch mehr als € 100 oder € 200 zu investieren.

In einem Day Spa ist das Angebot vielfältiger als in einem Kosmetik-Institut oder einer Therme. Dort finden sich Behandlungsräume für Gesicht und Körper ergänzt durch weitere Wohlfühl-Einrichtungen, wie z. B. eine Sauna und/oder ein Dampfbad, ein Hamam, eine Sonnenbank, spezielle Behandlungswannen und Einrichtungen für Massagen oder Wasseranwendungen, möglicherweise ein Whirlpool oder sogar ein kleines Schwimmbad. Die Besucher kommen nicht nur für eine bestimmte Behandlung sondern sie halten sich üblicherweise dort für einige Stunden bis hin zu einem ganzen Tag auf. Umgekleidet lässt sich die Zeit im Day Spa eher in leichter (Bade-)Bekleidung oder in einem Bademantel verbringen. Für die Zeit zwischen den einzelnen Behandlungen stehen Ruhe- oder Wohlfühlräume mit bequemen Liegen und Sesseln zum Entspannen, Lesen, Träumen oder für kleine Unterhaltungen zur Verfügung. Auch leichtes und gesundes Essen sowie vitaminhaltige Getränke werden meist ebenfalls angeboten.

2.2 Touristische Wellnessleistungen

Die vorgenannten Wellness- und Fitnessleistungen sind sehr häufig auch integraler Bestandteil von touristischen Wellnessangeboten, wie Wellnessreisen, Wellnesshotellerie, Wellnessregionen, Wander- und Fitnesstouren oder auch Luxus- und oftmals Tagungsreisen. Dazu kommen häufig ergänzende und Wellness stiftende Faktoren wie Natur oder frische Luft/gutes Klima sowie ein kulturelles Angebot oder gesunde Gastronomieangebote. Hinzu kommen spezielle Angebote, wie z. B. eine Weinkur sowie ein Bierbad zur Regenerierung oder ein Bio-Molkebad zur Hautbehandlung. Zu den Wellness-Angeboten besonderer Art zählen sicherlich meditative oder spirituelle Erfahrungen im Kloster (wahlweise in Mitteleuropa, Nepal, Indien, Japan oder Thailand ...) oder in einem ehemaligen Gefängnis sowie eine Original Ayurveda-Kur in Indien oder auf Sri Lanka oder gar ein Wellnessurlaub für den Hund.

Während noch vor drei Jahren ca. 1,6 Mio. Deutsche etwa 2,5 Mio. gesundheitsorientierte Reisen unternahmen (davon 0,8 Mio. reine Wellnessreisen) soll es nach Angaben des Instituts für Freizeitwirtschaft im Jahr 2010 bereits 10 Mio. Wellnessinteressierte in Deutschland geben. Von diesen sollen ca. 70 % für einen Wellnessurlaub zu gewinnen sein – aber sogar 80 % würden dann Wellnessangebote am Wohnort nutzen wollen, in erster Linie Massagen, Fußreflexzonenmassagen oder Wirbelsäulengymnastik vor Fitnesstraining und Gesichtspflege.

Jede Reise zu Gesundheits- oder Wellnesszwecken bedeutet nicht ausschließlich die Mischung aus mehreren (Wellness-/Reise-)Dienstleistungen, sondern umfasst immer auch ein oder mehrere ausgewählte Reiseziele bzw. Destinationen (vgl. Abbildung 19). Der potenzielle Wellnessreisende erwartet bereits bei Buchung eine möglichst umfangreiche Vorinformation, eine detaillierte Beratung und ggf. auch eine (DVD-/Video-)Präsentation, um sich ein Bild von der Urlaubsregion machen zu können. Nur, wenn ein Reiseziel als Wellnessdestination bekannt ist und es bestimmte Eigenschaften (Natur, Klima, Infrastruktur, Verkehrsanbindung ...) aufweist, wird es als Urlaubsziel gewählt.

Gleiches gilt oftmals auch für Kongress- oder Messereisende, die zur Regeneration gern gute Wellnesseinrichtungen nutzen wollen. Und auch Geschäftsreisen werden sehr gern mit Anregungen kultureller Veranstaltungen, Entspannungstagen in angenehmer Atmosphäre oder Krafttanken in entspannender Umgebung verbunden.

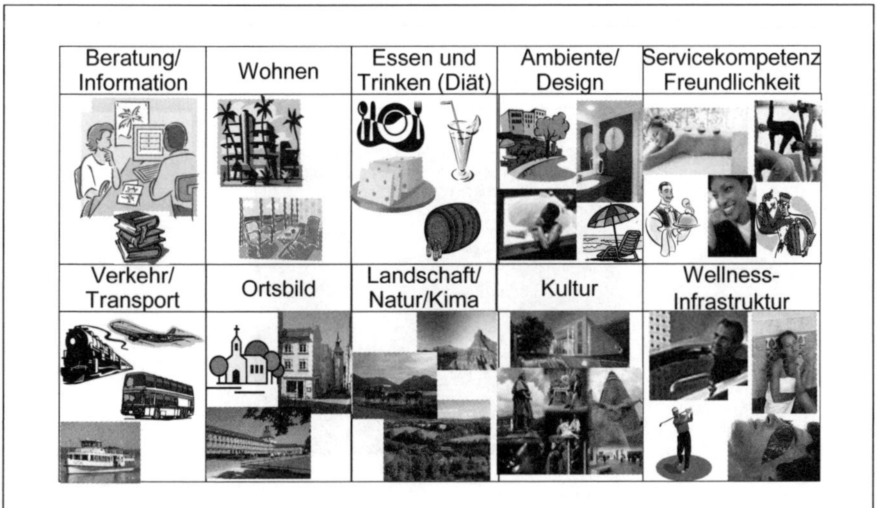

Abbildung 19: Wellnesstourismus umfasst viele Teilleistungen

Für Wellnessreisende spielen zu erwartende Qualitäten von Reiseländern psychologisch eine wichtige Rolle bei der Reiseentscheidung. Nach der Tourismus-Analyse des BAT Instituts steht z. B.:

- Schweden für die schönste Landschaft
- die Schweiz für das gesündeste Klima und das freundlichste Personal
- Skandinavien für die meiste Ruhe
- die Schweiz für Sauberkeit, Sicherheit und Umweltfreundlichkeit

Dennoch wollen angeblich 50 % aller Gesundheits- und Wellness-Interessierten nach Angaben der Bayern Tourismus Marketing GmbH nach Bayern reisen.

Der Begriff Wellnesstourismus umfasst im Wesentlichen (Kurz-)Urlaube/Reisen (mit Übernachtung) mit ausgeprägtem Erholungs- und Entspannungseffekt. Bei medizinisch indizierten oder Kurreisen geht es vordergründig darum, Krankheiten zu heilen, die Gesundheit wieder herzustellen (Rehabilitation) oder ggf. „Abzuspecken". Ein neuer Markt bei Gesundheitsreisen ist das Angebot der Patientenhotels mit behaglichem Ambiente und patientengerechtem Wohnkomfort.

Bei Wellnessreisen geht es darum, die Gesundheit zu erhalten, Hilfe zur Prävention zu erhalten, die eigene Fitness und das eigene Wohlbefinden zu steigern. Zwar verfügen (Luft-/Heil-)Kurorte i. d. R. größtenteils über die dazu notwendige Infrastruktur, aber meist nicht über eine ausgeprägte Dienstleistungsorientierung und die Bereitschaft, sich auf geänderte Marktstrukturen einzulassen. Denn Wellnessurlauber bleiben nur ein Wochenende oder wenige Tage (durchschnittlich 2,6–3,4 Tage je nach Studie), sind meist weiblich und erwarten ein möglichst breites bzw. exklusives Wellnessangebot.

Abbildung 20: Wellnessareal im Neptun Hotel, Warnemünde (www.mv-tut-gut.de/qualität_kommt_an.htm)

Ein solch exklusives Angebot bietet beispielsweise das Schlosshotel Bühlerhöhe seinen Gästen, die sich dort zu Hause fühlen und die das Beste für Körper, Geist und Seele tun wollen und gleichzeitig den Komfort und Luxus eines 5-Sterne-Hotels nicht missen möchten (vgl. Abbildung 20). Ob extravagante Beauty-Behandlungen, hawaiianische Entspannungsrituale oder sanftes Fitness-Training – das Mitglied der „Leading Spas of the World" stellt sich auf die individuellen Wünsche seiner Gäste ein. Zudem besteht eine enge Zusammenarbeit mit der in unmittelbarer Nähe gelegenen Max Grundig Klinik, wo sich die Gäste einem medizinischen Gesundheits-Check unterziehen können.

Eine weitere Marketingorganisation, die sog. „Healing Hotels of the World" präsentiert 5-Sterne-Hotels mit Gesundheits- und Wellnessangebot (Spa) unter dem Motto „Our vision is that guests of a Healing Hotel will reconnect with their heart and soul, freeing them to enjoy the sacredness and abundance of life". Die Hotels, wie z. B. der Lanserhof in Kärnten (www.lanserhof.at) oder die neue Elbresidenz in Bad Schandau (www.elbresidenz-bad-schandau.de), bieten einen Fitness-Check-Up oder eine individuelle gesundheitliche Beratung und Betreuung sowie ein breites Wellness-Angebot mit diversen Anwendungen, Joga, Meditationen etc. und wollen damit die Spitze der Wellnesshotellerie darstellen.

In der Wellnesshotellerie geht es auch um neue Gastronomieerlebnisse unter Gesundheits- und Wellnessgesichtspunkten gelegentlich auch als Gastro-Wellness-Styling (wellnesserzeugende Zutaten) oder ein sog. New-Dining. Bestandteile aus biologischem Anbau kombiniert mit Essenzen und Zutaten, die aus dem Ayurveda bekannt sind, entschlackende Nahrungsmittel und Diätkost gehören heute zum Speisplan von Wellness-Restaurants oder Vital- bzw Vitamin-Bars.

Wahrscheinlich gibt es kaum ein Thema, das von vielen Medien so gern aufgegriffen wird, wie das Reisen und neuerdings insbesondere die Wellness- und Gesundheitsreisen. Sei es in der Tageszeitung mit Reiseteil, dem Reisespezial in einer Illustrierten, den vielfältigen Reisesendungen im Fernsehen oder den Darstellungen und Berichten im Internet. Daher ist auch die Information über Wellnessreisen und wellnessgeeignete Reiseziele bei potenziellen Kunden omnipräsent und der Wissensstand der interessierten Reisenden recht hoch.

Das erleichtert prinzipiell zwar den Verkauf von Wellnessreisen, bedeutet aber auch oftmals die Artikulation spezieller Kundenwünsche, die erfüllt werden müssen (z. B. Nichtraucherzimmer oder -abteil, umweltfreundliches Hotel, große Wellnessanlage mit spezifischen Angeboten, Relaxbereiche TCM, Bio- oder Reduktionskost sowie ein besonderes kulturelles Angebot). Stimmige Konzepte und ein stimmiges (thematisches) Angebot schlägt im Zweifel auch die Destination um Längen. Auch werden gelegentlich Wünsche nach besonderem Design oder spezieller Farbgestaltung artikuliert, denen bestimmte Hotel- oder Reiseanbieter auch Rechnung zu tragen versuchen (vgl. Abbildung 21).

Abbildung 21: Planung für speziell designtes Gesundheitshotel in Bad Meinberg

Die großen Reiseveranstalter (z.B. Wellness & Care von Thomas Cook), aber vor allem auch spezialisierte Anbieter, geben inzwischen mindestens zweimal pro Jahr spezielle Kataloge mit Wellness-Pauschalreiseangeboten heraus (vgl. Abbildung 22). Neuerdings werden die Angebote überwiegend variabler gestaltet, so dass den unterschiedlichen Kundenwünschen individueller begegnet werden kann. Dabei geht es auch um die Themenführerschaft im Wellnesstourismus (was ist gerade besonders „in" bei den Wellnessinteressierten? Östliche oder traditionelle Wellnessangebote? Eher wasserbasierte oder bewegungsorientierte Konzepte?...). Auch diverse Hotelketten und -kooperationen weisen in Ihren Hotelverzeichnissen speziell diejenigen Hotels mit Wellness- oder Fitnessangeboten aus (für Geschäftsreisende).

Liegen derzeit noch viele Verwöhn- und Beautyangebote im Trend, lassen sich inzwischen zunehmend Reiseangebote mit vielen Aktivitäten, Beratungs- und Motivationsangeboten feststellen. Allerdings gibt es auch das Gegenteil, nämlich Angebote, die auf eine sog. „Entschleunigung" und innere Einkehr setzen, um Entspannung oder Stressbekämpfung zu bieten (auch fasten, entschlacken und wohlfühlen im Fastenkloster Hörstel). Neuerdings gibt es auch immer mehr Angebote mit geistig mentaler Ansprache, um das „ich" aufblühen zu lassen. Auch die Berücksichtigung von Natur und Ökologie oder die Förderung von sozialen Kontakten zählen heutzutage zu Wellnessreiseangeboten. Die meisten Offerten sprechen heute eher das neue Körperbewusstsein und die Selbstverantwortung der Wellnessurlauber an, so dass das Hotel- oder Reisemanagement zum Zeitqualitätsmanagement für die Kunden wird.

Abbildung 22: Breites Angebot an Wellness-Pauschalreisen

Nach der schon zuvor erwähnten BAT-Studie kann sich der „Wohlfühlurlaub" über Zuwachsraten erfreuen (1998: 20 % – 2003: 29 % – 2005: 31 %). Und Wellness hält als neue Gesundheitswelle inzwischen selbst Einzug in die Ferienanlagen, Jugendherbergen oder auf Campingplätze. Vitalität, Schönheit und Lebensfreude werden gefördert und das Rundum-Wohlgefühl ersetzt immer mehr die Erholung alten Typs (Natur, Wandern, Radfahren).

Nach dieser Studie wird sich aber auch der „Städtetourismus" zu einem Zukunftsmarkt (22 %) entwickeln. Vor allem Singles (40 %), die im Vergleich zu anderen Bevölkerungsgruppen oftmals über größere zeitliche und finanzielle Ressourcen verfügen, lassen sich für diese Urlaubsform begeistern. Also werden Wellnessangebote in Städten als individuelle aber auch als Pauschalreisen stark nachgefragt sein. Dadurch entsteht auch ein zunehmender Wettbewerb zwischen den Destinationen/Reisezielen um die attraktive Zielgruppe der Wellnessreisenden. Der durchschnittliche Wellness-Urlaub dauert aber lediglich 2,6–3,6 Tage. In dieser kurzen Zeit muss den Wellnesskunden möglichst viel Wellness geboten werden, damit die gewünschte Wirkung auch eintritt – ansonsten ist die Enttäuschung groß.

Dies ist nur dann zu erreichen, wenn alle Beteiligten im Wellnesstourismus an einem Strang ziehen. Gerade die Gemeinden müssen auch für eine gesundheits- und wellnessorientierte Infrastruktur, ein entspannendes Ambiente und ein breites kulturelles Angebot sorgen. Ein „normaler Kurpark" sollte allerdings schon durch interessante Veranstaltungen und neuartige Anlagen, wie einen Garten der Sinne (s. Abbildung 23) oder Spielplätze für (ältere) Erwachsene ergänzt werden. Selbstverständlich verfügen die meisten traditionellen Luftkurorte und Kurbäder über eine gute gesundheitsbezogene Infrastruktur.

Abbildung 23: Garten der Sinne statt traditionellem Kurpark

Dennoch stellt sich die Frage, ob die Regionen, die bisher Zentren des Kurbetriebs sind, den Anforderungen der Wellnesskunden entsprechen. Denn diese Gemeinden bzw. Kurbetriebe sind es gewohnt, das Ihnen die Kunden quasi zugewiesen und die Kosten von den Krankenkassen übernommen werden. Kundenorientierung stand bisher nicht im Zentrum des Blickwinkels; und Wellnessgäste bleiben nur wenige Tage, während Kurgäste meist Wochen blieben. So muss ein Umdenken stattfinden und auch Platz greifen, damit die Wellnesskunden die traditionsreichen und auf Naturheilkunde basierenden Heilkurorte für sich auswählen.

So ist Eigeninitiative gefragt, wie z. B. von der regionalen Bädergemeinschaft Rhön oder vom steirischen Thermenland (vgl. Abbildung 24). Vierzehn Tiroler Regionen haben sich beispielweise auf Nordic Sports konzentriert und werben mit einem Loipen-Gütesiegel. Überregional positioniert sich die Alpenregion Alpine Wellness den Wellnesskunden als attraktive Destination. Die Region Ostwestfalen-Lippe (OWL) positioniert sich als Gesundheitsregion und der Teutoburger Wald bietet eine Wellness-Radroute und spezielle Angebote unter dem Motto „Wellness 50plus" an. Aber auch internationale Destinationen positionieren sich als Wellnessdestinationen, wie z. B. Indien, Sri Lanka oder Thailand sowie in Europa Tschechien, Ungarn oder Belgien.

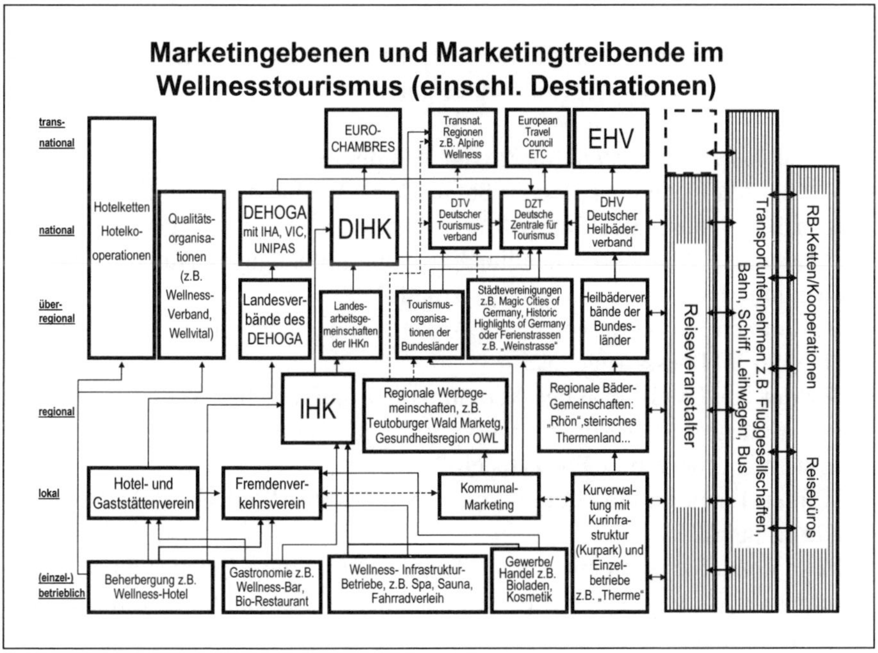

Abbildung 24: Viele Köche bereiten das Wellness-Menü

Gerade diejenigen, die zwar das Geld, aber kaum Zeit für sich selbst haben, sind stets auf der Suche, die kostbarsten Stunden ihres Lebens an dem für sie richtigen Ort zu verbringen. Daher verlassen sich solche Kunden gern auf neutrale Bewertungen und Qualitätssiegel, wie z. B. auch von Wellvital oder des Deutschen Wellnessverbandes. Letzterer hat bereits 1993 Qualitätskriterien für den Wellness-Tourismus erarbeitet und veröffentlicht. Diese haben sich offensichtlich bis heute bewährt und sind inzwischen zum Vorbild zahlreicher Hotels, Hotelgruppen und Marketingorganisationen in In- und Ausland geworden. Es reicht aber nicht, nur Qualitätsstandards aufzustellen, man muss diese auch durch unabhängige und kompetente Sachverständige regelmäßig und anonym durch sog. Mystery Checks überprüfen lassen.

I. d. R. stehen Preis-Leistungsverhältnis, Qualität und Professionalität der Dienstleistung auf dem Prüfstand der Tester. Angefangen bei den Rezeptionisten über das Housekeeping, das Küchenpersonal und den Restaurantservice bis hin zu den Fachkräften in den Wellnessabteilungen, welche durch ihre Behandlungen, Trainings und persönlichen Beratungen den Gästen ein Maximum an Wohlbefinden und Gesundheitsförderung bieten sollten. Seit 2002 werden touristische Wellness-Anbieter geprüft und zertifiziert. Eine Auswahl mit Prüfungsergebnissen finden sich auf den Internetseiten des Verbandes: www.wellnessverband.de.

Der Wellnessverband empfiehlt dort auch den interessierten Kunden, folgende Kriterien bei der Auswahl eines guten Wellness-Hotels zugrunde zu legen:

- Ist das Hotel schwerpunktmäßig auf Wellness-Gäste eingestellt?
- Verfügt das Hotel über eine große, moderne Wellness-Abteilung mit attraktiver Badelandschaft, Fitness-Raum, Beautyabteilung, Anwendungsbereich (Massagen, Wellness-Behandlungen) und großzügigen Aufenthaltsbereichen innerhalb und außerhalb des Hotels?
- Bekommen Sie schon vor Ihrem Aufenthalt aussagekräftige Informationen über das Wellness-Angebot?
- Stimmt das Preis-Leistungs-Verhältnis bei individuellen Wellness-Leistungen (Faustregel: 1 Minute individuelle Wellness-Behandlung/Betreuung sollte nicht mehr als 1 Euro kosten)?
- Werden Ihnen im Hotel die von Ihnen gebuchten Wellness-Leistungen genau erläutert?
- Bekommen Sie leicht umsetzbare Tipps zu Bewegung, Entspannung, Ernährung und Körperpflege für die zeit nach dem Aufenthalt (am besten auch in schriftlicher Form)?
- Werden Sie von qualifizierten Mitarbeitern im Wellnessbereich mit entsprechender, abgeschlossener Berufsausbildung betreut?
- Stehen Ihnen die frei nutzbaren Wellness-Angebote an 7 Tagen in der Woche zur Verfügung?
- Gibt es genügend ausgewiesene Zimmer für Nichtraucher?

- Werden Sie als Nichtraucher im Hotel, in den Restaurants und im Wellnessbereich vor Tabakqualm geschützt?
- Gibt es zu allen Mahlzeiten eine gesunde und vielseitige Vitalküche?
- Stellt sich die Küche auf Ihre besonderen gesundheitlichen Ernährungswünsche ein (z. B. Diabetes, Übergewicht ...)?

2.3 Wellnessernährung

Viele Wellnessgäste verlieren spätestens beim Anblick eines reichhaltigen Frühstücksbuffets alle guten Vorsätze. Dennoch gibt es immer mehr Gäste, die das Frühstück bewusst in ihren Wellnessplan integrieren. Für sie bieten gute Hotels in der Regel zumindest eine gesonderte „Wellness-Ecke“ mit Früchten, Körnern und allem sonstigen, was als wellnessfördernd erachtet wird. Wellnesskost zeichnet sich unabhängig von ihrem gesundheitlichen Wert durch besonders gute Verträglichkeit und Bekömmlichkeit aus. Weitere wichtige Kriterien sind die Frische der Rohstoffe und ihre Verarbeitung. In einem echten Wellness-Hotel sollten die Zutaten auf jeden Fall aus zertifiziertem biologischen Anbau stammen.

Der Deutsche Wellnessverband empfiehlt als Mindestangebot für ein Wellness-Frühstück:

- Frisch aufgebrühter Kräutertee, biologische Qualität
- Vollkornbrot von ersichtlich guter Qualität (ohne Zusatzstoffe von Malzextrakt etc.), die dem Gast am besten erläutert wird – es reicht je eine Sorte von Brot und Brötchen
- Hausgemachtes Müsli
- Naturquark, Naturjoghurt
- Frisches Obst
- Frischkäse, z. B. Hüttenkäse, Ziegenkäse
- Schnittkäse wie Edamer, Emmentaler sowie Wurst mit niedrigem Fettanteil.

Die Empfehlungen für ein Premium-Wellness-Frühstück gehen deutlich über diese Mindestempfehlungen hinaus:

- alles am Buffet ist deklariert bzw. verständlich erklärt
- das Frühstücksbrot wird im Haus selbst gebacken oder von einem bekannten Biobäcker geliefert
- der Koch bereitet das Müsli am Frühstücksbuffet frisch zu und erklärt, was er dazu verwendet (alternativ das Müsli jeden Morgen frisch in der Küche zubereiten und deklarieren, aus welchen Produkten es besteht)

- frisch gepresster Vitaminsaft, von Früchten und Gemüsen der Jahreszeit
- Obst von ersichtlicher Frische, Teile davon sind aufgeschnitten
- frisch aufgebrühter Kräutertee mit selbst zusammengestellten Kräutern aus zertifiziertem Bio-Anbau
- Frischwurstangebot von wird möglichst deklariert als „Wurst von Tieren aus artgerechter Fütterung, Haltung und Schlachtung der Region“
- gereifter Käse von Bio-Qualität aus der Region
- Ziegenfrischkäse, Hüttenkäse, Schöpfquark und Naturjoghurt
- kalt geschleuderter Honig, möglichst aus der Region
- Marmelade selbst gekocht.

Anhand solcher Empfehlungen (ähnliche gibt es u. a. bei Alpine Wellness) wird deutlich, dass für die meisten Wellnessgäste möglichst frische sowie naturbelassene Nahrungsmittel und Getränke zu einer angemessenen Wellnessernährung gehören. Eine Schulung und Beratung zur Ernährungsumstellung ist ggf. ein zusätzliches Angebot, insbesondere bei einer geplanten Gewichtsreduktion, zu hohem Cholesterinwert oder bei Diabetes. Allerdings wollen sich nicht alle Wellnessinteressierten kasteien sondern lieber nur ohne Reue genießen.

Die Schweizer Supermarktkette Coop bietet den Käufern ihrer gesunden Bionahrungsmittel mit einem Zusatzangebot „Online-Coach“ ebenfalls einen Beratungsservice. Dort werden Rezeptvorschläge und zumutbare Fitnesstipps zu einem stressfreien Abnehmen angeboten. Wellnessinteressierte finden inzwischen überall im Handel ein breites Angebot an Bio-Nahrungsmitteln, angefangen vom Biobauern über Reformhäuser und Drogerieketten bis zu vielen Supermärkten. Sein persönliches Müsli zum Frühstück kann man sich aus 70 Zutaten zusammengestellt auch bei Mymuesli.com bestellen. Fair gehandelte (und zertifizierte) Produkte oder regionale Erzeugnisse und Getränkespezialitäten bieten zusätzlich Wellness für das Gewissen.

Doch so viel Wellness wie bei den Vorschlägen für ein Wellness-Buffet bieten nicht alle Lebensmittel und Getränke, die den interessierten Kunden unter dem Schlagwort Wellness angeboten werden. Wellness-Flakes, Wellness-Getränke oder Wellness-Marmelade bieten nicht immer wirklich Gesundheitsförderndes. Auch wenn zur Verstärkung der Anmutung Markennamen gewählt werden, die Wellness; Vitalität (Vita), Nutrition, Fitness, Balance oder aktiv als Namensbestandteil aufweisen. Meist gibt es nur eine gesundheitsfördernde Zutat (Aloe Vera muss inzwischen für alles herhalten), weniger Fett oder Zucker, probiotische Kulturen oder zusätzlich volle Körner. Auch alkoholfreiem Wein oder Sekt werden schon gesundheitsfördernde Wirkungen zugeschrieben.

Auch Erzeugnisse, die die Bezeichnungen Diät, Light oder Low Fat tragen, geben eine bestimmte Wellnessanmutung. Solchen Produkten wird die Fähigkeit zugeschrieben, das eigene Körpergewicht zu reduzieren oder zu halten und damit einen wesentlichen Beitrag zur eigenen Gesundheit zu leisten. Das dies allein wohl noch nicht ausreichend hilft, macht der im Mai von der Bundesregierung verabschiedete „Nationale Aktionsplan gegen Übergewicht“ deutlich, bei dem es um gesunde Ernährung und Bewegung geht (fit statt fett). Und das, obwohl über 80 % der Menschen bei uns inzwischen Interesse an einer gesunden und ausgewogenen Ernährung (die gleichzeitig genussvoll sein soll) haben.

Ein besonderes Feld sind Angebote zur sog. Nahrungsergänzung, die Fitnessambitionierten vor allem Vitamine, Mineralien oder Antioxidanzien bieten. Bei diesen Mitteln steht der Ausgleich vermeintlicher Mängel in der notwendigen körperlichen Versorgung im Fordergrund. Allerdings sind inzwischen viele Präparate eher mit Skepsis zu betrachten, da die Wirkungen ausbleiben oder sogar Nebenwirkungen entstehen. Im besten Fall kommt es zu überflüssigen Überdosierungen.

Functional Food soll bestimmte erwünschte Wirkungen erzeugen, nämlich bestimmte Ernährungs- und Bewegungsdefizite ausgleichen, Muskeln bilden, das Gewicht reduzieren, das Leben verlängern oder sogar positiv auf das Äußere (z. B. Haut) wirken. Speziell Energy Food soll die Vitalität fördern, insbesondere den Körper bei Sport und Fitnessübungen ausreichend mit energiespendenden Grundstoffen versorgen. ACE-Getränke sollen z. B. sportliche Aktivitäten unterstützen (oder besser gleich ersetzen) oder die Abwehrkräfte stärken.

Fast 2 % aller Nahrungsmittel sind inzwischen diesem Segment zuzuordnen, obwohl der Functional Food eher negativ auf Wellnesssuchende wirkt. Da aber die Wirkung erwünscht ist, setzt Horx inzwischen auf den neuen Begriff Phood als Kombination aus Pharma und Food und erwartet, dass bereits in 2010 25 % aller Lebensmittel gesundheitsfördernde Eigenschaften aufweisen werden (in 2050: 50 %). Einen weiteren Zukunftstrend sieht Horx in persönlich auf die Bedürfnisse der Kunden zugeschnittenen Vitaminzusammenstellungen (www.vuru.com) oder sogar in einer Kapsel integriert (www.customcapsule.com).

Bio-Food bzw. frischen Naturnahrungsmitteln wird meist ein hoher wellnessfördernder Charakter zugemessen, nach dem Motto, was natürlich ist, kann zumindest nicht schädlich sein und trägt somit schon deswegen zum Wohlbefinden bei. So erreicht der Bio-Markt inzwischen ein Volumen von etwa 7 Mrd. € (knapp 4 % des deutschen Lebensmittelumsatzes). Die Vielzahl unterschiedlicher Bio-Kennzeichnungen und Bio-Siegel macht es allerdings den Verbrauchern nicht leicht, sich zu orientieren und das wirkliche Bioerzeugnis vom quasi Bio-Produkt zu unterscheiden. Dennoch wird sich der Bio-Trend ergänzt um den Regional-Trend weiter verstärken, da die Kunden nach allerlei Lebensmittelskandalen und aufkommendem Gen-Food auf Nummer Sicher gehen wollen.

Ob solche Marketinginitiativen, wie die „Biobande Bielefeld" (www.biobande.de) zur Klarheit gegenüber den interessierten Bio-Verbrauchern beitragen darf allerdings bezweifelt werden. Die 6 Geschäfte im Großraum Bielefeld wollen mit „Bio" bzw. „Öko" nicht nur weitgehende Schadstofffreiheit sondern auch ein Plus an Lebensqualität vermitteln. Ob dies in dieser Kombination von Bäckerei, Natur- und Biomarkt, Naturwarenhandel, Bauladen und Fahrradladen gelingt, ist zumindest zweifelhaft.

2.4 Sonstige Wellnessprodukte

Und damit wird der Bogen zu weiteren Wellnessprodukten geschlagen, die nicht Nahrungsmittel oder Getränke sind. Viele Wellnessorientierte sehen z. B. in Naturerzeugnissen, wie Sisal- oder Korbwaren, naturbelassenen Textilien (Umweltsensibilität) oder Produkten aus Hanf bereits einen Wellnessaspekt. Andere wollen eher Hightech zum Erreichen ihres persönlichen Wohlempfindens (atmungsaktive Sportkleidung). Wieder andere Kunden lieben alles, was die Entspannung und das Relaxen fördert, wie z. B. Moorbadezusätze. (vgl. Abbildung 25). Aber auch weiche, angenehm duftende Textilkleidung oder Kuscheldecken bedeuten für viele Wellness.

So wundert es nicht, dass nicht nur Badezusätze, ätherische Öle, Düfte u. ä. stark nachgefragt sind, sondern auch Einrichtungsgegenstände zur wellnessgerechten Ausstattung des Bade-, Schlaf- oder Wohnzimmers. Ob Massage- oder Regendusche, Whirlwanne, Massage- oder Wasserbetten, Sofalandschaften und natürliche Holzmöbel (aber nur mit Tropenholz-Zertifikat) am besten noch mit besonderem Design; alles dient dem persönlichen Wohlempfinden und wird entsprechend angeboten bzw. nachgefragt. Buddhafiguren, Klangschalen, Räucherstäbchen, Verdampfer für ätherische Öle, Duftkerzen und ästhetisch-warme Farben und Raumgestaltungen sollen die Sinne ansprechen und Wohlbefinden erzeugen.

Allem was die Sinne des Menschen positiv anspricht, wird Wellnesscharakter zugesprochen, denn sinnlicher Genuss ist für viele integraler Bestandteil von Wellness. Der ästhetischen Farbgestaltung, dem besonderen Raum- und Möbeldesign, dem angenehmen Raumklima, einer ansprechenden musikalischen Untermalung oder vorhandenen Kunstgegenständen (vgl. Abbildung 26) fällt also unter Wellnessgesichtspunkten zunehmend eine wichtige Rolle zu. Dabei hat die Kunst zwei Aspekte: Entspannung und geistig-sinnliche Ansprache; somit kann ein breites kulturelles Angebot (Ausstellungen, Konzerte, Lesungen ...) auch mentale Wellness erzeugen, was übrigens inzwischen auch wissenschaftlich belegt ist.

Abbildung 25: Wellness für jede Gelegenheit

Alles, was den Geist und das Gehirn anregt (auch als „Gehirnjogging" bezeichnet), hält fit und verhindert das Altern und „Einrosten". So zählen neben Bildern und Skulpturen auch Kunstbücher und Anleitungen zum gestalten, neben Konzerten auch Musik-CDs oder MP3-Musik etc. zu den wellnessfördernden Artikeln. Auch lässt sich Musik mit anderen Wellnessanwendungen/-erfahrungen kombinieren, wie z. B. beim Yoga-Musikfestival, das jedes Jahr in Bad Meinberg stattfindet (Yoga Vidya).

Abbildung 26: Mentale Wellness durch Kunst: „Waterlilies" (Uta Lewien, Detmold – www.paintings-online.de)

2.5 Fitnessgeräte und -utensilien

Die persönliche Fitness lässt sich nicht nur im Fitnessstudio oder im Fitnessraum eines Hotels steigern, sondern auch zu Hause oder in der freien Natur. Häufig bedarf es auch entsprechender Anlagen oder Ausrüstungsgegenstände, um die gewünschten Fitnessübungen oder die Fitness steigernden Sportarten auszuüben (vgl. Abbildung 27). So z. B. Stöcke für das Nordic-Walking, eine Matte für Gymnastikübungen oder ein Laufband für das Training im Haus. Der Markt für solche Geräte ist groß und das Angebot ist vielfältig. Wichtig für den Erfolg ist (belegte, zertifizierte) Qualität, gute Anwendungsbeispiele, eine gute Gebrauchsanweisung oder vielleicht sogar der Einführungs- bzw. Schnupperkurs zum Ausprobieren.

Sehr wichtig sind innovative Angebote, um stets auf der Höhe des jeweiligen Modetrends zu sein. Denn kaum ein Kunde will stehen bleiben, sondern immer auf der Höhe der Zeit sein. Und so sind die Sportgeräte inzwischen nicht nur wichtiges Requisit, sondern vor allem auch Statussymbol. Kaum jemand möchte vom neuen Trend ausgegrenzt sein, Leistungsnachteile oder unnötige Anstrengungen durch veraltete Sportgeräte in Kauf nehmen (vgl. 3, S. 76).

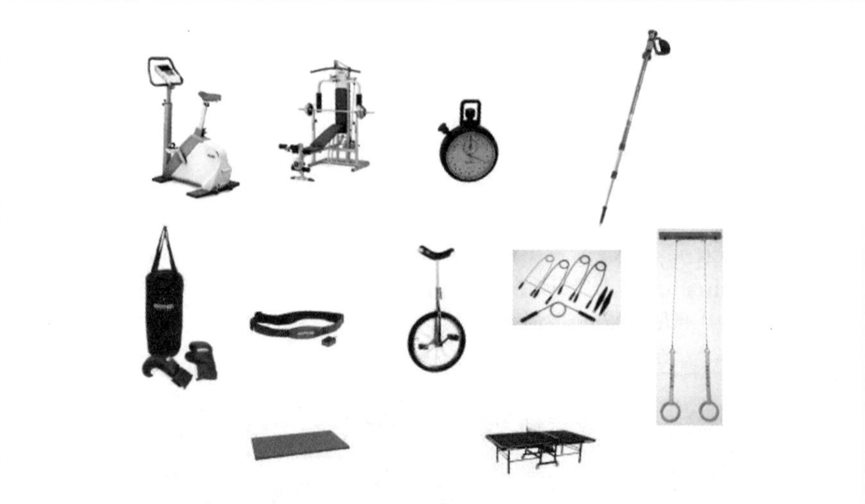

Abbildung 27: Diverse Fitnessgeräte und -utensilien

Der Markt für Fitness-Equipment lässt sich in den für Endverbraucher und in den für professionelle Fitnessanbieter (Fitnessstudios, Hotelanlagen, Kommunen …) teilen. Der Qualität und Haltbarkeit kommt bei Fitnessstudios oder Hotels eine größere Bedeutung zu als bei privaten Käufern, bei denen allerdings der Preis auch niedriger sein muss. Tests und Zertifikate sind hilfreich, um die Unsicherheit bei der Ausstattung der heimischen Wellnessoase zu beseitigen. Eine gute Auffindbarkeit des Angebots und ein Lieferservice sind ebenso wichtige Kriterien (z. B. Internet, 24-Stunden-Lieferservice und ggf. Aufbauservice).

Manche Sportangebote lassen sich nur auf Anlagen ausführen, die entsprechend (internationaler) Standards gestaltet sind, wie z. B. Golfplätze. Andere Sportarten begnügen sich mit einer gewissen Infrastruktur in der Natur, wie Walking oder Inline-Skaten. Da derzeit wieder Ausdauersportarten im Kommen sind, wird selbstverständlich das notwendige Equipment stark nachgefragt. Trends rechtzeitig zu erkennen bzw. diese mit zu gestalten ist daher oberstes Gebot.

2.6 Beauty-, Care- und Anti-Aging-Angebote

Angebote, um sich zu pflegen (Care) und die äußerliche Schönheit (Beauty) zu steigern, gibt es schon seit der Römerzeit. Wie schon erwähnt gibt es im deutschsprachigen Raum schon seit mehr als 50 Jahren entsprechende Angebote von Kosmetikerinnen und Schönheitsfarmen (Beauty und Care). Auch heutzutage liegt der Schwerpunkt weiter auf dem eher kosmetischen Bereich, allerdings ergänzt um Anti-Aging-Angebote der Pharmazie und z. T. auch der Medizin.

Ein gutes Beauty-Angebot, egal ob es nun von einer Kuschel- oder Tages(schönheits)farm, einem Beauty Spot oder von der Kosmetikerin um die Ecke erbracht wird, lässt sich an folgenden Kriterien erkennen:

- vorbereitendes individuelles Beratungsgespräch mit Kunden
- Prüfung ggf. in der Person der Kunden liegender gesundheitlicher Probleme: Allergien oder Unverträglichkeiten, körperliche Einschränkungen und Besonderheiten, Schwangerschaft etc.
- Prüfung der Erwartungen und Wünsche an die Behandlung
- Festlegung einer individuellen und möglichst optimalen Behandlung
- hoher zeitlicher Anteil manueller Zuwendung durch KosmetikerIn
- während einer Packung oder eines Peelings persönliche Anwesenheiten
- angemessene zeitliche Dauer der Behandlung (bei einer Gesichtsbehandlung sollte diese ungefähr zwischen 75 und 90 Minuten betragen)
- Pflegeprodukte, die während der gesamten Behandlung zum Einsatz kommen, sollten aus einer gemeinsamen Serie stammen, damit sie gut aufeinander abgestimmt sind
- bequeme Behandlungsstühle und angenehmes Ambiente, ggf. musikalische Untermalung zur Entspannung …

Die Kosmetik- oder Visagistenausbildung ist leider nicht einheitlich geregelt, so dass der Bildungsstandard höchst unterschiedlich sein kann. Ein(e) KosmetikerIn sollte mindestens ein Jahr lang eine Vollzeitschule besucht und dann mindestens ein weiteres Jahr ein Praktikum absolviert haben, um hinreichendes Wissen und Erfahrung für die Tätigkeit zu besitzen.

Für den Wellnessbereich ist darüber hinaus vorauszusetzen, dass ein(e) KosmetikerIn mindestens eine Zusatzausbildung oder Fortbildung, z. B. in den Bereichen gesunde Ernährung, Massage und andere Körperbehandlungen, Yoga oder Gymnastik/Bewegung vorweisen kann.

Sowohl Beauty-Behandlungen (z. B. Peeling, Maske ...) als auch Körperpflege (z. B. Entsäuerungsbad, Solebehandlung ...) sind heute als elementare Bestandteile des Wellnessangebots zu betrachten. Eine spezifische Wellness-Kosmetik gibt jedoch nicht wirklich; im Rahmen des Wellnessbooms haben sich allerdings die Behandlungsvarianten der Kosmetik vervielfältigt. Arbeitete ein(e) KosmetikerIn noch vor wenigen Jahren überwiegend dekorativ an Gesicht, Beinen oder Dekolté, so zielen die heutigen Beauty- und Care-Behandlungsangebote im Sinne einer ganzheitlichen Pflegebehandlung auf den gesamten Körper von Kopf bis Fuß. Hinzu kommen ergänzende Angebote wie Ernährungs- und Lebensstilberatung, Sonnenbank, Yoga oder (Kopf-)Massage.

Im Zuge der Wellnessbewegung hat die Gestaltung der Räumlichkeiten in den Kosmetik-Instituten bzw. Tagesfarmen einen deutlichen Wandel erfahren. Dominierten bei einer konventionellen Beautybehandlung eher kühle Farben und fast klinisches Ambiente die Räume, so werden heute immer mehr Wohlfühlräume mit angenehmer Farb- und Lichtgestaltung für die Kosmetikbehandlung gestylt – nicht selten werden sogar Stilelemente aus asiatischen Spa- bzw. Wellnesseinrichtungen verwendet. Wellness-Kosmetik hat also das Ziel, ein pures Wohlfühlerlebnis und anschließend ein nachhaltig gutes Gefühl zu erzeugen. Entsprechend sind also die Angebote auf die Wünsche der KundInnen abzustimmen, die immer häufiger ihre Präferenzen artikulieren.

Es gibt zahlreiche Aufmerksamkeiten, mit denen sich das Wohlfühlerlebnis der KundInnen steigern lässt, z. B.:

- schon während des Beratungsgespräches kredenzen eines wohltuenden Tees oder eines frischen Fruchtsafts/-cocktails
- Überreichen eines heißen Tuchs zur Reinigung und Entspannung von Gesicht und Händen
- Umschmeichelung durch leise Klänge der Entspannungsmusik
- mit einer Wärmedecke vorgewärmte Liege
- gut temperierter und angenehm beleuchteter Raum
- ästhetische schöne Bilder

- während einer Körperpackung eine einfühlsame Hand- oder Kopfmassage
- ggf. bereithalten vorgewärmter Strümpfe, Decken oder einer Wärmflasche

In einem Day Spa (wie bereits zuvor beschrieben) ist das Angebot vielfältiger als in einem konventionellen Kosmetik-Institut; zwar finden sich auch dort Behandlungsräume für Gesicht und Körper, jedoch auch weitere Wohlfühl-Einrichtungen. New Ästhetic Styles, Vitalizing Cosmetic, Wellforming sind neue Angebotsformen in Day Spas oder Medical Beauty Salons oder einfach nur Bezeichnungen, die sich aktuell besser verkaufen lassen. Die Angebote sind i. d. R. gewissen Trends unterworfen und spiegeln oft auch neueste Erkenntnisse der Pharmazie oder Naturkosmetik wider.

Spezielle Pflegeprogramme für Damen-, Herren- und Jugendliche gehören inzwischen zu den Grundangeboten vieler Beauty Salons oder Day Spas. Basierend auf dermatologischem Fachwissen werden vor der Behandlung z. T. kostenlose Hautanalysen und Testbehandlungen geboten. Gerade der Markt für Herren-Kosmetik-Angebote ist derzeit deutlich im Aufwind, wobei sich die Nutzung eher noch auf traditionelle Kosmetikbereiche, wie Enthaarung, Maniküre u. ä. beschränkt.

Entsprechende Erzeugnisse ergänzt um Körperpflegemittel für den Herrn wachsen ebenfalls moderat in einem ansonsten eher stagnierenden Markt für Körperpflege- und Kosmetikprodukte. Dieser Markt ist auch sehr geteilt zwischen Standardprodukten, vielfach als Handelsmarken und eher kostengünstig über Großvertriebsformen erhältlich, sowie innovativen Markenerzeugnissen und Spezialprodukten, die sich eher im beratungsorientierten Verkauf behaupten. Die Erzeugnisse werden heute immer häufiger auf bestimmte Hauttypen (dunkel, hell, empfindlich ...) und Körper- und Problemzonen (Handcreme, Körperlotion, Gesichtsmaske ...) ausgerichtet und versprechen daher gezieltere Hilfe.

Die gesetzlichen Vorschriften in Europa stellen weitgehend sicher, dass es keine minderwertigen Beauty- und Care-Produkte auf dem Markt gibt. Allerdings werden nicht alle verwendeten Inhaltsstoffe von jedem Menschen gleich gut vertragen. Bio- oder Naturkosmetikprodukte sind deswegen derzeit besonders stark nachgefragt (Qualitätssiegel „kontrollierte Naturkosmetik“ durch BDIH). Egal ob die Produkte auf Basis von Algen, Aromaölen, Kaviar, Liposomen etc. hergestellt wurden, zuempfehlen ist, dass alle Pflegeprodukte aufeinander abgestimmt sind.

Unternehmen, die eine breite Palette von Beauty- und Care-Produkten bieten, profitieren von diesem Trend. Denn sobald gute Erfahrungen der KundInnen mit einem Produkt vorliegen, wird diese Erfahrung auf die anderen Erzeugnisse übertragen. Ein verkaufsfördernder und vertrauenserweckender Markenname (z. B. La Biosthetique®) ist dann ein weiterer Garant für die Akzeptanz im (internationalen) Markt. Die Angebotspalette, um eine Facial Harmony zu erreichen wird immer vielfältiger.

Anti-Aging steht als Synonym für medizinische, pharmazeutische oder inzwischen auch naturheilkundliche Angebote, die die Schönheit zu verbessern bzw. zu erhalten und eine jugendliche Erscheinung sicher zu stellen versuchen. Dabei reichen die Angebote von einer sog. Faltensprechstunde über Faltenunterspritzung oder Lippenaugmentation bis hin zu Laser- oder Strombehandlungen oder diversen Schönheitsoperationen (vgl. auch Kapitel 2.9). Auch die Pharmaindustrie oder Heilpraktiker bieten Pillen und Anti-Aging-Cocktails in Hülle und Fülle, um dem Wunsch nach ewiger Jugend etwas Hoffnung zu bieten.

Die Erfahrungen der überwiegend weiblichen Kunden sind dabei höchst unterschiedlich, dennoch lässt die Nachfrage nicht nach. Nur ist die Bereitschaft der KundInnen, für Anti-Aging-Angebote tief in die Tasche zu greifen, etwas eingeschränkter als noch vor einigen Jahren. Doch der Traum, nicht oder nur langsam zu altern („Jungbrunnen"), treibt die KundInnen, hoffnungsvoll immer neue Angebote ausprobieren, so wie z. B. das Medical Beauty Angebot einer Traumfabrik (vgl. www.traumfabrik-senff.de).

2.7 Entspannungs- und spirituelle Angebote

Zeichen unserer heutigen Lebensart sind nicht selten Hetze, Stress und Fremdbestimmung des Tagesablaufs. Stress, Tempowahn und eine ständige Beschleunigung des Lebens werden für viele zur tickenden Zeitbombe. Ärzte, Soziologen, Psychologen und Philosophen warnen zunehmend vor den Folgen dieses Tempowahns. Erst ein totaler Erschöpfungszustand („Burn-Out-Syndrom") oder gar eine tiefe Depression sind für viele Menschen der drastische Hinweis, dass Entspannung und „Müßiggang" auch heute noch sinnvolle Rituale sind (siehe „Siesta" in Südeuropa). Mit Rückkehr zur Besinnlichkeit, Antistress oder „Entschleunigung" lässt sich neue Kraft schöpfen oder quasi wieder zu sich selbst finden (Wiederfinden der eigenen Identität).

Entspannung, Stressbekämpfung und Selbstfindung werden somit zum wichtigen Bestandteil persönlichen Wohlbefindens. Inzwischen gibt es vielfältige (Wellness-) Angebote, um dem wachsenden Bedürfnis nach Entspannung oder Besinnung Rechnung zu tragen. Diese reichen von esoterischen Versprechungen erfindungsreicher Gurus über Wellness- bzw. Streichelmassagen bis hin zum Rat, doch einfach in Ruhe ein Buch zu lesen oder einfach mehr zu schlafen. Eine neuer Antwort heißt Feelness, ein Konzept um mehr Wohlbefinden und Antistress zu erreichen.

Eine weitere Art sich zu entspannen oder neue Kraft zu tanken ist, sich genüsslich ansprechende, freundliche und aufmunternde Kunstwerke anzuschauen, wie z. B. eine Ausstellung der Künstlerin Uta Lewien (vgl. Abbildung 28) mit ihrer „Anleitung zum Buntsehen“. Nicht jeder kann sich allerdings seine Welt so einfach bunt anmalen, daher gibt es auch hierzu entsprechende Kursangebote, Bücher und Anleitungen.

Abbildung 28: Uta Lewien malt Bilder zur Entspannung und Selbstfindung: „Grenzenlos“ (www.paintings-online.de)

Religion ist auch ein spirituelles Angebot, dem Stress zu entfliehen und den Weg (wieder) zu sich selbst zu finden. Daher gibt es eine Vielzahl religiös-spiritueller Angebote von „Erleuchteten“ oder Predigern (meist aus Asien), aber auch eine Renaissance der christlichen Religionen (z. B. Pilgerfahrten, Kirchentage etc.). Auch esoterische Angebote (z. B. Reiki) aller Art erfreuen sich einer steigenden Beliebtheit und werden gelegentlich in Wellness-Programme integriert. Aber auch Saunagänge und Massagen, Yoga, Meditation oder Tai Chi zählen zu den gern gewählten Entspannungsangeboten. Musik und angenehme Düfte sowie spezielle Farbgebungen unterstützen den Entspannungsprozess in effektiver Weise.

Speziell (ehemalige) Klöster bieten gelegentlich Klosteraufenthalte zur Entschleunigung, Meditation oder Besinnung an, wer möchte kann diese auch in den Zellen eines ehemaligen Gefängnisses finden. Vielleicht reicht aber schon ein Wellnessaufenthalt in einem Ort ohne jeglichen PKW-Verkehr, z. B. auf einer Insel oder in den Alpen. Wer sich dazu nicht aufraffen kann, findet entsprechende Literatur, Kursangebote oder Ratgeber im Internet – aber für manche ist ein Bier oder ein Schnaps aus dem Klosterbräu schon ausreichend Entspannung.

2.8 Wellnessberatung und -information

Angesichts des täglich steigenden Angebots unterschiedlichster Wellnessleistungen fällt es den Wellnesssuchenden immer schwerer, sich darin zurechtzufinden. Welches ist die richtige Anwendung für mich? Was fördert meine Fitness am besten oder effektivsten? Wie viel Wellness braucht mein Körper und meine Seele? Was kann ich selbst machen und wozu benötige ich Hilfe oder Anleitung? Wie zaubere ich aus dem Angebot meines Biobauern eine wohlschmeckende Mahlzeit?

All diese Fragen erhöhen den Informationsbedarf wellnessinteressierter Menschen. Unzählige Angebote in Buch- oder Vortragsform oder im Internet versuchen diesem Informationsbedürfnis Rechnung zu tragen. Doch trotzdem fällt es nicht leicht, das richtige Angebot für einen selber zu finden, daher gibt es neuerdings (ausgebildete oder selbst ernannte) Guides oder Coaches durch den Wellness- oder Fitness-Dschungel. Eine umfassende und persönliche Beratung gehört selbstverständlich auch zu jedem guten Fitness- oder Wellnessdienstleistungsangebot. Ein Personal Lifestyle Coach sollte dazu rundum sachverständig sein.

Um die Fähigkeit zu besitzen, aus einem gründlichen, die gesamte Person bzw. Persönlichkeit erfassenden Gespräch ein geeignetes Trainingskonzept unter dem Blickwinkel ganzheitlicher Wellness zu entwickeln, brauchen Berater bzw. Trainer eine umfangreiche Qualifikation und eine ständige Weiterbildung. Denn Wellnesstraining und Wellnessanwendungen bedeuten mehr als nur sanften Fitnesssport, nämlich selbstverantwortliche Prävention und Änderung der Lebenseinstellung (z. B. Rauchentwöhnung).

Einzelne Kriterien, die kombiniert zu einer hinreichenden Qualifikation von Wellness-Coaches führen, sind nach Ansicht von Wellnessexperten:

- Mindestalter von ca. 25 Jahren
- persönliche Erfahrungen mit Bewegungstraining und Sport, idealerweise außerdem Tanz
- persönliche Erfahrungen mit Stressmanagement, Meditation, Yoga o. ä.
- Grundlagenausbildung zu Anatomie, Physiologie und Sportverletzungen, wie sie z. B. Masseure, Physiotherapeuten oder Sport-/Gymnastiklehrer besitzen

- spezielle Trainer-Qualifikation für die jeweiligen Bewegungstrainingsformen
- ausgeprägte soziale und kommunikative Fähigkeiten
- empathische Kompetenzen
- Kompetenz in der Ernährungsberatung
- selbst Vorbild sein für die Umsetzung eines ganzheitlichen Wellness-Lebensstils
- möglichst breite Vorerfahrungen
- möglichst Zusatzausbildung bzw. Fortbildung im Berufsbild

Eine Wellnessberaterausbildung bieten heutzutage diverse private Schulen oder die IHK an. Weitere anerkannte Ausbildungsberufe sind z. B. der Fitnesskaufmann, der Funsporttrainer oder der Lauf- oder Reittherapeut. Es gibt aber auch weniger bekannte Ausbildungsberufe, wie den Lehrer für Tanz und tänzerische Gymnastik, den Rehatrainer oder den Diplompflegemanager. Wer sich weiterbilden möchte, kann dies tun, z. B. zum Aerobictrainer, zum Freizeit- oder Bewegungstherapeut, zum Aquafitnesstrainer, zum Fachsportlehrer für Fitness und Gesundheit oder zum Gesundheitsmanager. Es gibt aber auch Angebote für Feldenkraislehrer, Kinesiologen, Klangmassagentherapeuten, Yogalehrer oder für Qi-Gong-Therapeuten.

Wellnesssuchende werden aber auch im Internet, im Buch- oder Zeitschriftenregal oder unter den Angeboten der Volkshochschulen fündig. Wellnessratgeber gibt es im Internet oder als Buch in allgemeiner Form, aber auch spezialisiert auf Fitness, Joggen, Walking oder auch Qi-Gong oder Reiki. Die Gesundheits- und Wohlfühlthemen füllen nicht nur die meisten der klassischen Zeitungen und Zeitschriften sondern auch neue, zielgruppenspezifische Special-Interest-Zeitschriften (eine althergebrachte hat überlebt: Vital) sowie diverse Hotelverzeichnisse. Auch die Radio- und Fernsehsender bieten seit geraumer Zeit eine Vielzahl von Ratgebersendungen und Specials zum Thema Wellness und Wellnessreisen an.

Im Internet besteht neben allgemeiner Information die Möglichkeit, die gewünschte Beratung sogar auf die individuellen Wünsche und Gegebenheiten der Ratsuchenden abzustellen. Dies ist ansonsten das Feld der traditionellen Gesundheitsberater: ÄrztInnen, ApothekerInnen, Reformhäuser, Drogerien oder PhysiotherapeutInnen. Die anderen o. e. Ausbildungsberufe eignen sich auch gut für eine individuelle Wellnessberatung.

2.9 Medical Wellness

Wie z.T. schon zuvor deutlich wurde, ist die Abgrenzung zwischen Wellness und Medizin nicht immer ganz leicht. Der neuerdings immer häufiger zu hörende Begriff Medical Wellness macht dies nicht leichter, da er eindeutig medizinische Leistungen dem Erreichen eines Wellnesszustandes zuordnet, zumindest was eine Beratung und Aufsicht angeht. Die Abgrenzung ist schwierig, da eine Massage oder physiotherapeutische Betreuung sowohl die Gesundheit herstellt (medizinisch indiziert) als auch Wohlbefinden (z.B. Wellnessmassage) erzeugt; Ähnliches gilt sicherlich für eine psychologische oder psychotherapeutische Behandlung. Steigert nicht alles, was dem Bereich der Health Care zuzuordnen ist, auch das Wohlbefinden oder lässt es zurück gewinnen?

Umfragen in der Bevölkerung bestätigen, dass die Bedürfnisse kranker oder in ihrem Befinden gestörter Menschen in schulmedizinischen Arztpraxen, Krankenhäusern und Kliniken offensichtlich nur unzureichend gedeckt werden. So suchen diese Menschen zunehmend nach Alternativen und Ergänzungen zum konventionellen Behandlungsangebot. Neue und vor allem in Vergessenheit geratene Verfahren aus dem Bereich der alternativen („Ganzheitsmedizin") oder komplementären Medizin (unkonventionelle Verfahren) erfreuen sich steigender Verbreitung. Viele Naturheilverfahren, die oftmals eine Jahrhunderte lange Tradition besitzen (Ethnomedizin), erhalten in Deutschland bzw. im deutschsprachigen Raum eine immer größere Akzeptanz (mehr als jeder Zweite verwendet bereits Naturheilmittel meist zur Selbstmedikation). Viele dieser Angebote werden heutzutage dem Wellnessbereich zugeordnet, wenngleich dies nicht immer korrekt ist.

Auch in der traditionellen medizinischen Behandlung und Beratung breitet sich das Wellness-Bewusstsein weiter aus. Viele Ärzte erkennen spätestens im Praxisalltag, dass die an unseren Universitäten gelehrte Medizin ihre Grenzen hat und wichtige Wissensgebiete, wie beispielsweise gesunde Ernährung und die Selbstheilungskräfte des Körpers, in der Ausbildung vernachlässigt wurden. Andererseits ist tatsächlich zu bezweifeln, ob alles, was aus dem komplementären oder alternativen Bereich stammt, auch nachprüfbar und bei jedem Menschen wiederholbar hilft. Vorsicht ist angebracht, denn in diesem Feld tummeln sich auch selbsternannte Gurus, Scharlatane und Geschäftemacher. Allerdings gelingt es auch solchen Personen, gelegentlich die Selbstheilungskräfte des Körpers zu aktivieren und erstaunliche Wirkungen zu erzielen.

Im medizinischen und therapeutischen Bereich sollten unter dem Lebensstilkonzept Wellness alle diejenigen Maßnahmen verstanden werden, die Menschen ein ausgeglichenes Leben sowie ein genussvolles Gesundsein oder Gesundwerden ermöglichen. Somit stehen bei der Medical Wellness weniger die kurativen, als die gesundheitsfördernden Elemente einer Behandlung und/oder

Beratung im Vordergrund. Mit einem solchen neuen Verständnis könnte ein zunehmender Bedarf nach Angeboten entstehen, der die „Patienten“ (bzw. Klienten oder Kunden) zur Mitgestaltung ihrer eigenen Gesundheit animiert. Dabei sollte das Ziel und auch der Weg des Behandelten durch positive Gefühle und Wohlbefinden gekennzeichnet sein.

So vielfaältig die heutigen Beschwerden und Befindlichkeitsstörungen sind, so vielseitig sind auch die Angebote, die nach und nach auf dem Gesundheits- und Behandlungsmarkt unter dem Anspruch von Medical Wellness entstehen. Unter dem Begriff Lifestyle-Medizin etabliert sich inzwischen neben gesundheitsfördernden Leistungen (vgl. Abbildung 29) auch eine Vielzahl von Angeboten, die unter medizinisch-ethischen Gesichtspunkten durchaus kontrovers diskutiert werden. Allerdings werden diese von vielen Wellnesssuchenden akzeptiert und trotzdem von vielen gern genutzt.

Ob es eine Nasenkorrektur oder eine Brustverkleinerung tatsächlich medizinisch indiziert oder doch eher dem Bereich der Schönheitsoperationen zuzuordnen ist, kann im Einzelfall schwierig zu beurteilen sein. Doch gibt es eine große Bandbreite an medizinischen Eingriffen, die häufig unter Gesichtspunkten der Verschönerung gemacht werden: Hautstraffung, Entfernen von Krampfadern oder Muttermalen, Faltenunterspritzung, Laserbeahndlungen, Ohren- oder Zahnkorrekturen, Implantationen (Brust, Haare, Lippen, Nase …) und Augenoperationen, um eine Brille zu vermeiden … .

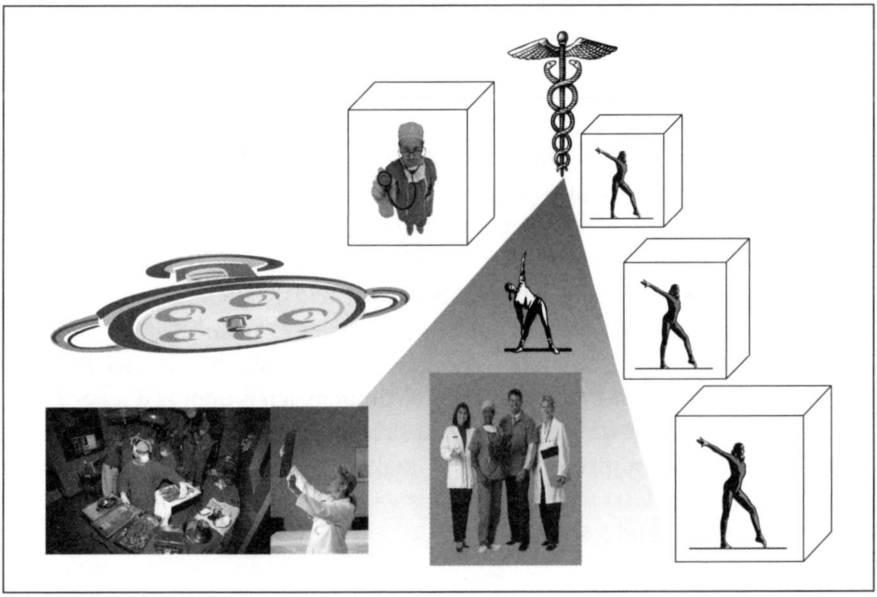

Abbildung 29: Große Bandbreite der Medical Wellness

Nach einer Studie der psychonomics AG von Ende des Jahres 2005 liegt die Selbstmedikationsbereitschaft in der Bevölkerung auf hohem Niveau: 60 % der Bundesbürger versuchen sich, zunächst mit rezeptfreien Medikamenten selbst zu helfen. 61 % gehen bei leichteren Erkrankungen in die Apotheke und verzichten stattdessen auf einen Arztbesuch (2003: 56 %). Den Apothekern kommt damit eine verstärkt gesundheitsberatende Funktion zu, der Apothekenbesuch wird zunehmend zum "kleinen Arztbesuch zwischendurch". Derzeit genießen die Apotheker in Deutschland sogar ein höheres Allgemeinvertrauen (91 %) als Ärzte (84 %). Damit werden Apotheker auch immer wichtigere Berater für Nutzung von Vitaminen oder anderen das Wohlbefinden steigernder Pillen und Tinkturen.

Gleichzeitig haben bereits 2 von 5 Bundesbürgern freiverkäufliche Medikamente auch in Drogerien, Reformhäusern, Supermärkten und Discountern gekauft; weitere 24 % sind diesen Einkaufsstätten grundsätzlich gegenüber aufgeschlossen. Dort scheitert ein Kauf aber oft an noch fehlenden Beratungsmöglichkeiten, einem nur eingeschränktem Vertrauen sowie an mangelnder Erfahrung der Kunden. Dennoch ist die Bereitschaft hoch, über die Vertriebswege ohne Beratung, Wohlbefinden steigernde Produkte zu kaufen, insbesondere wenn diese verständlich und umfassend gekennzeichnet und die Wirkungsweisen erläutert sind.

Die monatlichen Pro-Kopf-Ausgaben für rezeptfreie Medikamente (OTC-Präparate) haben sich 2005 um durchschnittlich 8 % erhöht. Gleichzeitig versuchen viele Bundesbürger aber bei ihren Gesundheitsausgaben insgesamt zu sparen: Rund jeder Fünfte verschob wegen der Praxisgebühr eigentlich sinnvolle Arztbesuche oder unterließ diese ganz. 40 % der Befragten griffen aber auch verstärkt zu bewährten „Hausmitteln“ und verzichten stattdessen auf Medikamente. Also eröffnet sich hier auch ein Feld für allerlei Wellness-Anwendungen und -Produkte, um sich außerhalb des traditionellen Medizinsektors gesund zu erhalten bzw. vorzubeugen.

So gibt es breites Angebot von Naturheilmitteln (Homöopathie), die vorbeugen oder der Linderung von Beschwerden und Krankheiten dienen oder auch das Immunsystem stärken und das allgemeine Wohlbefinden steigern. Vitamintabletten hat bereits jeder Zweite schon geschluckt, ebenso wie Calcium- oder Magnesium-Präparate. Immunstimulanzien nimmt fast jeder Dritte und Stärkungsmittel etwa jeder Vierte zu sich. Beliebte Lifestylemedikamente sind z. B. das Potenzmittel Viagra, die Glückspille Fluctin oder das Zellmittel Melatonin; auch genutzt werden Haarwuchsmittel, wie Finasterid oder die Abnehmmittel Xenial und Reduktil.

2.10 Wellness im Beruf und Betrieb

Schon vor mehr als 100 Jahren gab es erste Betriebssportvereine, betrieblich organisierte Bewegungsangebote und dem sozialen Kontakt dienende Betriebsveranstaltungen. In den letzten Jahren waren diese etwas aus der Mode gekommen. Nur für (Top-)Manager gab es regelmäßig Gesundheits-Checks und in größeren Betrieben ggf. auch ein betriebsärztliches System. Diese Angebote dienten aber in erster Linie der Wiederherstellung der Gesundheit bzw. hatten Aufgaben der Arbeitssicherheit zu erfüllen. Gefährdungsbehandlung und Arbeitssicherheit erforderten aufgrund gesetzlicher Vorgaben schon länger ein optimales Managementsystem (vgl. Abbildung 30).

Inzwischen bildet sich zumindest in vorbildlichen Betrieben ein neuer Typ des Gesundheitsmanagements heraus, das eher vorbeugenden und beratenden Charakter (Fitness oder Lifestyle Coaches) hat, um nicht nur Unfälle und berufsbedingte Krankheiten zu vermeiden, sondern aktiv das gesundheitliche Befinden der Mitarbeiter (und Manager) zu optimieren (vgl. Abbildung 31). Inzwischen hat sich nämlich herumgesprochen, dass körperlich und mental gesunde Mitarbeiter mehr bzw. Besseres leisten und dabei weniger (Ausfall-)Kosten verursachen. Das Wohlbefinden der Mitarbeiter rückt also zunehmend in den Fokus des Unternehmensmanagements.

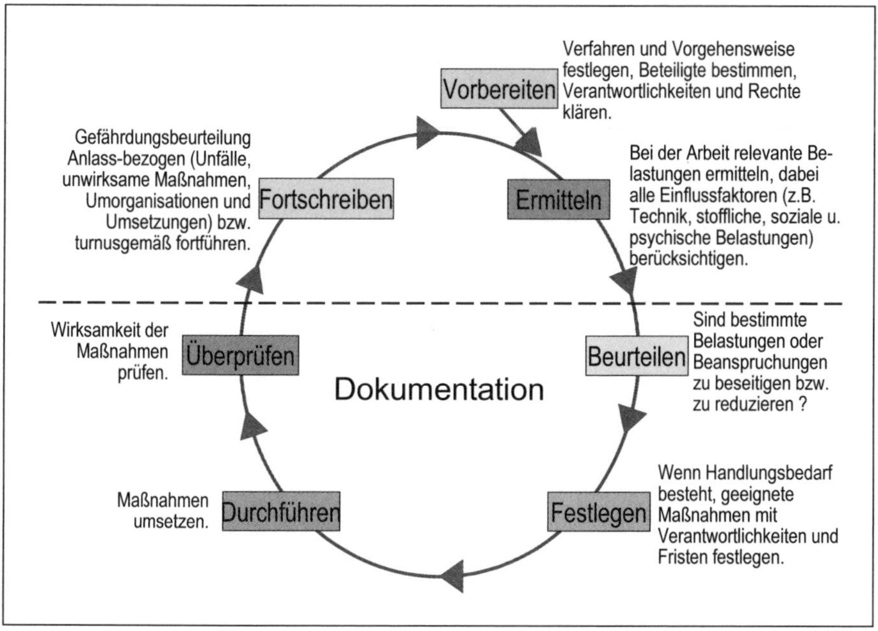

Abbildung 30: Managementsystem zur Optimierung der Arbeitssicherheit

Einige Betriebe bieten inzwischen sogar Wellnessbehandlungen (z. B. Massagen) oder Fitnesstrainings (Gymnastik) an, da dies die Motivation der Mitarbeiter und deren Bindung ans Unternehmen erhöht bei gleichzeitig positiver Außenwirkung (auf potenzielle Mitarbeiter). Allerdings sollten geeignete Konzepte von speziell ausgebildeten Trainern bzw. Coaches entwickelt und begleitet werden (vgl. Kap. 2.8).

Abbildung 31: Betriebliche Gesundheitsförderung erfordert professionelles Management

3 Aspekte und Erfolgsfaktoren des Managements von Wellnessleistungen

Wenn es um das Management bzw. um die erfolgreiche Führung eines Unternehmens im Wellness- und Gesundheitsbereich geht, steht die Frage im Fordergrund, ob die Wellnessorientierung zur zentralen Unternehmensstrategie werden soll oder muss oder ob Wellness quasi nur als sog. „Add-on" genutzt werden soll? Wie viel Wellness verträgt mein/unser Unternehmen? Und wie viel Wellness verträgt die Marke? Jedes Unternehmen der Wellnessbranche muss die Entwicklungen im Wellnessmarkt beobachten (vgl. Abbildung 32) und für sich berücksichtigen, um (auch) zukünftig erfolgreich zu agieren.

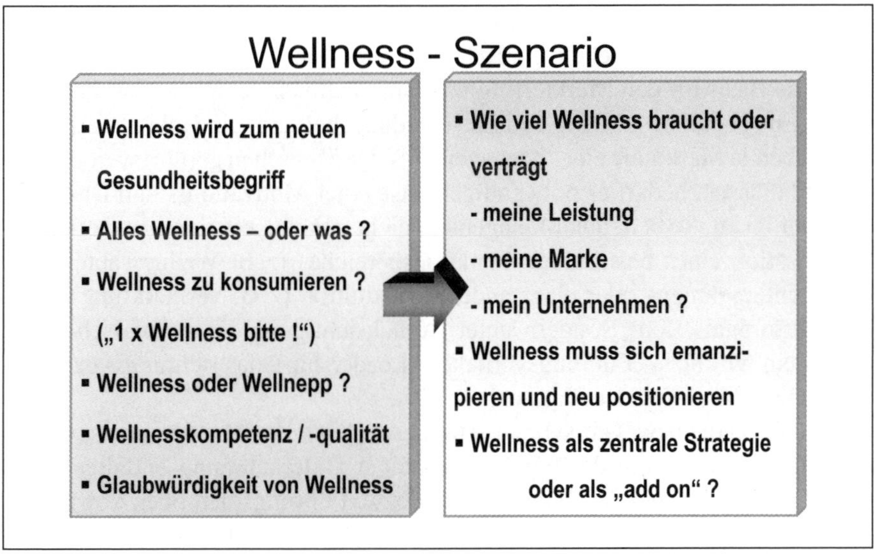

Abbildung 32: Veränderungen im Wellnessmarkt

Das Kölner Marktforschungsunternehmen BBE hat im Herbst 2005 Zahlen zum Wachstumspotenzial des Wellnessmarktes vorgelegt. Die wesentliche Erkenntnis daraus lautet: Wellnessunternehmen müssen mit einem Verlust der Zugkraft des Etiketts „Wellness" rechnen. Wellness als angenehme und als wohlverstandene Gesundheitsvorsorge liegt hingegen weiter im Trend und wird immer mehr als persönliche Notwendigkeit betrachtet. Das Wellness-Bedürfnis der aktuellen Verbraucher lässt sich mit „sowohl, als auch" charakterisieren: Programme für Fitness, Ernährung und Gesundheit sollen effektiv wirken. Doch auch das Gefühl, sich selbst zu verwöhnen, darf noch nicht zu kurz kommen. Allerdings ist von einer Veränderung dieser Einstellung in den nächsten Jahren auszugehen, die erfolgreiches Wellnessmanagement aufgreifen muss.

In der Wissenschaft finden sich diverse unterschiedliche Begriffsdefinitionen von Management, die auch im Zeitablauf einem gewissen Wandel unterlagen und sich z.T. noch aktuell verändern. War der Begriff Management zunächst eng mit der Vorstellung von Betriebsführung bzw. der Organisation eines Unternehmens verbunden, wurde die Definition nach einer Bürokratiediskussion um den wichtigen Gesichtspunkt der Effizienz erweitert. Operatives Management umfasst nach Peter F. Drucker die Bereiche Zielsetzung, Organisation, Bewertung, Kommunikation, Motivation sowie Entwicklung und Förderung von Menschen (vgl. S. 26, 27).

Diese Beschreibung für die Managementanforderungen ist auch eine passende für den Wellnesssektor. Mit den beiden Begriffen Zielsetzung und Bewertung (i.S.v. Controlling) werden nämlich Aspekte eines eher strategischen Managements angesprochen. Und gerade strategisches Management ist die wesentliche Basis für den Markterfolg von Unternehmen der Wellnessbranche.

Die Entscheidungsbildung und Entscheidungsbefugnis sind allein meist nicht ausreichende Merkmale eines Managements. Da Menschen geführt werden wollen und müssen, bedarf es notwendigerweise einer Motivations- und Durchsetzungsfähigkeit. So bedeutet Management nicht nur eine effiziente und effektive Organisation eines bestimmten Funktionsbereiches (z.B. Wellnessabteilung), eines Unternehmens oder einer anderen Institution (z.B. Vermarktungs- oder Qualitätsorganisation), sondern unter Berücksichtigung des strategischen Aspektes ein wirkliches Führungsverhalten (Leadership), das richtungs- bzw. impulsgebend für das ganze Unternehmen ist.

Erst durch die bewegende bzw. antreibende Kraft des Managements werden die Leistungskraft und die Wirksamkeit einer Unternehmung entfaltet. Dazu bedarf es entsprechender Management- bzw. Führungsmethoden sowie Instrumentarien, die der jeweiligen Organisation, Größe und Situation angepasst sind. Management bedeutet also zu gestalten und zu steuern, Visionen zu entwickeln, Ziele zu definieren, zu kommunizieren, Menschen zu fördern und zu motivieren, zu organisieren, Optionen zu schaffen sowie Resultate zu messen und zu bewerten (vgl. S. 27), egal wie groß das Unternehmen ist. Und dabei sind neben den direkten Unternehmensherausforderungen stets auch die Interessen und Einflüsse unternehmensrelevanter Stakeholder(-gruppen) zu berücksichtigen (vgl. Abbildung 33).

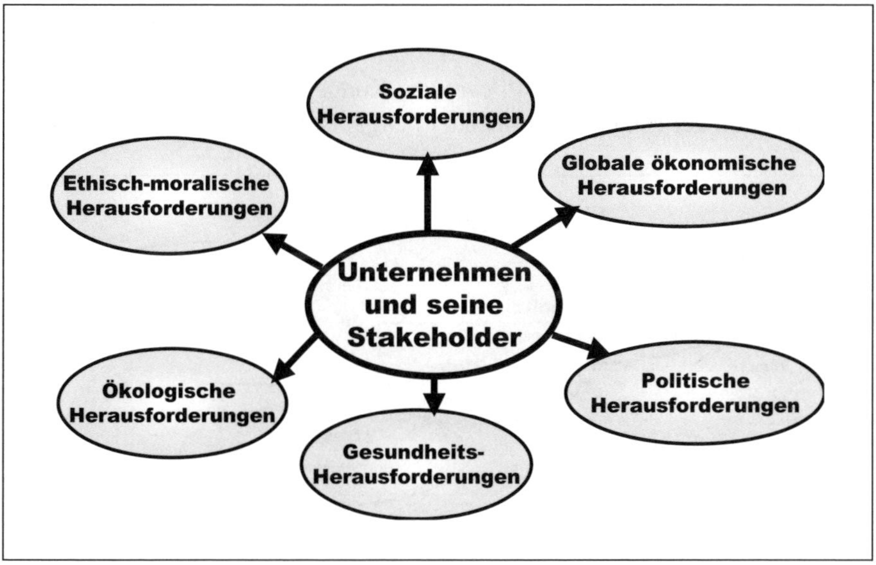

Abbildung 33: Strategisches Management mit Einflussfeldern

Die eigentlich ganz lapidare Weisheit, dass kein Unternehmen ohne seine Kunden existieren kann, wurde in weiten Kreisen des Unternehmensmanagements erst in letzten Jahren richtig verinnerlicht, allerdings in der Wellnesswirtschaft tendenziell schon relativ früh. Die bewusste Führung eines Unternehmens von den Anforderungen des Absatzmarktes her, ist nichts anderes als Marketing bzw. gelebte Kundenorientierung! Wenn bei zunehmend gleichen bzw. ähnlichen Leistungen ein besonderer Zusatznutzen oder eine besondere Ausgestaltung der Kundenbeziehung zu einem kaufentscheidenden Argument wird, erhält die Orientierung an den Kundenansprüchen für die Unternehmen eine zentrale strategische Bedeutung, die letztendlich erfolgsentscheidend ist

Aus diesem Grund ist es gerade in der Wellnesswirtschaft notwendig, eine serviceorientierte Unternehmenskultur (auch Customer Care Concept genannt) zu implementieren. Nicht nur die Kernleistungen sind höchstmöglich am Kundennutzen auszurichten, sondern auch die zusätzlichen Services, die über die zentralen Leistungen hinaus angeboten werden (z. B. Zusatznutzen Wellness).

Die American Marketing Association hat diese umfassendere Sichtweise, die dem Führungsanspruch des Marketings im Unternehmen gerecht wird, folgendermaßen formuliert; danach ist Marketing:

- eine Führungsfunktion und
- ein Prozessinstrumentarium

- zur Schaffung, Kommunikation und Lieferung von Werten für die Kunden/ Abnehmer/Nutzer und
- zum Management (bzw. zur Pflege) von Kundenbeziehungen
- zum Vorteil der (marketingtreibenden) Organisation und ihrer Stakeholder

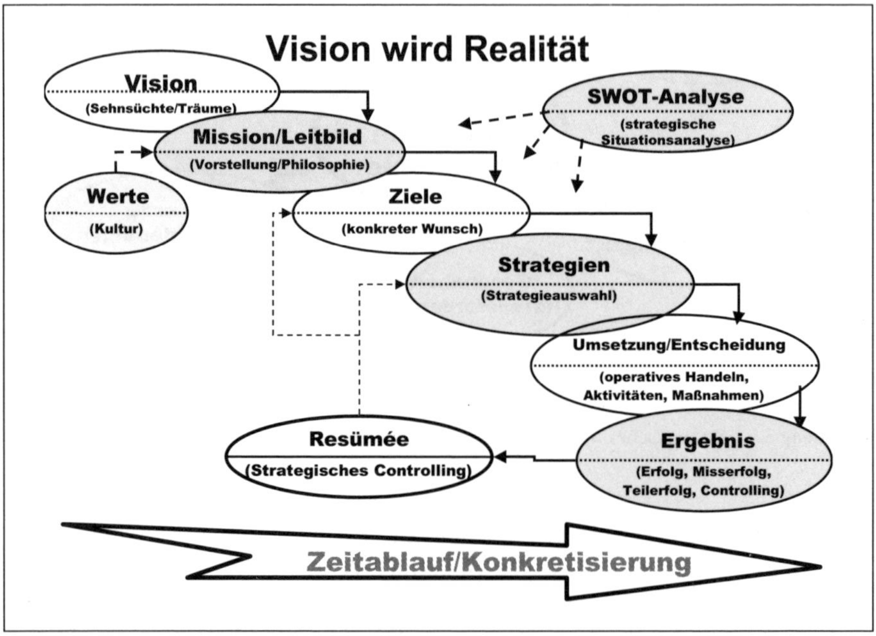

Abbildung 34: Visionen sind der Ausgangspunkt strategischen Managements

Damit ist auch in Kurzform beschrieben, was Management in Unternehmen der Wellnessbranche bedeutet, nämlich im Wesentlichen kundenorientiertes Marketing. Auf die konkreten Ausprägungen im Sinne einer Customer Driven Company (CDC) wird später in Kap. 6 näher eingegangen. Aber am Anfang allen erfolgreichen Managements steht zunächst eine Vision (= realisierbare Vorstellung, vgl. Abbildung 34), wie sie z. B. von der Gruppe der Healing Hotels of the World formuliert wurde (vgl. Kap 2.2). Denn nur wer weiß, wohin er will, findet den richtigen Weg!

Eine stimmige und wirklich gelebte Unternehmenskultur mit klaren Werten ist meist die Basis für eine besondere Leitungsfähigkeit eines jeden Unternehmens. Zwar lassen sich aufgrund (anwendungs-)technischer oder konzeptioneller Fähigkeiten Wettbewerbsvorteile gegenüber Konkurrenzunternehmen erzielen, doch lässt sich damit aber meist kein lang andauernder Imitationsschutz erreichen. Mee-too-Anbieter können solche Vorteile relativ schnell aufholen und so eine erreichte Alleinstellung im Wellnessmarkt schnell wieder beseitigen.

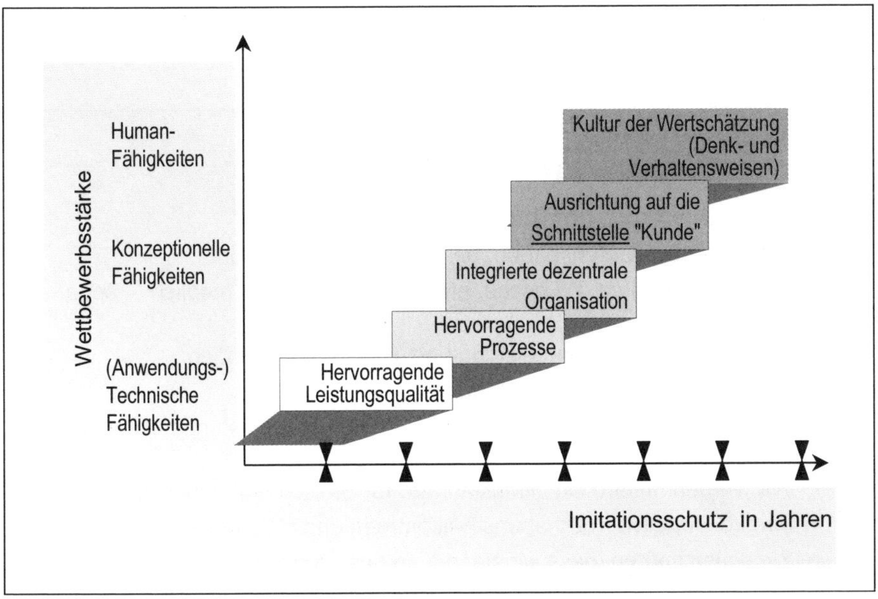

Abbildung 35: Konsistente Unternehmenskultur ein kaum einholbarer Wettbewerbsvorteil

Wie aus Abbildung 35 erkennbar schafft man erst unter Nutzung der Humanfähigkeiten bzw. auf Basis einer stimmigen Unternehmenskultur eine wirkliche Kundenorientierung, die schließlich sogar in eine Wertschätzungskultur mündet. Ein solcher Wettbewerbsvorteil ist von Konkurrenten nur schwer oder gar nicht aufzuholen, da man sozusagen das Ohr am Puls der Kunden hat und entsprechend der Kundenwünsche stets schneller als die Konkurrenz reagieren kann.

Aus einer vorhandenen Vision lässt sich unter Berücksichtigung der Unternehmenskultur dann ein für alle Mitarbeiter griffiges Unternehmensleitbild bzw. eine (meist kürzere) Mission entwickeln. Das Leitbild der TIPTOP Hotels (vgl. Abbildung 36) ist auch ein praktikables Beispiel für Wellnesshotels, an dem sich alle Mitarbeiter gut orientieren können. Die Grundsätze eines Leitbilds dürfen aber nicht mit den Unternehmenszielen verwechselt werden, die erst daraus erst ganz konkret abgeleitet werden.

Diese Unternehmensziele, die von der Unternehmensorganisation als Ganzem zu erreichen sind, müssen klar und überprüfbar festgelegt werden. Jede Abteilung oder Einheit des Wellness-Unternehmens hat dann entsprechend ihrer Möglichkeiten zur Erreichung dieser Ziele beizutragen. Meist werden daher auch entsprechende Bereichsziele formuliert, die von diesen speziell erreicht werden müssen, um das Gesamtziel zu erreichen. Auch bei Kleinunternehmen sollte nicht auf eine solche Zielformulierung verzichtet werden, damit der Erfolg des Unternehmens später auch mit Hilfe von üblichen Controllinginstrumenten beurteilt werden kann.

TIPTOP-Hotels:

So wollen wir uns um Sie kümmern...

- Sie sollen das Gefühl haben, bei Freunden zu wohnen
- Wir möchten Ihre Wünsche erfüllen und - wenn möglich - sogar übertreffen
- Für Sie wollen wir Top-Leistung und Top-Qualität bringen
- Sie werden sich bei uns wohl fühlen
- Wir möchten Ihnen ein ausgezeichnetes Preis-Leistungs-Verhältnis bieten
- Wir werden unsere Qualitätsstandard für Sie ständig verbessern
- Ihre konstruktive Kritik ist uns willkommen und gleichzeitig Antrieb
- Sie sollen spüren, dass wir ständig an uns arbeiten
- Wir möchten Ihnen mehr als nur Hotelsterne bieten
- Sie werden erkennen, dass wir Umweltgedanken ernst nehmen
- Sie sollen uns gerne und mit Überzeugung empfehlen

Abbildung 36: Verständliches und gut umsetzbares Leitbild

Im Sinne der Klarheit und Eindeutigkeit einer jeden Zielfestlegung muss der Zielinhalt (mit den sog. „8 Z“) genau beschrieben werden. So wird jedem im Unternehmen deutlich, was in welchem Zeitraum konkret erreicht werden soll. Mit dem Zielausmaß wird der angestrebte Zielerreichungsgrad sehr genau angegeben. Als nächstes muss die Leistung genau beschrieben werden, hinsichtlich der das gesetzte Zielausmaß erreicht werden soll, also das Zielobjekt. Wichtig ist, dass über die Zielperiode auch der Zeitraum (bzw. Zeitpunkt), in dem das Ziel zu erreichen ist, festgelegt wird. Auch muss sich die Zielerreichung immer auf eine bestimmte Zielgruppe (Personen-, Klienten-, Reisendenkreis) als Teilmenge aller möglichen Kunden beziehen. Schließlich ist es auch notwendig, den genauen Zielort und ggf. einen Zielmarkt zu beschreiben, für den die jeweilige Zielsetzung erfüllt werden soll. Letztendlich sollte auch eindeutig der/die Zielverantwortliche(n) benannt werden. Ein Beispiel der „8 Z“ könnte folgendermaßen aussehen:

Zielinhalt:	Steigerung der Verkaufszahlen …
Zielobjekt:	… von Eintrittskarten …
Zielort:	… der Therme XYZ …
Zielperiode:	… in der nächsten Saison …
Zielgruppe:	… an Familien …
Zielmarkt	… in Nordrhein-Westfalen
Zielausmaß:	… um 15 %
Zielverantwortlicher	… in Verantwortung von Marketingleiterin ABC

Auf Basis solch konkreter Zielvorgaben lassen sich dann mit Hilfe der Controllinginstrumente (z. B. Soll-Ist-Vergleich, Balanced Scorecard, Imageforschung, Markt- und Absatzzahlen …) Zielerreichungsgrad, Art und Höhe der Abweichungen und ggf. auch unerwünschte Wirkungen erkennen, messen und ggf. auch erklären. Im Rahmen eines strategischen Controllings (vgl. Kapitel 10) müssen die angewandten Strategien und Instrumentarien auf ihre (ausreichende) Wirksamkeit überprüft und ggf. Vorschläge zum Einsatz effizienterer Instrumente in der nächsten Zielperiode gemacht werden. Zur Erreichung der Ziele und Teilziele eines Wellnessunternehmens sind im nächsten Schritt erfolgversprechende Strategien (vgl. Abbildung 37) festzulegen.

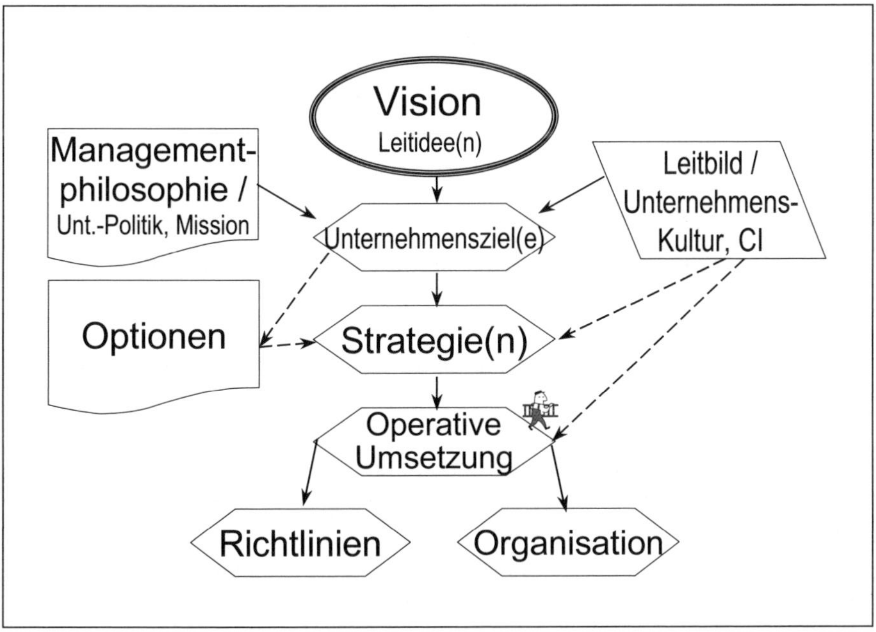

Abbildung 37: Strategisches Wellnessmanagement

3.1 Erfolgsfaktor Strategie

Strategien im Wellnessmanagement sind quasi die Wege zum erwünschten Ziel, z. B. einem Marktanteil in Höhe von 15 % oder einer Steigerung der Wellnesskunden um 10.000. Aber welche Strategien stehen überhaupt zur Verfügung und welche sind erfolgreicher als andere? Grundsätzlich gibt es einige allgemein bekannte Strategiealternativen, die individuell miteinander zu einem schlagkräftigen Strategiebündel/-profil verbunden werden können (vgl. Abbildungen 38–39).

Abbildung 38: Strategieoptionen mit Ausprägungen im Wellnessmanagement (1)

Für ein Wellnesshotel könnte beispielsweise das folgende Strategieprofil Erfolg bringen:

Strategisches Geschäftsfeld:	weibliche Singles
Portfoliostrategie:	Fokussierung auf ein Segment
Marktfeldstrategie:	spezifische Leistungsentwicklung für w. Singles
Wettbewerbsstrategie:	Qualitätsvorteil erarbeiten und sichern
Marktabdeckung:	Marktnische
Marktareal:	National
Timing:	früher Folger

Entwicklungsstrategie:	Wachstum
Kooperationsstrategie:	Unabhängigkeit
Marktbearbeitung:	konzentriert
Kundenstrategie:	Kundenbindung

Abbildung 39: Strategieoptionen mit Ausprägungen im Wellnessmanagement (2)

Selbstverständlich ist auch ein anderes Strategieprofil denkbar, um erfolgreich im Wellnessmarkt zu agieren. Wichtig ist auf jeden Fall, sich von den Konkurrenzunternehmen zu unterscheiden, da niemals zwei Unternehmen mit identischen Strategien Erfolg haben können. Mindestens in einer Ausprägung muss man sich differenzieren, um in diesem Bereich besser als die anderen zu sein. Richtig und erfolgversprechend ist sicherlich die strategische Grundausrichtung auf die Bedürfnisse der Wellnesskunden. Ziel ist es dabei, die Kundenperspektive in alle Geschäftsprozesse einzubeziehen. Der Kunde wird so von einem Käufer oder Nutzer zum Geschäftspartner des Wellnessunternehmens. Im Sinne des Begriffes Prosument (Konsument-Produzent) sollen Kunden quasi die Beziehung zum Unternehmen aktiv mitgestalten können und direkten Einfluss auf Geschäftsprozesse und angebotene Leistungen nehmen können. Dem Marketing kommt dabei die entscheidende Funktion als Kontaktorganisation zum Kunden zu (vgl. Abbildung 40).

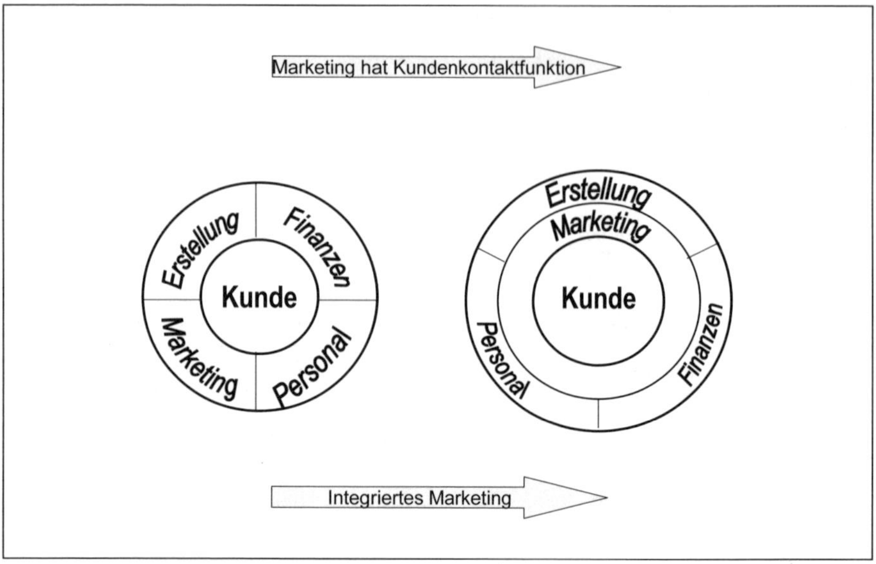

Abbildung 40: Wellnesskunden im Unternehmensfokus (Customer driven Company)

3.2 Erfolgsfaktor Unternehmensführung

Das Management eines Wellnessunternehmens hat es also in der Hand, ob es die richtigen Strategien wählt, um die gesetzten Ziele zu erreichen. Doch mit der Auswahl der Strategien ist quasi nur der Weg bzw. die Route zum Ziel festgelegt. Es kommt nun auf die Auswahl des bzw. der richtigen Transportmittel an, um das Ziel auch tatsächlich in der gewünschten Zeit zu erreichen. Welche Maßnahmen muss ein Wellnessunternehmen ergreifen und welche Instrumente einsetzen, um die Strategien erfolgreich umzusetzen? In welchen Feldern bzw. mit welchen Angeboten kann das eigene Unternehmen bei den Kunden reüssieren?

Dazu gilt es zunächst eine Analyse der eigenen Stärken und Schwächen aus Kundensicht (im Vergleich mit Konkurrenzanbietern) vorzunehmen, um dann die gefundenen Stärken weiter auszubauen (vgl. Abbildung 41 und Kapitel 4). Besonders erfolgreich lässt sich im Markt agieren, wenn das eigene Unternehmen über stark nachgefragte Kernkompetenzen verfügt.

Aber warum sind Kernkompetenzen besonders wichtig in der Wellnessbranche? Kernkompetenzen, die von Kunden stark nachgefragt werden, können für das eigene Unternehmen zu strategischen Erfolgsfaktoren im Markt werden. Denn Kernkompetenzen zeichnen sich dadurch aus, dass sie im Hinblick auf die Erfüllung der Kundenwünsche besonders wichtig und damit besonders wertvoll sind (z. B. eine intensive persönliche Hinwendung oder individuelle Beratung). Es sollte sich dabei um keine Allerweltsfähigkeiten handeln, sondern relativ seltene, so dass sie auch nur schwer von der Konkurrenz nachzumachen sind. Es handelt sich dann um Kernkompetenzen, wenn diese auch schwer substituierbar und durch die häufige Nutzung bzw. Anwendung ständig verbesserbar sind (vgl. Abbildung 42), damit sich der Wettbewerbsvorteil mit der Zeit vergrößert.

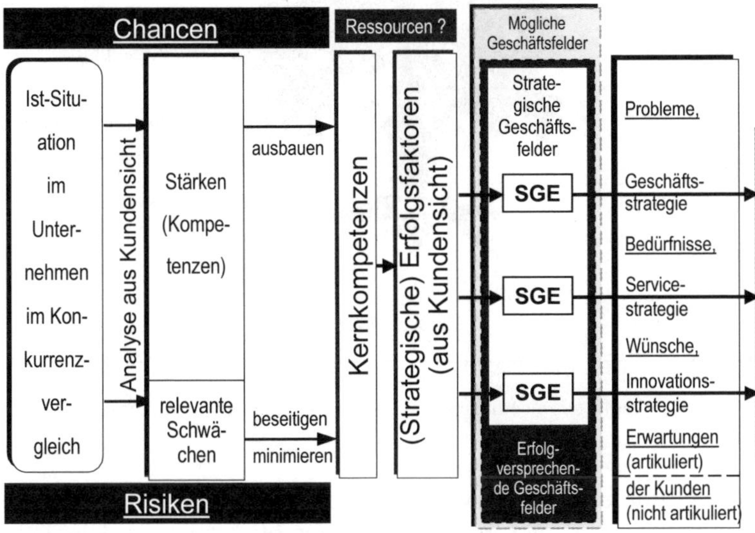

Abbildung 41: Erfolg versprechendes kundenorientiertes Management für Wellnessunternehmen

Solche Kernkompetenzen werden dann leicht zu (strategischen) Erfolgsfaktoren für denjenigen Wellnessanbieter, der sie richtig mit der Auswahl geeigneter strategischer Geschäftsfelder einzusetzen weiß. Auf Basis der vorhandenen Kernkompetenzen und der dazu notwendigen Ressourcen sollten dann strategische Geschäftseinheiten (SGE) gebildet werden, um die erfolgversprechenden Geschäftsfelder mit Unternehmensleistungen bedienen zu können.

Kernkompetenzen sind also für erfolgreiche Unternehmen eine Notwendigkeit. Aber wie lassen sich die Kernkompetenzen des eigenen Unternehmens ermitteln oder bilden? Voraussetzung ist, dass es sich aus Sicht der Kunden um wirkliche Kompetenzbereiche handelt, die sie vielleicht auch bei der Konkurrenz vermissen. Also fragen Sie Ihre Kunden! Fragen Sie auch bei den Partnern und Lieferanten nach – Außenstehende erkennen Kernkompetenzen meist klarer. Aber auch besondere Anerkennungen, Preise und Auszeichnungen (Qualitätszertifikate) geben Fingerzeige für vorhandene Kernkompetenzen.

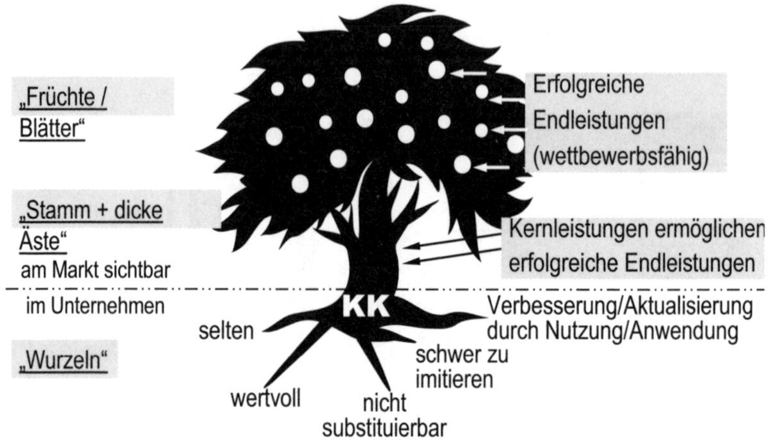

Abbildung 42: Kernkompetenzen erhöhen die Wettbewerbsfähigkeit im Wellnessmarkt

Kernkompetenzen lassen sich auch aktiv im Unternehmen bilden z. B. durch eine zielgerichtete Aus- und Weiterbildung der Mitarbeiter im Hinblick auf besondere Fähigkeiten und Kenntnisse (z. B. Ausbildung zum Wellness-Coach) oder durch ständige Verbesserungsprozesse, die zu einer besonderen Prozessexzellenz führen. Auch Benchmarkingprozesse sind geeignet, Kernkompetenzen aufzudecken bzw. zu verbessern (vgl. Abbildung 43). Im Rahmen des Benchmarkings ist das Ziel nämlich erst dann erreicht, wenn man besser als der oder die Benchmarkingpartner ist.

Für jeden Anbieter von Wellnessleistungen ist es nun noch wichtig zu wissen, in welchen Feldern sich möglichst erfolgversprechende Kernkompetenzen bilden bzw. ausbauen lassen, die einen zeitlich möglichst großen Vorsprung vor den Konkurrenzanbietern bieten.

Wie aus Abbildung 44 zu erkennen ist, bieten besondere Kompetenzfelder bei den Wellness-Kernleistungen selbst nur einen relativ geringen Wettbewerbsvorteil, wichtiger sind die Beherrschung der Erstellungsverfahren und -prozesse sowie organisatorische Fähigkeiten der Mitarbeiter, die schwerer zu imitieren sind. Vorsprünge in der Marketingkompetenz oder durch eine im Wellnessunternehmen allseits gelebte Unternehmenskultur lassen sich schwieriger und zeitlich nicht so schnell durch die Konkurrenzanbieter aufholen. Ziehen alle Mitarbeiter mit Überzeugung am gleichen Strang gelingt alles stets besser und schneller als bei den Konkurrenzunternehmen.

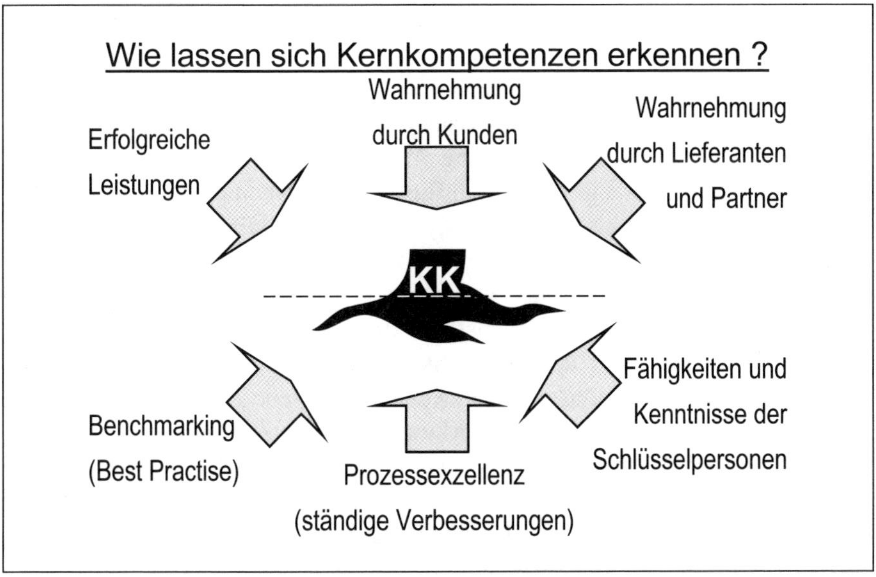

Abbildung 43: Ermittlung bestehender Kernkompetenzen

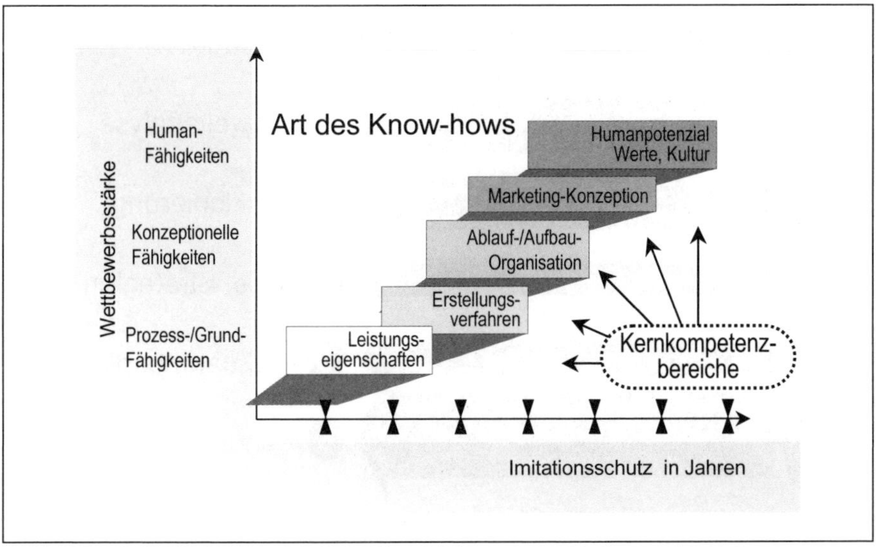

Abbildung 44: Geeignete Unternehmensbereiche zur Bildung von Kernkompetenzen

Wenn in einem Wellnessunternehmen alle Voraussetzungen geschaffen sind, sich im Wettbewerb mit der Konkurrenz gut behaupten zu können, bedarf es nun operativer Managementmaßnahmen, um den Erfolg bei den Kunden auch tatsächlich zu erreichen. Allerdings bedarf es hierzu zunächst eine sorgfältigen Planung, bevor operative Managemententscheidungen und -maßnahmen getroffen werden.

Wichtiger Ausgangspunkt eines guten Planungsprozesses ist zunächst eine Analyse der eigenen Unternehmensstärken und -schwächen sowie der vorhandenen Ressourcen (vgl. Abbildung 45). Zusammen mit einer Betrachtung der relevanten Markt- und Umwelteinflüsse lässt sich eine strategische Situationsanalyse, die auch als SWOT-Analyse bezeichnet wird, erstellen. Mit dieser SWOT-Analyse und der auf deren Basis möglichen Positionierung eines Wellnessleistungsangebots oder sogar eines ganzen Wellnessunternehmens beschäftigen wir uns näher im nächsten Kapitel 4.

Die Erkenntnisse einer den Möglichkeiten entsprechenden SWOT-Analyse (auch KMU sollten zumindest ansatzweise eine solche Analyse durchführen) haben selbstverständlich auch Auswirkungen auf die Zielfindung und Zielformulierung eines Wellnessanbieters. Damit dienen die Erkenntnisse auch als Basis für die notwendigen Strategieentscheidungen; und nur auf Grundlage erfolgversprechender Strategien bzw. Strategiebündel lassen sich die richtigen, zum Erfolg führenden Managementmaßnahmen planen und ergreifen.

Abbildung 45: Erfolgreiche Planungsprozesse für Wellnessunternehmen

Da die Ressourcen eines jeden Unternehmens beschränkt sind, müssen auch Wellnessunternehmen ihre Kräfte und Fähigkeiten sorgsam einsetzen, um den richtigen Kundengruppen die passenden Wellnessleistungen anzudienen. Spezialisierung ist besser (vgl. Abbildung 46), als es allen denkbaren Kundenerwartungen recht machen zu wollen. Die „eierlegende Wollmilchsau“ gibt es auch in der Wellnessbranche nicht.

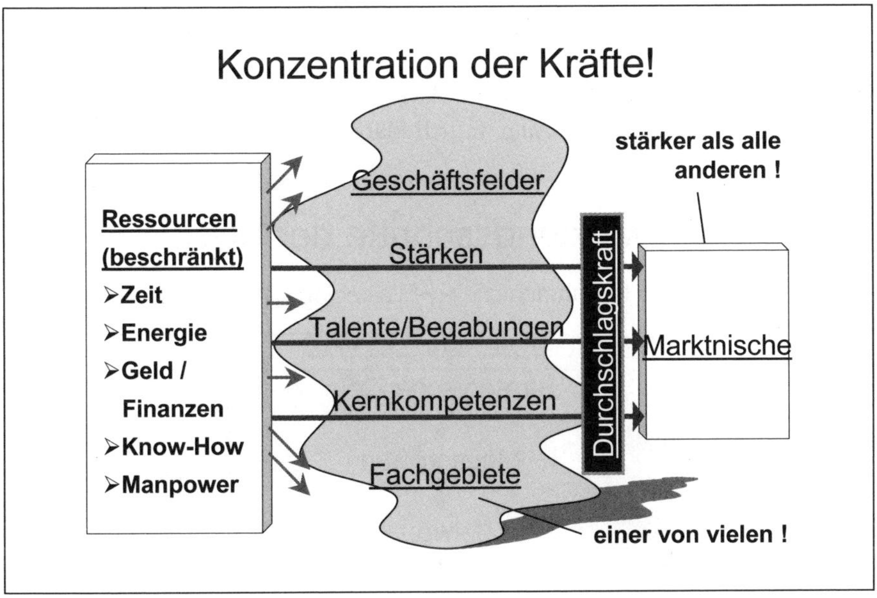

Abbildung 46: Kernkompetenzen und Ressourcen bestimmen Markterfolg

Daher muss es Ziel für jeden Wellnessanbieters sein, sich auf diejenigen Marktsegmente zu konzentrieren, in denen er seine Kompetenzen, Stärken und Fähigkeiten am besten einsetzen kann. Nur so ist ein durchgreifender und anhaltender Erfolg im umkämpften Wellnessmarkt möglich.

Zur Implementierung strategischen Managements in Wellnessunternehmen und zur Umsetzung in erfolgreiches operatives Management eignet sich hervorragende das Instrument der Balanced Scorecard (BSC). Mit ihrer Hilfe lassen sich Ziele über Messgrößen und konkrete Zielwerte operationalisieren, so dass die richtigen Aktionen ergriffen werden können (vgl. Abbildung 47).

Da die meisten Unternehmen der Wellnessbranche sich nicht alles selbst erarbeiten können, stehen diesen als wichtige Informationsquellen (auch für SWOT- und Marktdaten) sowie als Lieferanten von Qualitäts-Know-how bzw. als Lieferanten von Qualitätszertifikaten spezialisierte Wellnessverbände und -organisationen mit ihren Leistungen zur Verfügung.

Da die meisten Unternehmen der Wellnessbranche sich nicht alles selbst erarbeiten können, stehen diesen als wichtige Informationsquellen (auch für SWOT- und Marktdaten) sowie als Lieferanten von Qualitäts-Know-how bzw. als Lieferanten von Qualitätszertifikaten spezialisierte Wellnessverbände und -organisationen mit ihren Leistungen zur Verfügung.

Auch grundsätzliche Hilfestellungen erhalten Unternehmen der Wellnessbranche von einer Vielzahl von Verbänden, u. a. dem Deutschen Wellnessverband, der Wellness Hotels Deutschland (WHD) oder auch den regionalen Industrie- und Handelskammern sowie spezialisierten Branchenverbänden. Regionale oder branchenbezogene Marktorganisationen übernehmen teilweise auch ein gemeinsames Marketing, falls Bedarf dafür vorhanden ist.

Abbildung 47: BSC, ein Instrument, um Visionen erfolgreich in Aktionen umzusetzen

4 Erfolgsfaktor Information und Positionierung (SWOT)

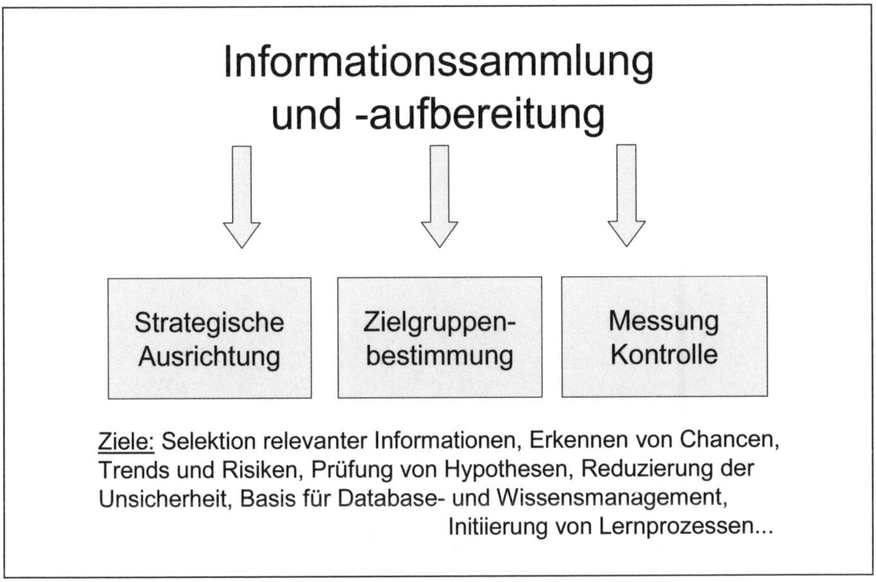

Abbildung 48: Daten und Informationen für unterschiedliche Einsatzfelder

Um erfolgreiches Management betreiben zu können, bedarf es einer möglichst genauen Wissens- bzw. Datenbasis. Denn nur wer alle relevanten Informationen und Daten kennt, kann diese auch bei seiner Unternehmensplanung berücksichtigen (vgl. Abbildung 45). Also versuchen die meisten Wellnessunternehmen, sich alle diejenigen Informationen zu beschaffen, die notwendig sind, um eine bessere Beurteilung ihrer Aktivitäten sowie den damit verbundenen Erfolgschancen und Risiken vornehmen zu können. Es gibt zwar immer wieder Beispiele von Unternehmern oder Managern, die aus einem reinen Bauchgefühl bzw. Gespür heraus erfolgreiche Wellnessleistungen entwickeln und anbieten, aber leider ist diese Eigenschaft nicht jedem gegeben und versagt dann spätestens in unbekannten Märkten.

Eine gute Informationsbasis ist nicht nur wichtig für die strategische Ausrichtung des Unternehmens (vgl. Abbildung 48), sondern auch für eine verlässliche Zielgruppenbestimmung im Marketing sowie die anschließende Erfolgskontrolle bzw. das strategische Controlling. Um bestehende Unsicherheiten zu verringern und Unternehmensentscheidungen besserer treffen und begründen (z. B. gegenüber Eigentümern sowie anderen Kapitalgebern und externen Analysten) zu können, werden üblicherweise Informationen ganz unterschiedlicher Art gesammelt. Allerdings stellt sich für viele Unternehmen der Wellnessbranche, insbesondere kleinerer, die Frage des Aufwands der Informationsbeschaffung. Steht überhaupt ein entsprechender Nutzen gegenüber? Hier muss ein unternehmensspezifisches Optimum gefunden werden (vgl. Abbildung 49).

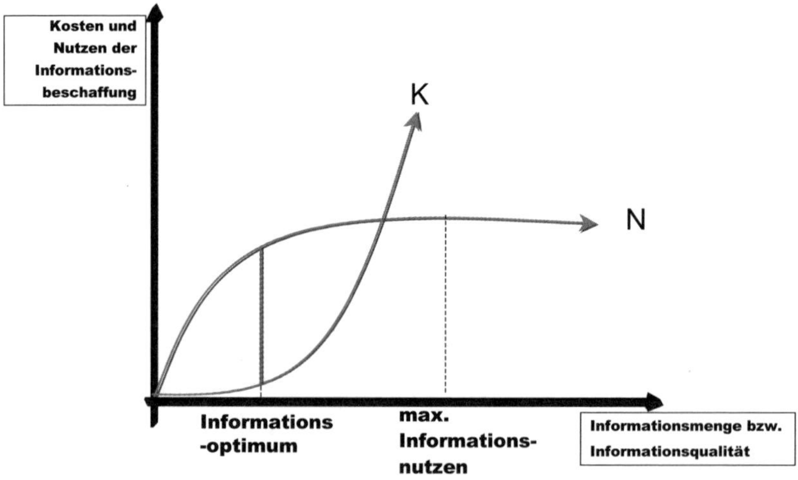

Abbildung 49: Bestimmung des Informationsoptimums

Relevante Informationen lassen sich dabei an verschiedenen Stellen finden: innerhalb und außerhalb des Unternehmens. Zu den unternehmensinternen Quellen zählen das Rechnungswesen, das Controlling, ggf. Einkauf und Verkauf, das Marketing, die Personalabteilung oder andere Teile eines evt. vorhandenen Unternehmensinformationssystems. Auch stehen unternehmensexterne Quellen mehr oder minder zur freien Nutzung zur Verfügung. In Deutschland werden beispielsweise sehr umfangreiche Statistiken erhoben, die über die Statistischen Landesämter, das Statistische Bundesamt oder die Bundesbank jedem Interessierten z. T. kostenlos oder gegen geringes Entgelt zur Verfügung stehen.

Auch liefern Lieferanten und Netzwerkpartner oftmals hilfreiche Markt- bzw. Konkurrenten-Informationen, genauso wie Banken. Marktberichte oder -studien finden sich häufig in Fachzeitschriften oder Jahresberichten, Messeinformationen oder Verbandsveröffentlichungen. Messekataloge, Branchenverzeichnisse, Adress- und Fachbücher liefern zusätzliche Informationen ebenso wie Recherchen im Internet und die Teilnahme an einer Verbandsmitgliederversammlung. Politische, gesellschaftliche oder bio-technische Informationen erhält man auch aus Zeitungen und Zeitschriften, dem Fernsehen oder aus dem Internet etc. Aus all diesen Informationen lässt sich das für unternehmerische Entscheidungen relevante Umfeld der Wellnessbranche analysieren (vgl. Abbildung 50).

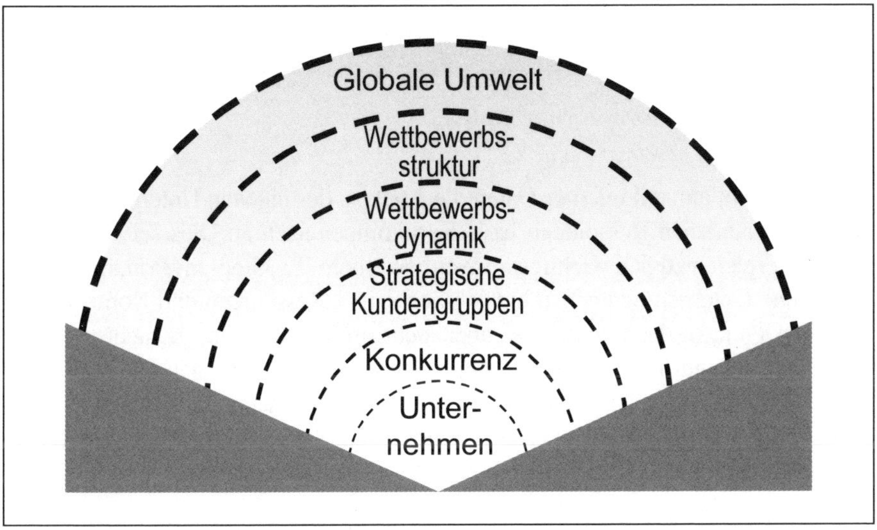

Abbildung 50: Erweiterung der Analyseebenen im Wellnessmarkt

Ein in der Wellnesswirtschaft anerkanntes und zunehmend eingesetztes Instrumentarium zur Erfassung und Bewertung der strategisch relevanten Informationen und Daten ist die schon erwähnte SWOT-Analyse. Als strategische Situationsanalyse bewertet sie zunächst in zwei Teilanalysen die eigenen unternehmerischen Stärken (strength) und Schwächen (weakness) sowie die Erfolgschancen (opportunities) und Risiken (threats), die sich aus dem Marktumfeld ergeben (vgl. Abbildung 51). Auf der Basis der beiden Teilanalysen wird dann eine Gesamtanalyse vorgenommen. Einer Ist-Situation wird darin ein Soll-Konzept gegenüber gestellt, das strategisch dem eigenen Unternehmen den erwünschten Erfolg bringen soll.

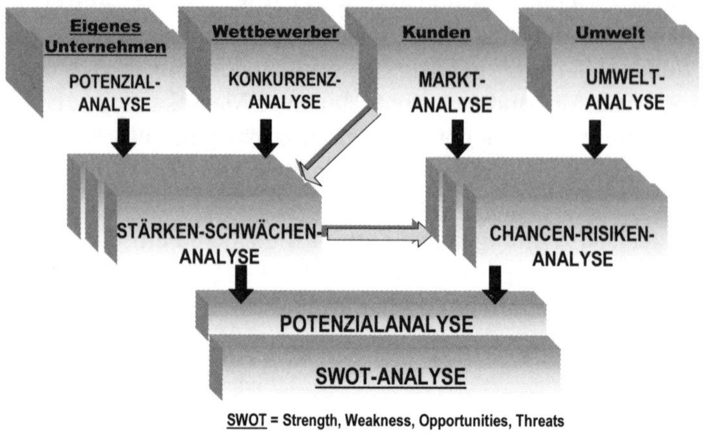

Abbildung 51: SWOT-Analyse mit Teilanalysen

Zunächst steht anhand interner Daten die Analyse des eigenen Unternehmens mit seinen vorhandenen Ressourcen bzw. Kernkompetenzen an Dies selbstverständlich im Vergleich zu den wichtigsten Wettbewerbern. Es klingt im Prinzip einfach, das eigene Unternehmen genau hinsichtlich seiner Ressourcen und Kompetenzen zu analysieren. In der Praxis ist es aber nicht immer so leicht, da nicht in jedem Fall exakt bekannt ist, welche Ressourcen und Kompetenzen genau die wirklich markt- bzw. kundenrelevanten sind. In diesem Zusammenhang bietet es sich an, gleichzeitig mit zu prüfen, welche notwendigen Ressourcen für marktgerechte Wellnessleistungen ggf. auch noch beschafft werden müssen (vgl. Abbildung 52).

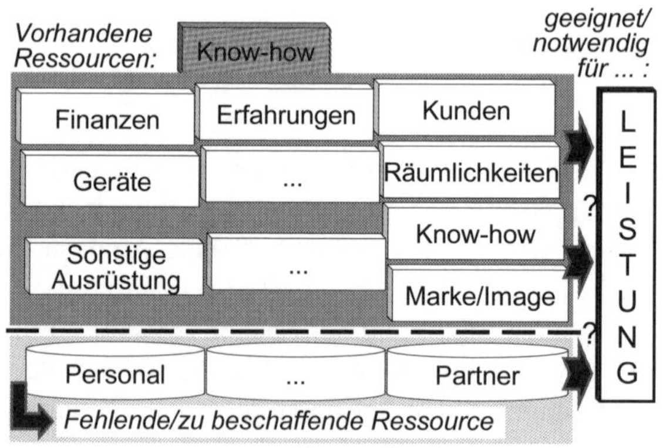

Abbildung 52: Erhebung relevanter vorhandener und zu beschaffender Ressourcen

Das Nichteingestehen eigener Schwächen und das Überzeichnen eigener Stärken ist bei der Analyse ein häufiges Problem. Beschwerdestatistiken, Kundenbewertungen oder die Entwicklung von Marktanteilen liefern Anhaltspunkte für eine korrekte Einschätzung, die jedoch durch einen externen (Kunden-)Check und eine Vergleichsanalyse zur Konkurrenz (wie Benchmarking oder Competive Intelligence) ergänzt werden sollte.

Aber wenn das korrekte Bewerten des eigenen Unternehmens schon schwierig genug ist, so ist es meist noch schwieriger, die Konkurrenzunternehmen im Wellnessmarkt richtig einzuschätzen und zu bewerten. Als ein gutes Instrumentarium hat sich inzwischen die sog. „Competitive Intelligence“ bewährt (vgl. Abbildung 53). Es handelt sich nicht um Wirtschaftsspionage, sondern um ein legales Instrumentarium zur Konkurrenzanalyse. Dabei werden alle mehr oder minder öffentlichen Quellen und Informanten genutzt, um zu einer möglichst umfassenden Bewertung der Stärken und Schwächen eines oder mehrerer direkter Konkurrenten zu kommen.

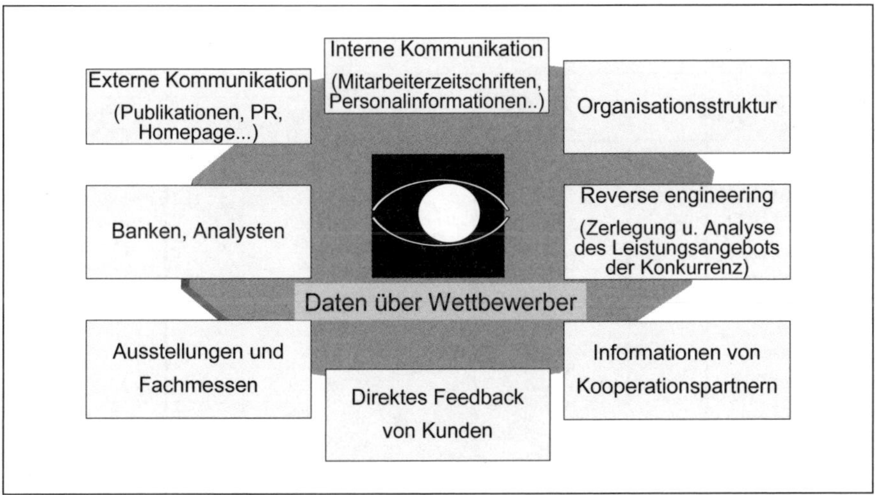

Abbildung 53: Legale Quellen zur Konkurrenzbeobachtung

Scoring-Modelle, Checklisten, Unternehmensvergleiche, Benchmarking mit anderen Unternehmen der Wellnessbranche oder ähnlich gelagerten Branchen etc. bieten weitere Möglichkeiten zur Konkurrenzanalyse, wobei stets auf eine neutrale Bewertung der Kriterien zu achten ist. Die auf diese Weise herausgefundenen Stärken der Wettbewerber ermöglichen dann auch Rückschlüsse auf die Schwächen des eigenen Unternehmens, wenn man es schafft, wirklich objektiv zu sein.

Die Darstellung der eigenen unternehmerischen Stärken und erkennbaren Schwächen lässt sich am übersichtlichsten mit Hilfe eines sog. Stärken-Schwächen-Profils (vgl. Abbildung 54) erreichen. Eine solche bewertete Ressourcenanalyse muss selbstverständlich auch die Markt- bzw. Kundenanforderungen berücksichtigen, denn deren Befriedigung steht im Mittelpunkt des unternehmerischen Handelns, wenn es um eine erfolgreiche Vermarktung der Wellnessleistungen geht.

Unter marktstrategischen Aspekten ist es für jeden Wellnessanbieter notwendig, einen oder mehrere sog. USP (Unique Selling Proposition = einzigartiger Verkaufsvorteil) zu identifizieren. Mit Hilfe dieser USP als Alleinstellungsmerkmal gelingt es meist, sich im Sinne einer Differenzierung deutlich von der Konkurrenz abzuheben. So können klare Wettbewerbsvorteile entstehen, die zu einer strategische Erfolgsposition (SEP) für den Wellnessanbieter ausgebaut werden könnten. Besonders erfolgreich sind laut der zuvor erwähnten BBE-Studie solche Produkte und Dienstleistungen, die neben dem rein funktionalen Wellnessnutzen auch Lifestyle, Verwöhnerlebnis, Luxus und Marke mit verkaufen.

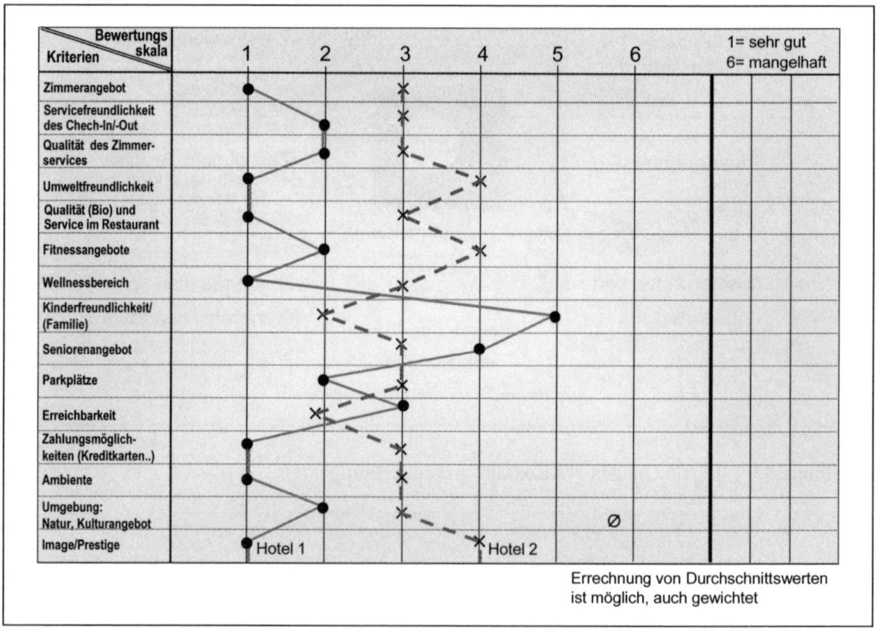

Abbildung 54: Stärken- und Schwächenprofil zweier Wellnesshotels

Solche SEP bzw. USP lassen sich dann am besten erkennen, wenn es gelingt, ein aussagekräftiges Vergleichsprofil der Stärken und Schwächen mit dem

Hauptkonkurrenten oder auch mehreren Konkurrenten im Wellnessmarkt zu erstellen (vgl. das Beispiel zweier Wellnesshotels in Abbildung 54). U. U. lassen sich auf Basis dieser Alleinstellungsmerkmale je nach Unternehmensstruktur und -größe sogar strategische Geschäftseinheiten (SGE) bilden, die dann sehr gute Zukunftspotenziale für das eigene Unternehmen bieten.

Die Erfolgschancen und die Risiken eines Wellnessunternehmens lassen sich aus einer Marktanalyse (vgl. Kap. 5) und einer Umweltanalyse (vgl. Abbildung 55) herausarbeiten. Die wirtschaftlich relevante und damit ökonomisch wichtige Umwelt eines Unternehmens der Wellnessbranche umfasst in den sechs in Abbildung 55 dargestellten Einflussbereichen u. a. alle diejenigen Gruppen (internen und externen Partner des Wellnessunternehmens), zu denen relevante Beziehungen bestehen. Dieser Personen-, Organisationen- oder Institutionenkreis wird auch als Stakeholder (= relevante Anspruchsgruppen) bezeichnet.

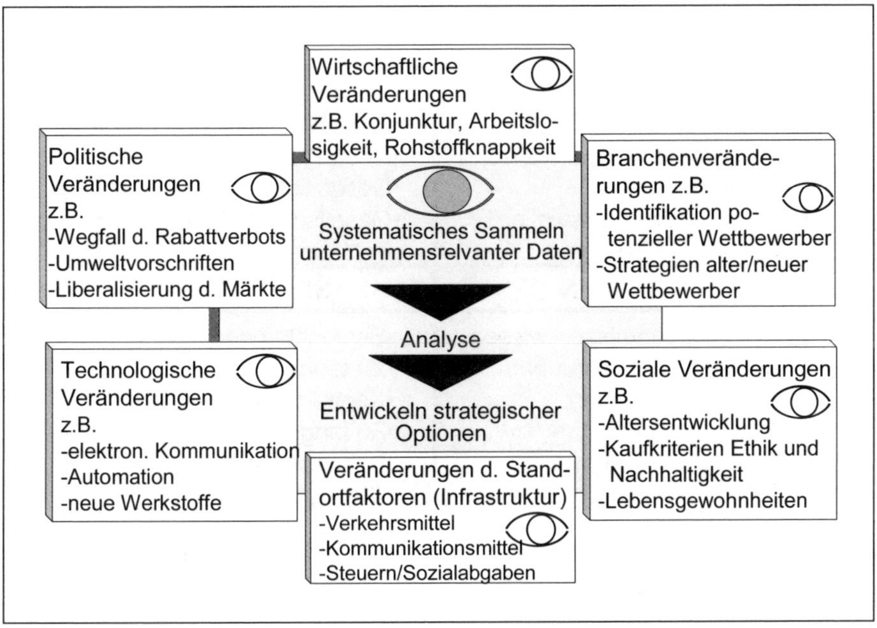

Abbildung 55: Umweltmonitoring als Analyseinstrument der umweltrelevanten Einflussfelder

Die von Einschätzungen und Erwartungen stark geprägte Chancen-Risiken-Analyse lässt eine deutlich weniger aussagekräftige Beurteilung zu als eine Ressourcenanalyse. Die möglichen (und oft auch sehr verschiedenen) Aussagen über zukünftige Entwicklungen oder Trends lassen sich daher meist auch viel schwieriger in strategische Empfehlungen und insbesondere konkrete Unternehmensentscheidungen hinsichtlich des eigenen Leistungsangebots umsetzen. Neben den unterschiedlichen und sich gelegentlich widersprechenden Erwartungen der Experten bedeutet auch die Gewichtung der jeweils relevanten Einflussfaktoren zusätzlich einen gewissen Unsicherheitsfaktor.

Vor dem Hintergrund der beiden dargestellten Teilanalysen (Stärken – Schwächen/SW; Chancen – Risiken/OT) ist ein Wellnessunternehmen mit der zusammengeführten SWOT-Analyse dann in der Lage, bestimmte Zukunftserwartungen zu formulieren bzw. mit Hilfe der Szenariotechnik zukünftige Entwicklungen einzugrenzen. So lassen sich dann sichere strategische Entscheidungen hinsichtlich der eigenen Geschäftstätigkeit, der Wellnessangebote (Portfolio) oder der Marketingpositionierung (Image, Marke ...) einschließlich alternativer Strategieoptionen etc. treffen. Beispielhaft sind in Abbildung 56 einige denkbare Chancen, Risiken, Stärken und Schwächen dargestellt.

Abbildung 56: Beispiel relevanter Faktoren einer SWOT-Analyse

Die Stärken eines gut vernetzten Wellnessanbieters könnten z. B. in speziellen Behandlungsmethoden, besonders erfahrenem Servicepersonal und einem bekannten Namen mit innovativem Image liegen. Alles gute Voraussetzungen sich auch zukünftig im Wellnessmarkt gut behaupten zu können. Allerdings gibt es auch Schwächen, die den Erfolg in Frage stellen können. Der Wellnessanbieter hat einen schlechten Standort, ist als teuer bekannt und verfügt über eher schlecht motivierte Mitarbeiter.

Erfolgschancen ergeben sich aus der Kundennachfrage nach neuen Behandlungsmethoden, dem stark gestiegenen Gesundheitsbewusstsein und dem neu entstehenden Markt für Seniorenwellness. Risikofelder bilden neue medizintechnische Angebote, das Auftreten neuer branchenfremder Wettbewerber und eine mögliche Änderung der gesundheitspolitischen Rahmenbedingungen.

Auf Basis solcher herausgearbeiteter Faktoren lassen sich nun strategische Weichenstellungen für jedes Unternehmen vornehmen. Der Wellnessanbieter muss nun nur noch die vier sich ergebenen relevanten Strategie- bzw. Maßnahmenfelder ausfüllen. Der Handlungsbedarf ist unterschiedlich, ob man nun die eigenen Stärken unter dem Aspekt erwarteter Erfolgschancen oder denkbarer Risiken betrachtet. Gleiches gilt für die Einordnung der eigenen Schwächen unter Chancen- oder Risikogesichtspunkten (vgl. Abbildung 57).

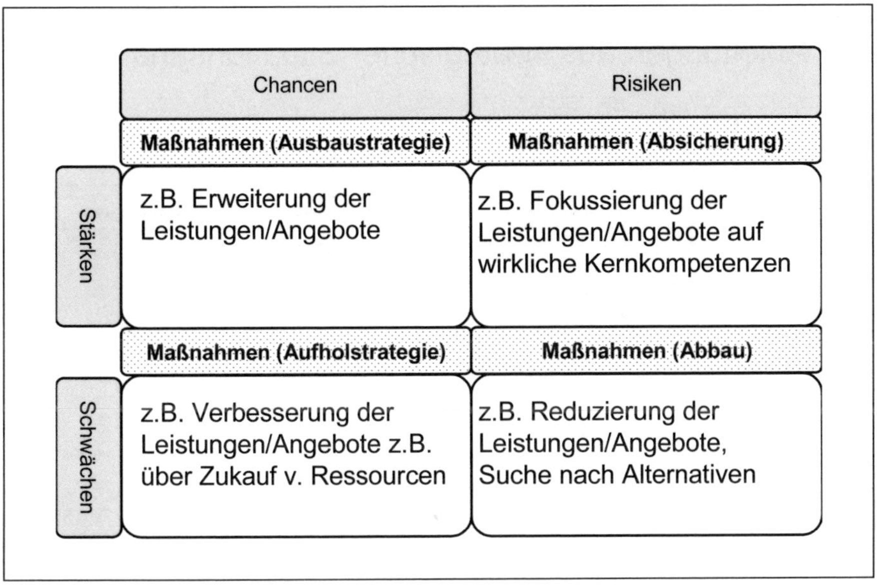

Abbildung 57: Aus SWOT-Analyse abzuleitende Strategien und Maßnahmen

Im dargestellten Beispiel würden die speziellen Behandlungsmethoden und das erfahrene Personal eine Ausweitung der Wellnessleistungen in den bisher unbekannteren Leistungsbereichen (Neuheit) und im Seniorenwellness nahe legen. Risiken bestehen allerdings durch eine vor der Tür stehende Konkurrenz durch eine Entwicklung in der Medizintechnik, die es zukünftig auch ungelernten Kräften erlaubt, die Anwendungen schneller und billiger anzubieten. In diesem Fall müsste genau analysiert werden, welche Behandlungen durch den Technologiesprung genau betroffen sein könnten. Die Leistung wäre also so zu positionieren, dass sie nicht von dieser Entwicklung betroffen ist oder sich diese zu Nutze macht.

Das beispielhaft betrachtete Wellnessunternehmen hat aber auch Schwächen, nämlich bei den Kosten und der Motivation der Mitarbeiter. Dort, wo sich Chancen im Bereich neuer Behandlungsmethoden oder im Wellnessmarkt für Senioren ergeben, muss also geprüft werden, ob nicht Schulungs- und Motivationsmaßnahmen oder der externe Einkauf kostengünstigerer Teil-Leistungen doch noch die Ausnutzung der Chancenpotenziale ermöglichen. In den Bereichen, in denen allerdings eine Konkurrenz durch neue Verfahren oder Anbieter zu erwarten ist, sollte desinvestiert werden. Die besonders teuren oder wenig motivierten Mitarbeiter könnten freigesetzt werden oder für diese andere einträgliche Betätigungsfelder gefunden werden.

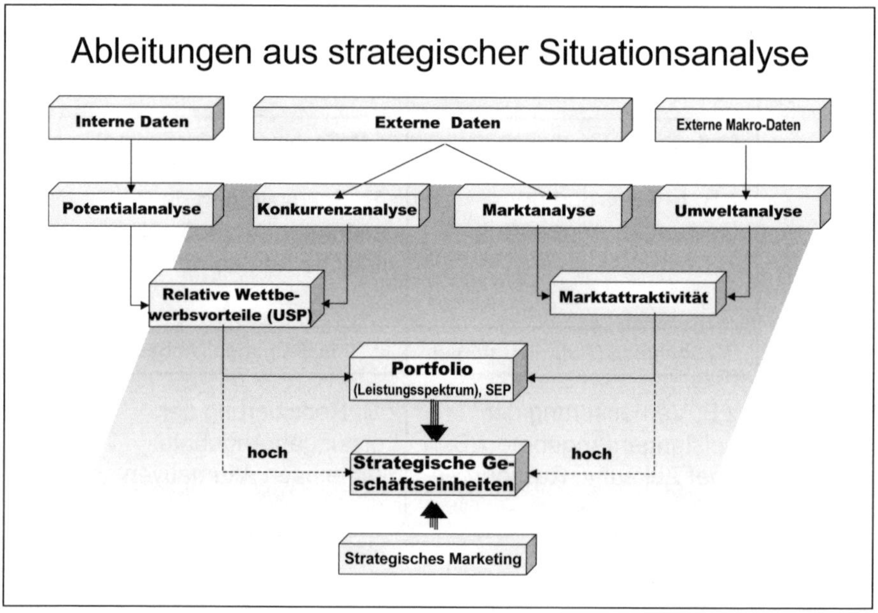

Abbildung 58: Bildung strategischer Erfolgspositionen und Geschäftseinheiten

Mit Hilfe einer systematisch angewandten strategischen Situationsanalyse lassen sich also klar vorhandene Erfolgspositionen eines jeden Wellnessanbieters herausarbeiten und gleichzeitig wirkungsvolle Maßnahmen zur Stärkung der Alleinstellungsmerkmale ableiten. Ziel eines jeden Wellnessunternehmens muss es sein, möglichst viele erfolgversprechende Leistungen (SEP) in seinem Leistungsportfolio zu haben bzw. diese auf- und auszubauen bzw. einzukaufen.

Je mehr strategische Erfolgspositionen von einem Wellnessunternehmen besetzt werden können, desto besser lassen sich aus diesen mit Hilfe geeigneter Marketingstrategien strategische Geschäftseinheiten (SGE) bilden und strategische Geschäftsfelder (Strategic Business Areas) besetzen (vgl. Abbildung 58). Solche SGE, die sorgfältig voneinander abgegrenzt und nicht zu heterogen sein sollten, sind Garant des Unternehmenserfolges, wenn sie immer wieder den sich verändernden Rahmenbedingungen und Kundenwünschen im Wellnessmarkt angepasst werden. Also ist die zugrunde liegende strategische Situationsanalyse keinesfalls eine einmalige Aufgabe sondern ist regelmäßig fortzuschreiben oder zumindest in bestimmten Abständen zu wiederholen.

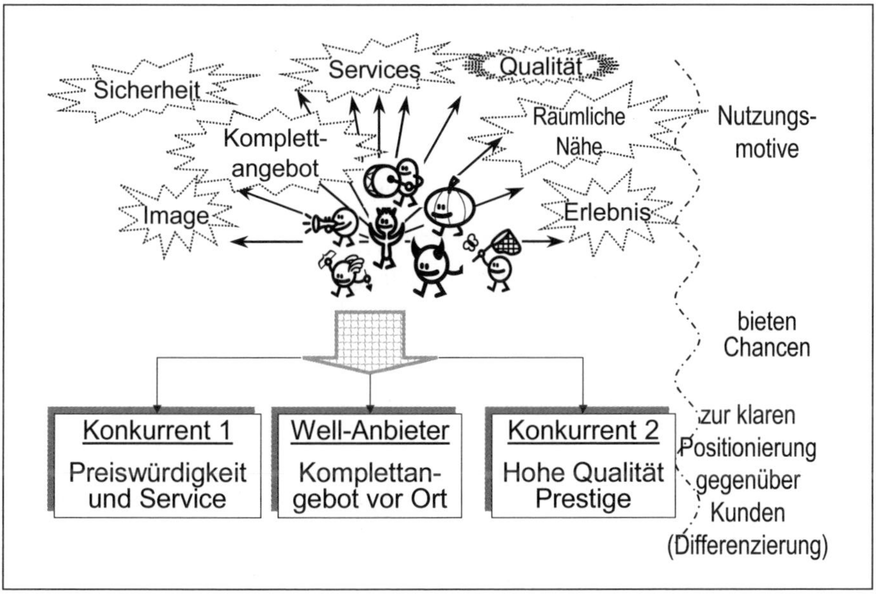

Abbildung 59: Aus Kundensicht richtige Differenzierung wählen

Über erkannte und ausgebaute strategische Erfolgspositionen (besonders erfolgversprechende Wellnessangebote) und ggf. aufgebaute strategische Geschäftseinheiten (z. B. indische Wellnessanwendungen) lässt sich ein Wellnessunternehmen gut im Markt bzw. gegenüber den Kunden, Stakeholdern und den Konkurrenzanbietern positionieren (vgl. Abbildung 59). Dabei ist darf zu achten, dass vor allem die Kunden die Unterschiede zu den Konkurrenzangeboten wahrnehmen und diese auch als eine wichtige bzw. interessante Differenzierung betrachten.

Daher kommt einer Positionierung der Leistungsangebote oder des ganzen Unternehmens aus der Kundensicht die größte Bedeutung zu. Will ein Kunde nun eine Massage mit anschließendem Saunagang oder wünscht er sich eine „kleine Flucht aus dem Alltag“? Dementsprechend muss das Angebot gestaltet und in der Öffentlichkeit positioniert sein. Ein Kunde, der die kleine Flucht aus dem Alltag sucht, goutiert vielleicht ein besonders angenehmes Ambiente, musikalische Untermalung, bequeme Ruhemöglichkeiten und auch ein attraktives Speise- und Getränkeangebot. Dafür ist er dann auch bereit mehr zu bezahlen, als wenn er nur in eine normale Sauna gehen und sich auf harten Bänken ausruhen müsste.

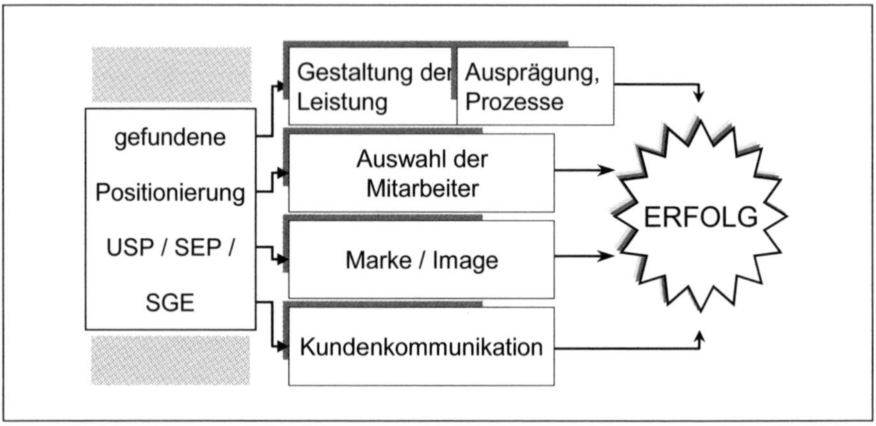

Abbildung 60: Erfolgreich durch gelungene Positionierung

Eine gelungene Positionierung mit seinem Wellnessangebot bedeutet also auch den wirtschaftlichen Erfolg (vgl. Abbildung 60), wenn die Leistung kundengemäß gestaltet, die Prozesse gut organisiert und die richtigen Mitarbeiter vorhanden sind sowie das Marken- bzw. Unternehmensimage stimmt. Stimmt dann auch noch die Kundenkommunikation, so dass es zu einer klaren Wahrnehmung der Wellnessleistung auf Kundenseite kommt, steht dem Erfolg des Unternehmens nichts mehr im Weg.

Also muss man sich immer die Frage stellen: Warum ist ein Wellnessangebot erfolgreich und ein anderes nicht? Was verkaufen Sie als Wellnessreiseveranstalter? (K)Urlaub? Sehnsucht? Fernweh? Oder exotische Wohlfühlatmosphäre? Was verkauft ein Kosmetikunternehmen? Cremes? Schönheit? Oder eher Hoffnung? Die Positionierung bringt den Erfolg!

Von den Unternehmen der Wellnessbranche ist allerdings zu berücksichtigen, dass sich Kundeneinstellungen und -wünsche im Zeitablauf verändern. Damit müssen ggf. heutige Positionierungen überdacht und Neupositionierungen vorbereitet werden. Welche Ressourcen benötigt das eigene Unternehmen, um auch morgen noch erfolgreich zu sein? Wer stehen bleibt, verliert vielleicht den Anschluss an den Markterfolg.

Alle Wellnessexperten erwarten für die Zukunft eine neue Sichtweise der Kunden, die auch eine neue Erwartungshaltung mit sich bringen wird (vgl. Abbildung 61). Wird heute Wellness noch eher als etwas Passives betrachtet, was einen emotional ansprechen und einnehmen sollte, geht man davon aus, dass das Thema Wellness in Zukunft zunehmend aktiver besetzt sein und auch eher mit der Ratio angegangen wird. Rationale Entscheidungen, welches Wellnessangebot gewählt wird? Die Kommunikationsregeln besagen allerdings, dass die emotionale Ansprache der Kunden erhalten bleiben muss.

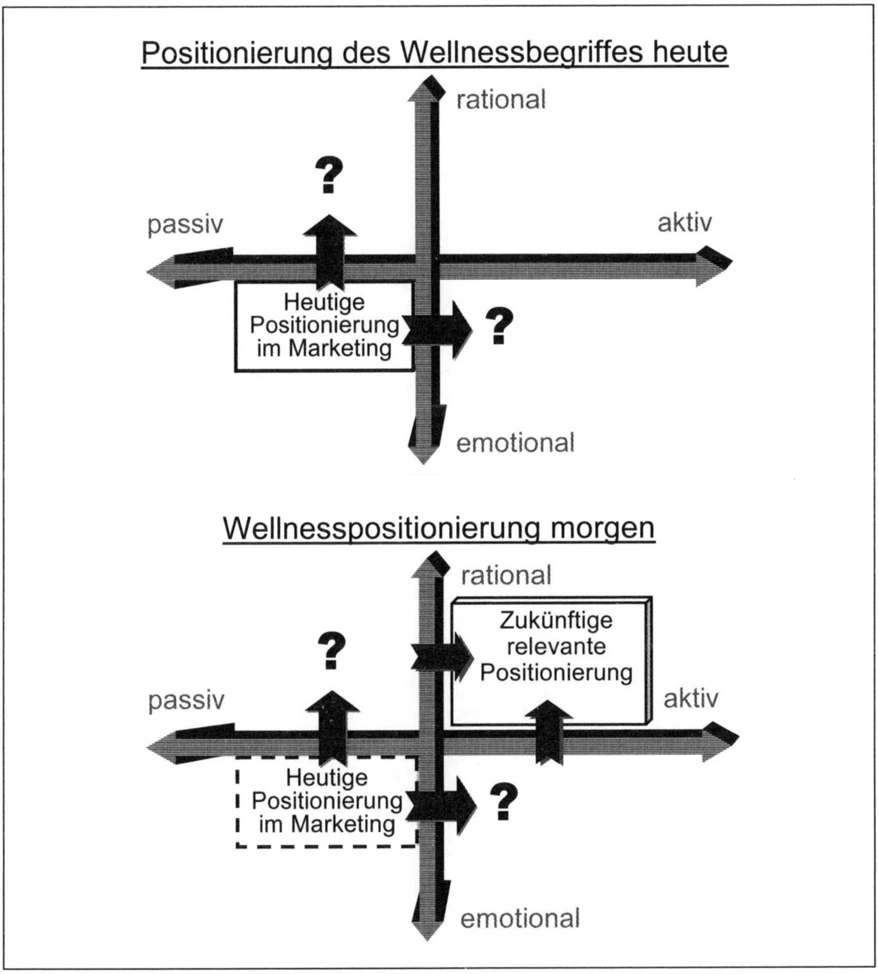

Abbildung 61: Eine neue Wellnesspositionierung bedingt neue Wellnessangebote

5 Erfolgsfaktor Kunden-Zielgruppen

Für jedes Unternehmen der Wellnessbranche ist es interessant und wichtig zu wissen, wer seine potenziellen Kunden sind, wie man sie erreichen kann, was für sie wirklich wichtig ist und was sie aus welchen Gründen kaufen/nutzen, wie man sie langfristig binden kann etc.! All diese Erkenntnisse sind notwendig, um die eigenen Leistungsangebote erfolgreich zu gestalten, zu überprüfen, zu optimieren oder ggf. auch gegen bessere auszuwechseln.

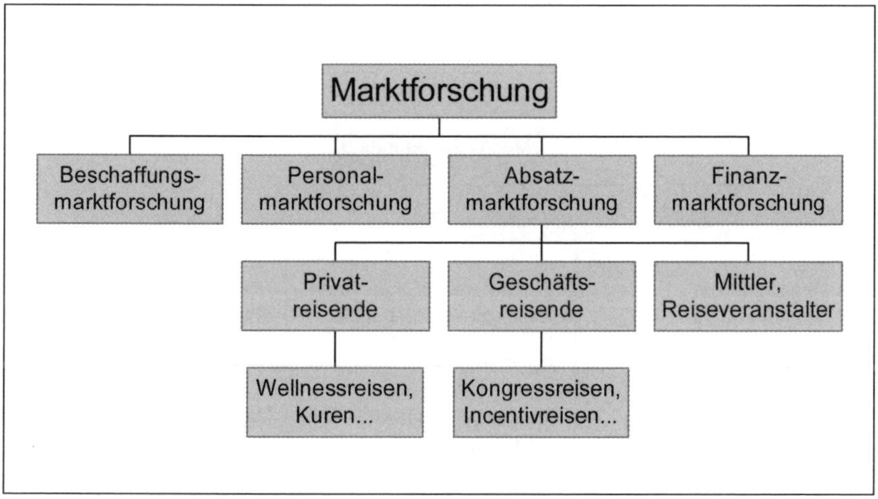

Abbildung 62: Marktforschungsfelder am Beispiel Wellnessreisen

Die Markt- bzw. Marketingforschung liefert dafür ein Bündel nützlicher Instrumente (dies ebenfalls für die Personal-, Kapital- sowie Beschaffungsmärkte – vgl. Abbildung 62 mit Beispiel für gesundes Reisen). Unter Marktforschung versteht man das systematische und methodisch einwandfreie, laufende oder fallweise Untersuchen (Analyse, Beobachtung) eines oder mehrerer Märkte, meist um Marktprognosen zu erstellen oder Marktverhalten zu erklären. Ziel der Marktforschung ist es, Unternehmens- und Marketingentscheidungen vorzubereiten oder zu erklären. Marketingforschung umfasst alle Aktivitäten zur Sammlung und Analyse von Informationen für

Marketingentscheidungen und ist damit etwas umfassender als die Absatzmarktforschung.

Um zu einer aussagekräftigen Markteinschätzung im Wellnessmarkt zu kommen bedarf es einer genauen Marktanalyse. Diese wird sinnvollerweise um eine genauere Betrachtung der relevanten Marktsegmente (Teilmärkte), die üblicherweise nach Kunden(-gruppen) gebildet werden, ergänzt.

Grundsätzlich ist vor jeder kundenspezifischen Segmentierung des Wellnessmarktes zu prüfen, ob die avisierten Zielgruppen wirklich erfassbar (messbar) sind. Zu kleine Kundensegmentierungen machen keinen Sinn, denn es sollte schon ein ausreichend großes Kundenpotenzial bestehen, das unter dem Gesichtspunkt der Profitabilität zu prüfen ist. Wichtig ist auch, dass Kundensegmente zumindest über einen gewissen Zeitraum hinweg stabil bleiben und überhaupt mit Marketing- bzw. Kommunikationsmaßnahmen erreichbar sind. Denn was nützt die beste Kundengruppensegmentierung, wenn es z. B. keine Medien gibt, mit denen sich diese Kunden erreichen lassen?

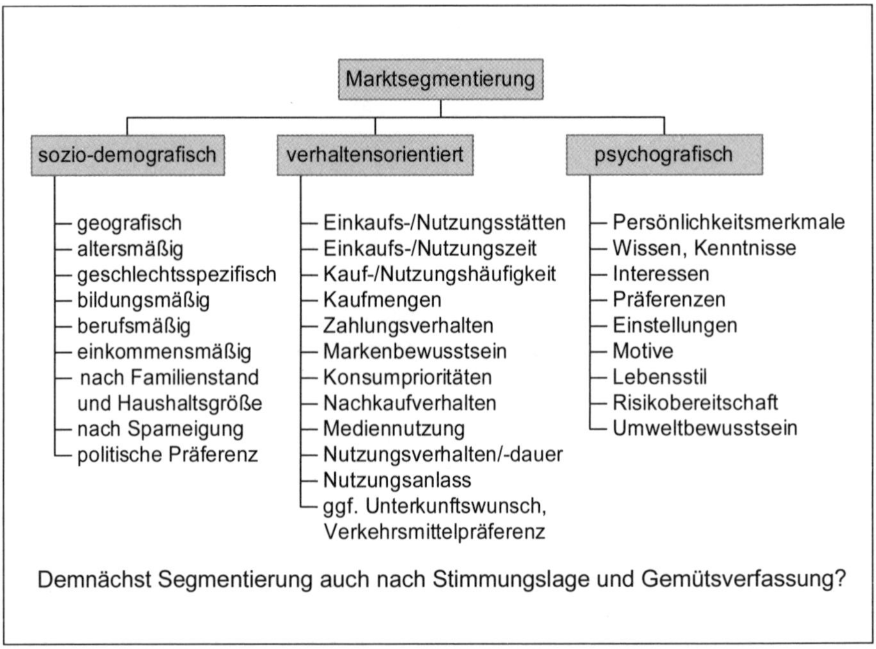

Abbildung 63: Segmentierungsmöglichkeiten für Kundengruppen im Wellnesssektor

Zur Kundensegmentierung gibt es mindestens drei gängige Ansätze, um die richtigen Zielgruppen auszuwählen (vgl. Abbildung 63). Am leichtesten sind demografische Segmentierungen möglich, da die Kriterien eindeutig erfassbar sind und meist öffentlich zugängliche Statistiken zur Verfügung stehen. Doch da in Zukunft das Kaufverhalten der Kunden immer weniger durch (sozio-)demografische Gegebenheiten geprägt sein wird, bieten sich eher die anderen Kriterien an, für die es auch eine Datenbasis gibt. Wenn Wellnesskunden allerdings eher mehrere unterschiedliche und sich verändernde „Verfassungen" ausleben, würde es notwendig, Konsumenten situativ entsprechend ihrer jeweiligen Stimmungslage und Gemütsverfassung anzusprechen. Dabei erhebt sich allerdings die Frage, wie man dies jeweils zeitnah erkennen und umsetzen kann.

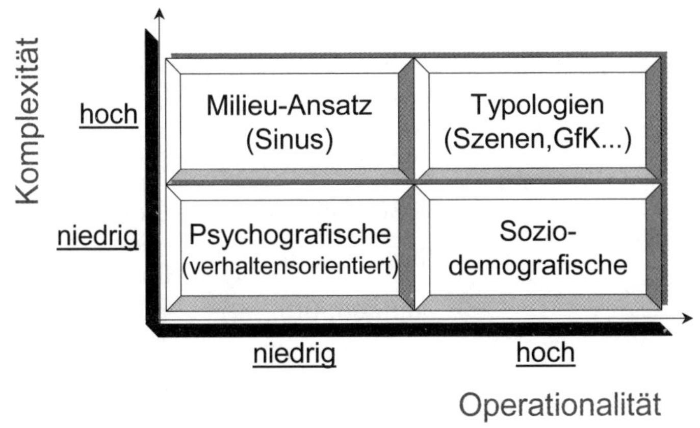

Abbildung 64: Praktische Kundengruppensegmentierung im Wellnesssektor

Die Verwendbarkeit der Segmentierungsoptionen für die betriebliche Praxis ist unterschiedlich zu bewerten (vgl. Abbildung 64). Meist gibt es spezialisierte Marktforschungsinstitute, die psychografische und verhaltensorientierte Daten bereitstellen. Etwas komplexer sind die Milieu- und Typologieansätze (z. B. Sinus und GfK), liefern aber häufig bessere Erkenntnisse über (potenzielle) Wellnesskunden. Einstellungen und Lebensstile verändern sich auch relativ schnell im Zeitablauf, was deren Betrachtung etwas Instabiles gibt. Ein neuerer bzw erweiterter Ansatz ist die Segmentierung nach Kommunikationsgemeinschaften; dabei setzt man auf die Mund-zu-Mund-Kommunikation in den persönlichen Umfeldern der Kunden (vgl. Abbildung 65).

Allgemein akzeptiert sind die zehn von Sinus erfassten sog. Verbraucher-Milieus in Deutschland, Österreich, der Schweiz und weiteren Ländern, die entsprechend der erkennbaren Milieuveränderungen der Alltagsrealität angepasst werden. In diesen Milieus werden Menschen mit dem Bezugssystem ihrer Lebensumwelt möglichst ganzheitlich erfasst. Es gehen sowohl grundlegende Wertorientierungen als auch persönliche Einstellungen (zu Arbeit/Beruf, Bildung, Familie, Freizeit, Geld und Konsum) in die Untersuchung ein und bieten somit mehr Unterscheidungskriterien und Informationen für die Nutzer dieser Analysen als übliche andere Untersuchungen. Unternehmen der Wellnessbranche können mit Hilfe des Modells alltagstaugliche Zielgruppen identifizieren. Beispielhaft schauen wir uns eine spezielle Sinus-Segmentierung für die Zielgruppen ab 50 Jahre an (vgl. Abbildung 66), die immerhin 15 % Wellnessorientierte aufzeigt.

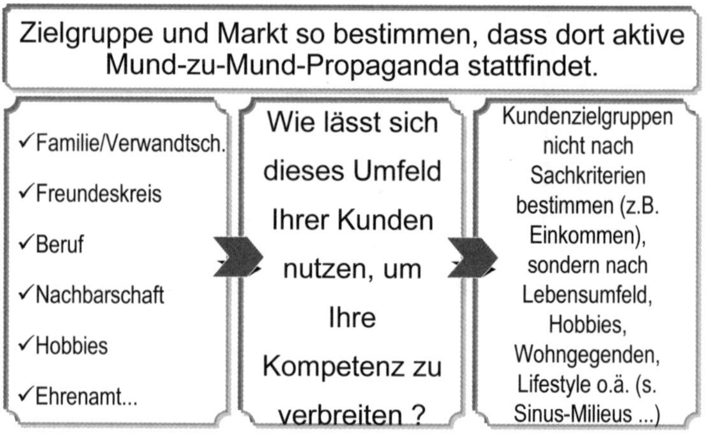

Abbildung 65: Zielgruppenselektion nach sozialen Kommunikationsfeldern

Durch die Integration der Sinus-Milieus in wichtige Markt-Media-Studien sowie in einige Panels bieten sich gute Erkenntnisse für eine gezielte Werbeansprache. So schauen sich „Etablierte" z.B. Sport-, Wirtschafts- oder Nachrichtensendungen an und lesen z.B. Manager-Magazin, Welt am Sonntag, Schöner Wohnen, Mein schöner Garten, FAZ oder Focus. Die „Experimentalisten bevorzugen hingegen Cinema, Coupé, Fit for Fun oder P. M. und schauen sich Amerikanische Serien, Spielfilme, Kultursendungen und Magazine an.

Ein Nachteil dieser Segmentierung besteht darin, dass die Bevölkerung lediglich in zehn Milieus eingeteilt wird. Die Grenzen zwischen den einzelnen Milieus verlaufen aber in der Praxis fließend und so werden die dort befindlichen Zielgruppensegmente nicht ausreichend berücksichtigt (aber:

zu kleine Zielgruppensegmente sind nicht operabel!). Milieubetrachtungen ignorieren, dass gesellschaftliche Trends auch von Minderheiten ausgehen können, so weisen Szenebetrachtungen und die GfK-Typologien in bestimmten Fällen eine höhere Operationalität auf.

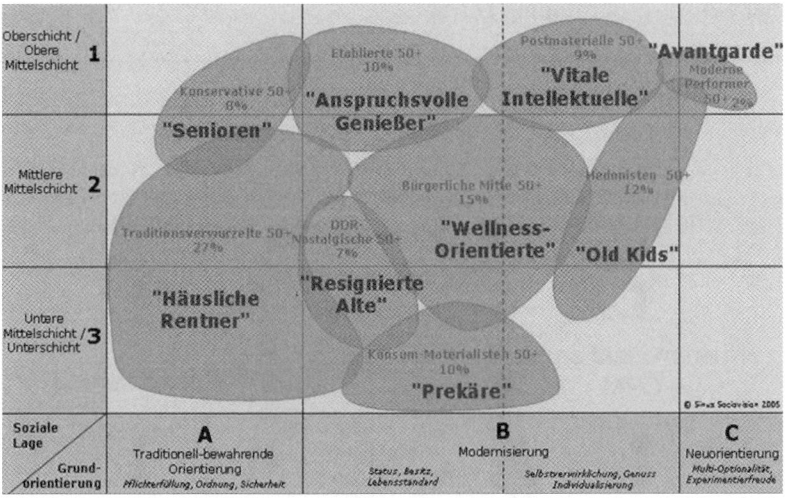

Abbildung 66: Sinus Milieus für die Wellnesszielgruppen 50 + (www.sinus-soziovision.de)

Für die Zielgruppenbestimmung von Wellnesskunden sind viele dieser Methoden gut geeignet. Denn nur wenn ein Wellnessunternehmen seine Kunden möglichst genau kennt, kann es auch eine erfolgreiche Marketingansprache aufbauen, die diese auch tatsächlich erreicht (vgl. Abbildung 67). Aufbauend auf einer effektiven Strategie lassen sich dann alle wichtigen Management- und Marketingentscheidungen (wie z. B. die Positionierung, die Entwicklung von Wellnessangeboten oder die richtige Wahl der Vertriebswege) auf sicherer Basis treffen, um eine erfolgreiche Kundenansprache zu realisieren. Kennt ein Wellnessanbieter seine Zielgruppe möglichst genau, kann er heute und auch in Zukunft erfolgreich in diesem Markt agieren.

Neben den Sinus-Milieus in den jeweiligen Altersgruppen sollten im Wellnessmarkt grundsätzlich die unterschiedlichen Altersgruppen differenziert betrachtet und angesprochen werden. Dies ist sinnvoll, da es offensichtlich unterschiedliche Ansprüche an Wellnessangebote nicht nur nach dem Geschlecht sondern auch entsprechend der jeweiligen Altersstufen gibt.

Steht in jüngeren Jahren vor allem ein Erwerb der körperlichen und geistigen Fähigkeiten im Vordergrund, also eher der Erwerb bzw. die Steigerung von Fitness, so verändert sich der Anspruch in den weiteren Lebensjahren (vgl. Abbildung 68) in Richtung Erhalt der Fitness. Dementsprechend muss es unterschiedliche Fitnessangebote für die verschiedenen Altersgruppen geben. Steht für jüngere eher der Kraftgewinn im Vordergrund, ist bei fortgeschrittenem Alter eher ein Ausdauertraining gefragt.

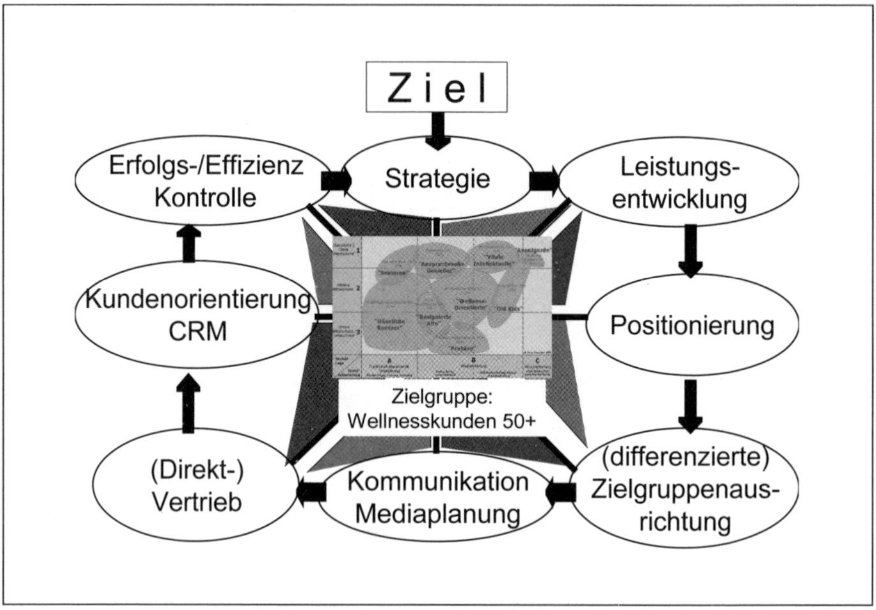

Abbildung 67: Praxis der Marketingaktivitäten für Kundengruppen im Wellnesssektor

I. d. R. ist man in jungen Jahren auch gesund, so dass allenfalls Angebote zur Steigerung der Gesundheit für diese Zielgruppe von Interesse ist. Später stehen dann Leistungen zum Erhalt der Gesundheit im Fokus der Zielgruppe, dann werden Wellnessangebote stärker nachgefragt werden, auch im Feld der Fitness- bzw. Wellnessberatung bzw. des Coachings.

Ist man am Anfang des Lebens biologisch jung, so möchte man vielleicht später diese Jugendlichkeit konservieren oder wieder erlangen, so macht ein Anti-Aging-Angebot erst für Altersgruppen ab ca. 40 Jahren wirklich Sinn. Mit zunehmendem Alter werden auch Wellnessangebote zum Erhalt körperlicher und geistiger Fähigkeiten nachgefragt werden. Offenbar nimmt mit dem Alter auch die Nachfrage nach besonders aktiven Wellnessangeboten ab. Aber da die Lebenserwartung ansteigt, verschieben sich die Wellness-

Wunschangebote in höhere Altersgruppen und weiten sich in der zeitlichen Inanspruchnahme aus.

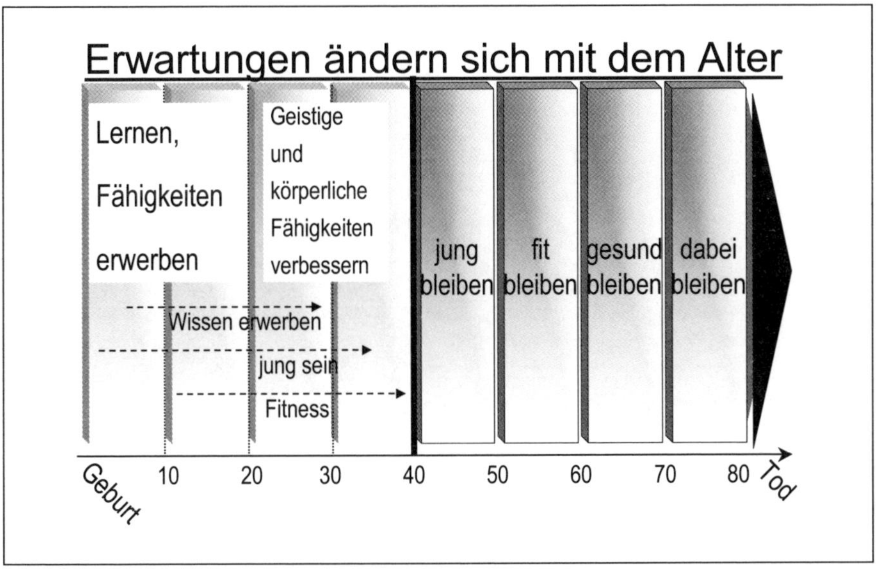

Abbildung 68: Alterssegmentierung: Wellness-Erwartungen verändern sich im Zeitablauf

6 Erfolgsfaktor Kundenorientierung

Gerade im Wellnesssektor hängt der Erfolg eines Unternehmens in besonderem Maße von seinen Kunden, deren Bedürfnissen und (unbewussten) Wünschen sowie von deren Zufriedenheit ab. Zu beachten ist dabei, dass Kunden eigentlich keine Leistung kaufen, sondern die Befriedigung (bekannter oder noch nicht bekannter) Bedürfnisse.

Abbildung 69: Umgesetzte Kundenorientierung im Wellnessunternehmen

Besonders wichtig sind heutzutage daher die Kundenstrategien (vgl. Abbildung 39), die entweder eher offensiven oder eher defensiven Charakter haben. Das Ziel sollte in einer Kundenbindung, -ausschöpfung oder evt. einer Kundenrückgewinnung liegen, da dies i. d. R. deutlich kostengünstiger als eine ständige Neukundengewinnung ist. Kundenzufriedenheit und Loyalität sind also zentrale Anliegen erfolgreicher gestalteter Kundenorientierung (vgl. Abbildung 69); eine entsprechende Gestaltung der Unternehmensprozesse ist notwendig.

Aber wie lässt sich so etwas im der Praxis der Unternehmensführung tatsächlich umsetzen? Hier ein paar Anregungen:

- Reden Sie nicht nur von Kundenorientierung, sondern leben Sie Kundenorientierung.
- Suchen Sie persönlichen Kontakt zu den Kunden.
- Fragen sie den Kunden nach seinen Wünschen.
- Halten Sie regelmäßigen Kontakt zu den Kunden.
- Kundenveranstaltungen schaffen Mehrwert und binden.
- Kundenbriefe und Newsletter erhalten den Kontakt.
- Geben Sie eine Kundenzeitung heraus.
- Behandeln Sie externe Kunden genau so, wie Sie selbst behandelt werden wollen.
- Dies gilt genauso für interne Kunden.
- Kümmern Sie sich zuerst um die Stammkunden und dann erst um neue Kunden.
- Fragen Sie Ihre Kunden bei jeder Gelegenheit, wie zufrieden sie sind.
- Verstärken Sie eine positive Kundenmeinung.
- Nehmen Sie das Feed-back der Kunden ernst (zuhören).
- Schaffen Sie kompetentes Beschwerdewesen.
- Kümmern sie sich um Reklamationen sofort.

Im Kapitel 5 haben wir dargelegt, wie Unternehmen der Wellnessbranche ihre relevanten Zielgruppen identifizieren können. Nun müssen diese möglichst viele Daten über ihre Kundengruppen sammeln, damit sie ihre Kunden (und deren Wünsche) auch wirklich kennen lernen und sie in eine (direkte) Kommunikation mit ihnen treten können. Databasemanagement (vgl. Abbildung 70) wäre das richtige Managementtool, um alle relevanten Kundeninformationen zu bündeln und nach allen gewünschten Kriterien auswerten zu können.

Durch eine intensive Kommunikation mit den Kunden können die Unternehmen der Wellnessbranche Vertrauen bei ihren Kunden aufbauen. Und wenn die Kommunikation nicht einseitig ist, sondern in einen Dialog einmündet, besteht sogar die Möglichkeit ein richtiges Netzwerk mit den Kunden zu bilden. Ein solches Networking (vgl. Abbildung 71) ist die beste Basis für den Unternehmenserfolg.

Sicherlich sind für den Erfolg eines Unternehmens nicht alle Kunden von gleicher Bedeutung. Aber wenn man sich um die Kunden intensiv kümmert, bekommt man schnell raus, welches gute (A-Kunden) und welches schlechte Kunden (C-Kunden) sind. Und es besteht die gute Chance, aus normalen Kunden (B-Kunden) gute Kunden zu machen. Und kundenstrategisch ist es wünschenswert, möglichst viele gute Kunden zu haben und diese auch stets zufrieden zu stellen. Die Kundenzufriedenheit hängt eng mit der Qualität der Wellnessleistungen zusammen. Dabei kommt es häufig nicht auf eine nur schwer festzustellende objektive Qualität oder ein TQM (vgl. Kapitel 7) an, sondern darauf, was Kunden subjektiv als Qualität erwarten und empfinden. Es findet jedes Mal, wenn sich der Kunde für eine Wellnessleistung entscheidet, ein neuer Vergleichsprozess (vgl. Abbildung 72) zwischen der erwarteten und wahrgenommenen Leistung statt, wobei inzwischen Gelerntes (Erfahrungen, Werbeaussagen …) in diesen Prozess einfließt.

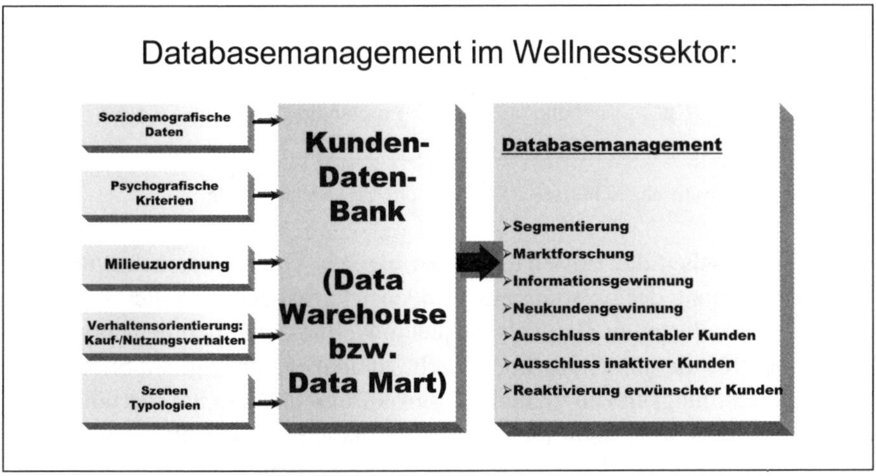

Abbildung 70: Sammlung, Speicherung und Aufbereitung relevanter Kundendaten

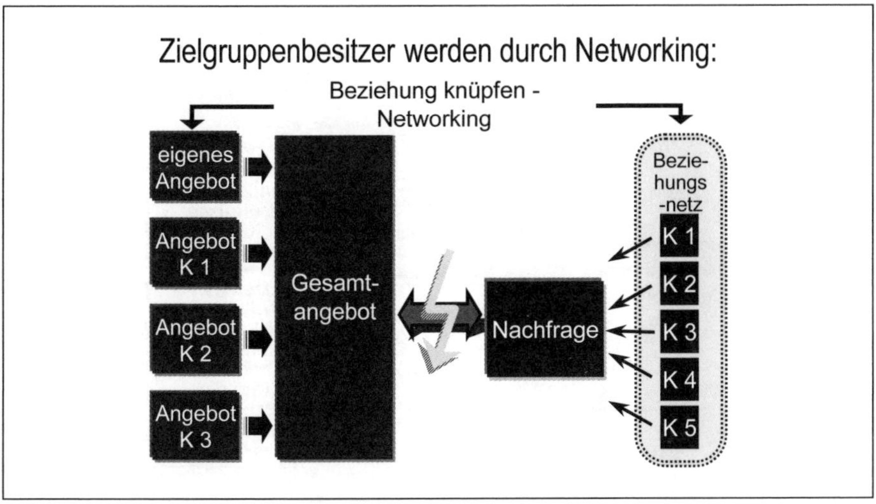

Abbildung 71: Intensive Kundenbeziehungen tragen Unternehmenserfolg

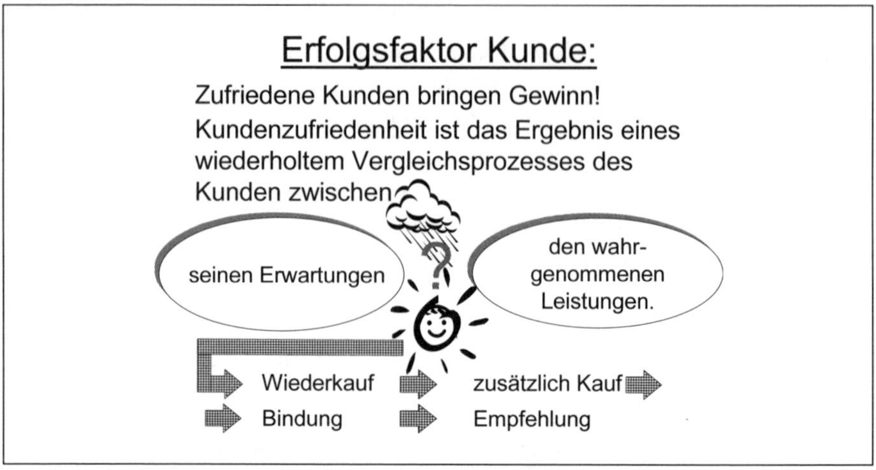

Abbildung 72: Positiv abgeschlossener Vergleichsprozess bedeutet Erfolg

Und dass zwischen der Einschätzung der eigenen Unternehmensleistung und der Wahrnehmung der Leistung aus Kundensicht manchmal Welten liegen, ist nicht selten festzustellen. Es ist also in jedem Wellnessunternehmen notwendig, die Gründe für die unterschiedliche Sicht zu analysieren (vgl. Abbildung 73) und Wahrnehmungslücken schließen. Ein allseits anerkanntes Verfahren bei Dienstleistungen wäre auch die sog. GAP-Analyse. Nur wenn die so festgestellten Diskrepanzen (Lücken) ausgeglichen werden, sind Wellnesskunden zufrieden.

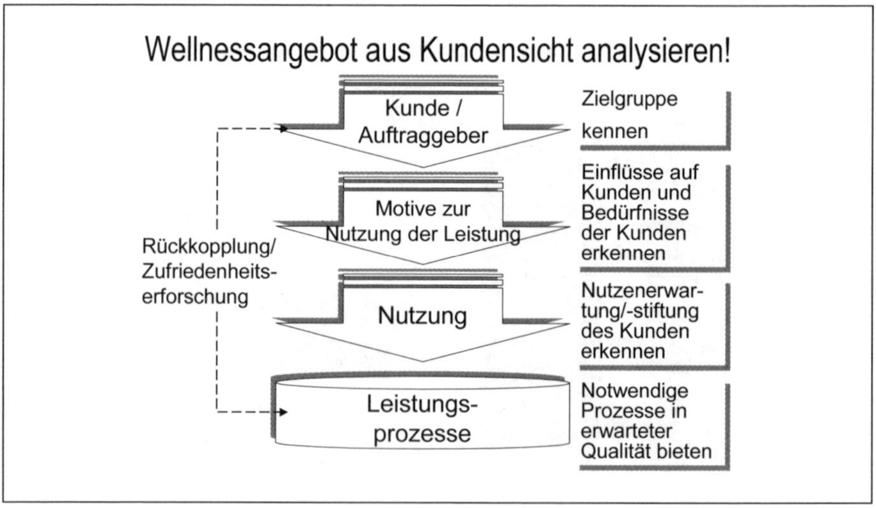

Abbildung 73: Der Kunde entscheidet, ob ein Wellnessangebot zufriedenstellend ist.

Zufriedene und loyale Kunden bringen den Unternehmen durch zusätzliche und Mehrfachkäufe/-buchungen/-nutzungen unmittelbar steigende Umsätze und Gewinne (Kundenwert) und durch Weiterempfehlungen weitere Kunden (zufriedene Kunden sind die besten Verkäufer). Auch die Preissensibilität der Stammkunden ist meist nicht mehr so stark ausgeprägt, so dass die Wellnessunternehmen i. d. R. auch höhere Durchschnittspreise erzielen können. Also, je länger eine Kundenbindung dauert, desto profitabler wird sie (Lifetime Value steigt im Zeitablauf stetig an).

Also ist es für jedes Unternehmen der Wellnessbranche notwendig, alle Unternehmensaktivitäten auf die Kunden auszurichten. Im Vertrieb bzw. Marketing gibt es eine seit Jahren zu beobachtende Tendenz zu einem verstärkten Kundenfokus. Dies hat dazu geführt, dass zunächst der Verkauf, der im Wesentlichen Träger des Kundenkontaktes war, um Funktionen, wie Kundendienst, Verkaufsförderung oder neue Kundenkontaktkanäle aufgewertet wurde und sind dann ganzheitlich für den Vertrieb verantwortlich zeichnete (vgl. Abbildung 74).

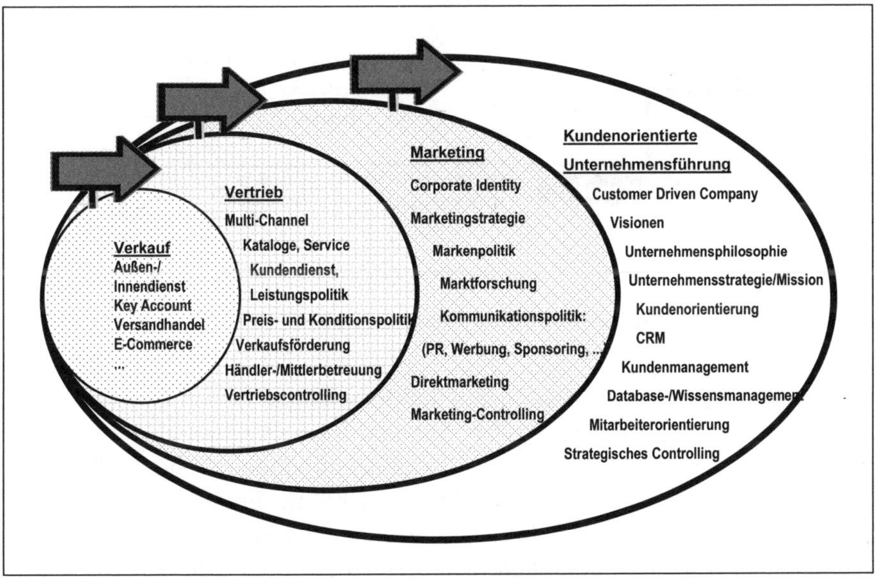

Abbildung 74: Konsequente Weiterentwicklung der Kundenkontaktorganisation

Ergänzt um Funktionen, wie Kundenkommunikation, Marktforschung oder Markenverantwortung etc. bildete sich aus dem Vertrieb als nächstes das Marketing. Doch damit nicht genug, auch Marketing ist unter Gesichtspunkten einer ganzheitlichen Kundenorientierung noch steigerungsfähig. Es avanciert (wie bereits zuvor beschrieben analog der Definition der American Marketing Association zu einer kundenorientierten Unternehmensführung. So konnte etwas entstehen, was heute als Customer Driven Company (CDC) bezeichnet wird. In ihr ist von der Vision und Unternehmensphilosophie über die Strategien und das Controlling, über betriebliche Informationssysteme und Mitarbeiterorientierung bis zum sog. Kundenmanagement alles auf die Kunden und Ihre Bedürfnisse ausgerichtet. CDC bedeutet eine unternehmensstrategische Ausrichtung auf denjenigen, der alles bezahlt.

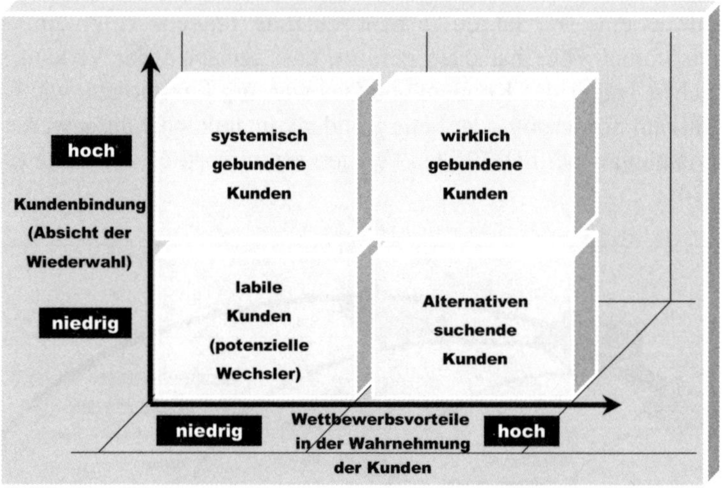

Abbildung 75: Unternehmensziel: wirklich gebundene Kunden

Kundenbindungsmaßnahmen gehören selbstverständlich auch dazu: Ob Kundenkarten, Frequent-Shopper- oder Frequent-User-Programme, Rabatt- und Belohnungssysteme, Nachlass- und Loyalitätsprogramme, alle Maßnahmen sollen dabei helfen, die Kundenloyalität zu erhöhen. Früher baute man eher Wechselhürden auf, um Kunden an einem leichten Wechsel zu einem konkurrierenden Anbieter zu hindern. Um dies zu erreichen gab und gibt es die Varianten „technisch-funktionale Bindung", „vertragliche Bindung" oder „ökonomische Bindung" (mit hohen Wechselkosten). Erfolgreicher und belastbarer ist allerdings die emotionale Kundenbindung, die den Kunden quasi zum „Fan" eines Unternehmens oder seiner Wellnessleistungen macht (vgl. Abbildung 75).

Nicht selten finden sich gegenwärtig auch im Wellnessmarkt Kombinationen dieser Formen, wie z.B. bei Kundenkarten bzw. Kundenclubs, die die

Kunden häufig sowohl emotional mit Services oder Informationsleistungen als auch ökonomisch mit Prämienmeilen oder Boni binden. In anderen Branchen haben sich aus Kostengründen inzwischen auch andere Formen des Kundenclubs etabliert. So nehmen Unternehmen, die einen Kundenclub gegründet haben, gelegentlich weitere Partner auf, um die Kosten zu teilen, das Angebot zu vergrößern und ggf. auf diesem Weg die Einlösschwellen für die Kunden leichter erreichbar zu machen. Nachteil ist, dass ein solcher Kundenclub den Namen des herausgebenden Unternehmens trägt und somit vorrangig an diese Unternehmen bindet. Eine weitere Variante ist der sog. Multipartnerclub (vgl. Abbildung 76), der allerdings grundsätzliche Probleme hinsichtlich der Kundenbindung aufwirft: was hilft es einem Wellnessanbieter, wenn seine Kunden z. B. an Payback gebunden würden?

Gerade unter Kostengesichtspunkten, aber auch hinsichtlich ihrer Effektivität, müssen solche Kundenclubs sorgfältig geplant werden, damit sie nicht ungerechtfertigt bzw. unerwünscht hohe Aufwendungen verursachen. Die Leistungen eines Kundenclubs müssen wirklich auf die Kunden zugeschnitten sein und neben harten Vorteilen diesen vor allem weiche Vorteile und Dialogmöglichkeiten bieten. Auch sollten nur solche Kunden über dieses Instrument gebunden werden, die der Wellnessanbieter auch tatsächlich binden will (Ausschluss von Trittbrettfahrern). Für Wellnessanbieter gibt es die Möglichkeit die Kunden direkt an das Unternehmen oder die Marke oder indirekt über die Mittler/Handelspartner zu binden.

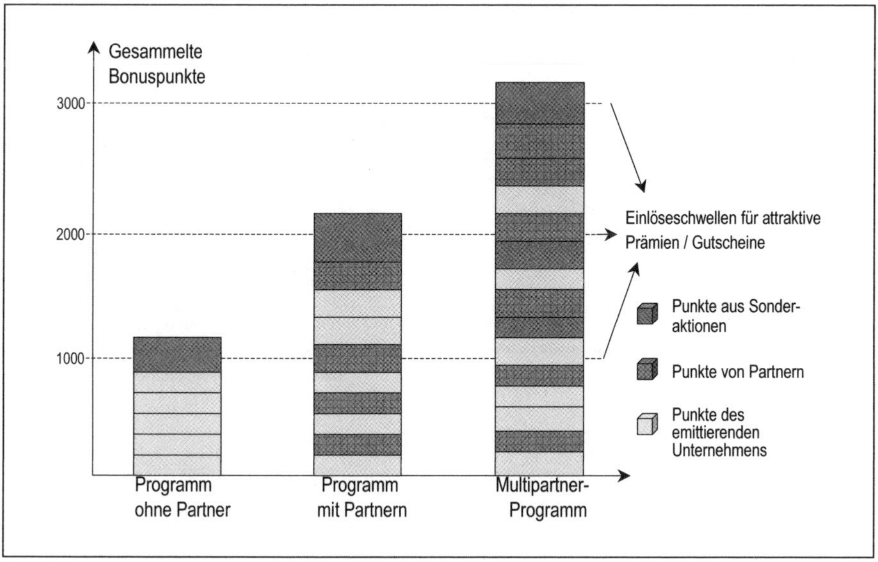

Abbildung 76: Kostenvorteile vs. Marketingnachteile beim Multipartnerclub

Eine Kundenbeziehung ist nicht statisch, sondern entwickelt sich im Zeitablauf positiv oder ggf. auch negativ. Die denkbaren Entwicklungen sind in Abbildung 84 dargestellt: Wenn ein Interessent von den Informationen angesprochen wird, wird er zum potenziellen Käufer, der nach Abwägung alternativer Angebote dann zum Erstkäufer oder Erstnutzer wird. Ist er mit der gebotenen Leistung zufrieden wird er wohl nachkaufen und danach in Stufen bis zum loyalen bzw. begeisterten Kunden aufsteigen.

Ist die Erfahrung mit der gebotenen Leistung allerdings negativ, so wird er zumindest zum Wechselkandidaten oder wandert gleich ab (vgl. Abbildung 77). Erfahrungsgemäß beschweren sich nämlich die meisten unzufriedenen Kunden nicht; die Quote erreicht nur zwischen 5 % und 15 % derjenigen, die Grund zur Beschwerde haben, im Wellnessbereich dürfte sie wegen des persönlichen Involvements eher bei 15 % liegen (vgl. Abbildung 78). Also nur 3 von 20 Kunden, die Veranlassung zur Beschwerde hätten, tun dies auch. Erhebungen belegen, dass auch kaum mit Querulanten zu rechnen ist, denn mindestens 98-99 % der Beschwerde führenden Kunden haben auch wirklich allen Grund dazu.

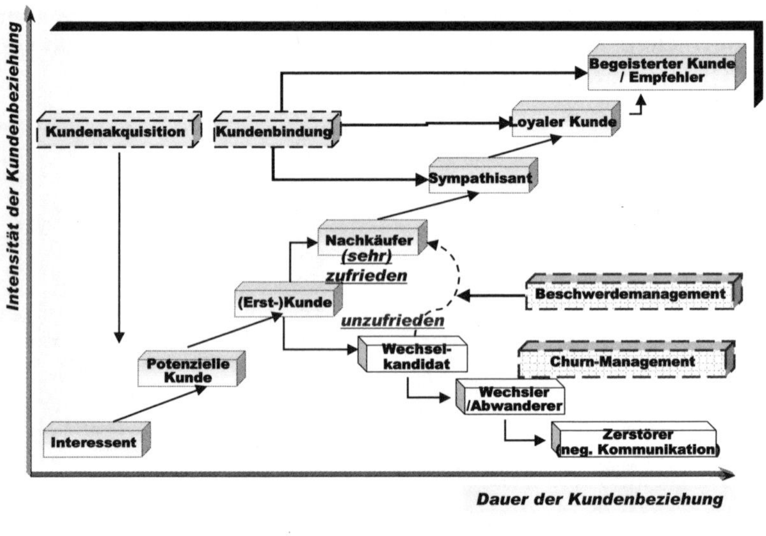

Abbildung 77: Kundenbeziehungen lassen sich in gewissem Umfang steuern

Für den Wellnessanbieter besteht nur die Chance, diese 5 – 15 % der Kunden zufrieden zu stellen und zurück zu gewinnen, von den anderen 85 – 95 % erhält er ja überhaupt keine Kenntnis. Man würde dies vielleicht hinnehmen, wenn es nicht noch einen weiteren bedenklichen Effekt gäbe. Nach abgesicherten Erhebungen macht aber ein unzufriedener Kunde seinen Ärger auch Luft und kommuniziert die schlechten Erfahrungen an ca. 10 – 12 weitere Personen, wodurch zusätzlich etwa 220 (potenzielle) Kunden negativ (vor-)informiert werden; und diese Erhebungen reflektieren noch nicht die aktuelle Verbreitungsmöglichkeit über Internet-Communities und Blogs. Kaum auszudenken wie umfangreich diese Negativkommunikation erst über das Internet wird, wenn es gezielt genutzt wird.

Um also diesen möglichen Schaden in Grenzen halten, muss ein Unternehmen zumindest die bekannten unzufriedenen (sich beschwerenden) Kunden zufrieden stellen, denn diese kommunizieren ihre positiven Erfahrungen auch an andere weiter, aber leider nur jeweils an durchschnittlich drei. Es bietet sich auf jeden Fall ein kulantes Behandeln der Beschwerdefälle an.

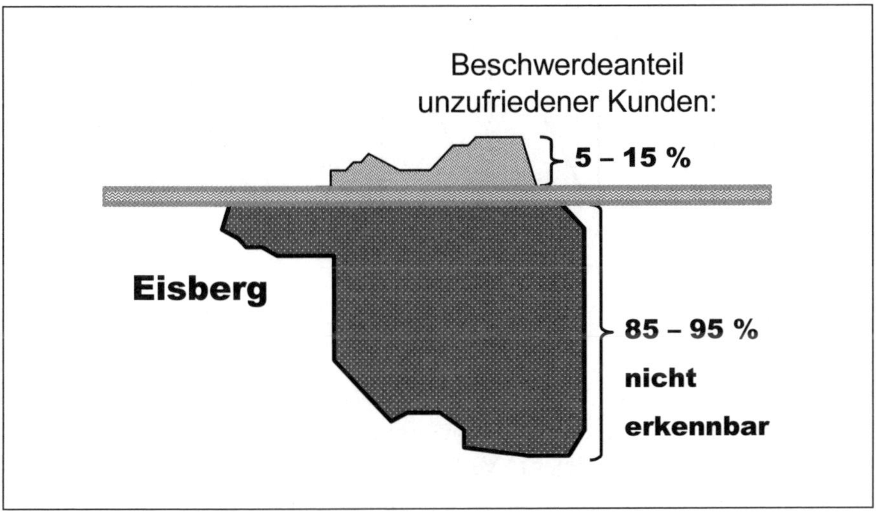

Abbildung 78: Risiko durch unzufriedene, nicht erreichbare Kunden

Um die Zahl der nicht erreichten unzufriedenen Kunden möglichst gering zu halten, ist es notwendig und sinnvoll, berechtigte Beschwerden zu stimulieren. So lässt sich die Zahl der Unzufriedenen, die das Unternehmen nicht erreichen und deren Kommunikation es nicht verhindern kann, reduzieren. Im besten Fall beschweren sich die Mehrzahl derjenigen, die einen Grund dazu haben – alle wird man nicht erreichen können. Dieses systematische Vorgehen, um Beschwerden zu initiieren, ist der erste Schritt eines Beschwerdemanagementsystems (vgl. Abbildung 79).

Durch ein kundenadäquates Beschwerdemanagement lassen sich sehr häufig unzufriedene Kunden in zufriedene Kunden verwandeln und sogar dauerhaft an den jeweiligen Anbieter binden. Zu einem guten Beschwerdemanagementsystem gehört auch das spätere Nachfassen (vgl. Abbildung 79) bei den Kunden, ob nun alles zu deren Zufriedenheit erfüllt sei. Ggf. ließe sich nämlich zu diesem Zeitpunkt noch etwas korrigieren, wenn irgendetwas noch nicht so gut beim jetzt unzufriedenen Kunden angekommen ist.

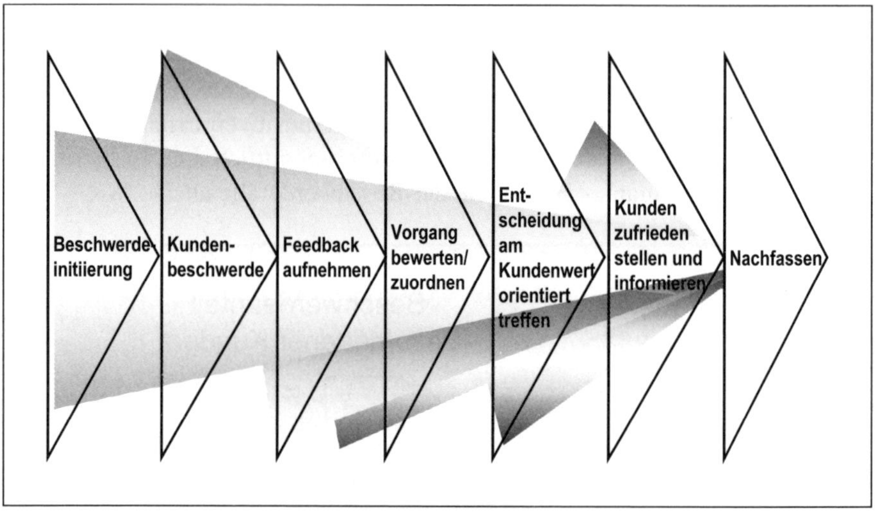

Abbildung 79: Beschwerdebehandlung bedarf eines gut durchorganisierten Managementsystems

Im Rahmen eines Beschwerdemanagementsystems ist der Multi-Kanal-Ansatz wichtig, da es auf diese Weise unzufriedenen Kunden erleichtert werden soll, mit dem Wellnessanbieter in Verbindung zu treten. Aber das Beschwerdemanagement soll nicht nur passiv sein, sondern auch Bewertungen bzw. Beschwerden durch Kunden-/Gästebefragungen und Auslegen von Bewertungsunterlagen aktiv stimulieren (vgl. Abbildung 77). Denn nur wenn ein Anbieter seine Schwachstellen kennt, kann er sie beseitigen und ein positiveres Image erreichen. So finden sich beispielsweise in den Ramada-Hotels ein Faltblatt „Gäste-Kommentar“ (mit Hinweis auch auf Internet und Free-Call-Hotline) auf den Zimmern und eine Karte, mit der Bitte nach Kommentaren und Tipps, zusätzlich auf den Tischen des Restaurants.

Eng verbunden mit dem Beschwerdemanagementsystem ist das Kundenrückgewinnungsmanagement (Churn-Management, vgl. Abbildung 84). Denn unbefriedigend gelöste oder gar nicht gemeldete Beschwerdefälle lösen meist die Abwanderung der Kunden aus. Die Anlässe bzw. Beweggründe, einem

Wellnessanbieter den Rücken zu kehren, verändern sich im Laufe eines Kundenlebenszyklus'. Die genauen Gründe gilt es zu erforschen, um frühere gute Kunden zu reaktivieren. Wenn ein Dienstleister über eine gute Kundendatenbank und ein System der Kundenwertberechnung verfügt, besteht die Möglichkeit, interessante, aber abgewanderte Kunden zu kontaktieren und sie mit Verlosungen, Incentives etc. dazu zu motivieren, ihre Abwanderungsgründe offen zu legen. Dadurch ergäbe sich ein neuer Ansatzpunkt, noch im Nachhinein eine gewisse Zufriedenheit herzustellen oder zumindest die Kunden zu einem neuen Kauf- bzw. Buchungsversuch zu bewegen (Gutscheine, Coupons ...) und auf diesem Weg die zu erwartende Negativ-Kommunikation zu reduzieren.

7 Erfolgsfaktor Qualität

Das wichtigste im Unternehmen nach den Kunden selbst ist das, was Wellnessunternehmen ihren Kunden zum Kauf, zur Buchung oder Nutzung anbieten: die Wellnessleistung. Es kann sich dabei um Produkte bzw. Güter, Dienstleistungen oder eine Kombination aus beidem handeln, wobei es auch produktergänzende Dienstleistungen gibt (vgl. Abbildung 80). Um all dies abzudecken wählen wir als Oberbegriff Leistung bzw. Wellnessleistung. Des Weiteren lassen sich solche Leistungen nach den Kunden in Konsumleistungen oder Investitionsleistungen unterteilen. Ob nun Privatpersonen oder Unternehmen die Kunden sind, macht auch einen Unterschied für das Unternehmensmanagement.

Konsum-/Investitionsleistungen im Gesundheitsmarkt

Materialitätsgrad / Käuferart	Produkt/ Sachleistung	produktergänzende Dienstleistung	allein stehende Dienstleistung
Haushalt (Konsumleistungen)	Fitnessgerät (Verbrauchsgüter, Gebrauchsgüter Luxusgüter)	Wartung, Anleitung	Ernährungsberatung
Unternehmen (Investitionsleistungen)	Patientenliege (Rohstoffe, Hilfsgüter, Anlagen, Komponenten, Vorerzeugnisse)	Patientenversorgung	Gesundheitsberatung/ -check

Abbildung 80: Systematik der Wellnessleistungen

Bestimmte Dienstleistungen sind auch im Wellnesssektor nicht ohne eines oder mehrere Produkte denkbar, da diese Gegenstände wesentlicher Bestandteil der Wellnessleistung sind, also sind sie nur in Abhängigkeit von diesen Gegenständen zu erbringen (vgl. Abbildung 81), wie z. B. die Einweisung im Fitnessstudio oder ein Wellnesshotel mit allen Leistungen.

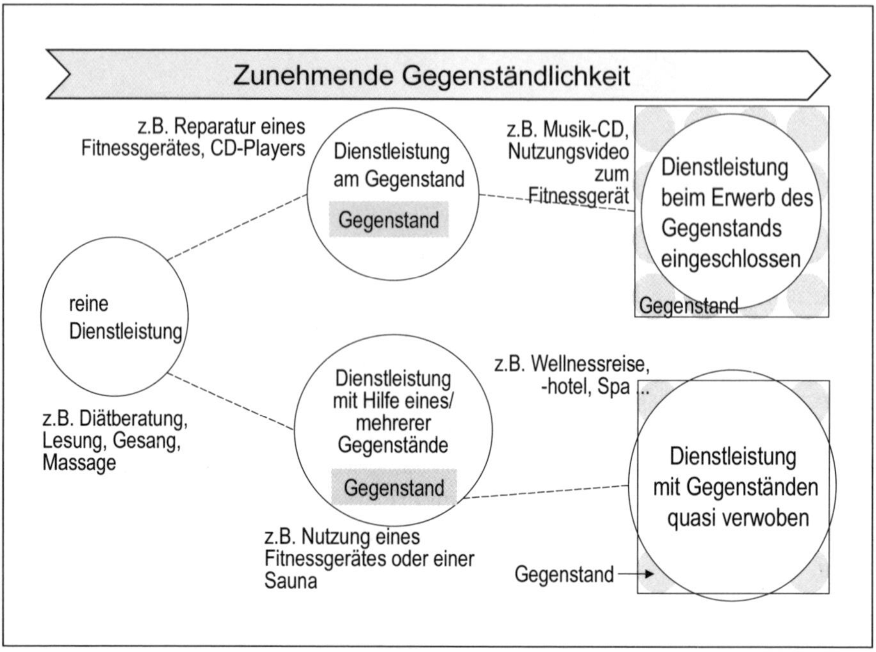

Abbildung 81: Wellnessdienstleistungen ohne Gegenstände kaum denkbar

Die Bandbreite der Wellnessleistungen wurde bereits im Kapitel 2 dargestellt, sicherlich gibt es noch weitere nicht erwähnte. Allen Leistungen ist gemein, dass sie das körperliche und geistige Wohlbefinden der Kunden erhalten, steigern oder herstellen sollen. Damit stellt die Auswirkung jeder Kunde quasi am eigenen Körper fest. Und da man üblicherweise mit seinem Körper besonders sorgfältig umgeht und ihn keinen Schaden nehmen lassen will, ist der Anspruch der Kunden an alle Wellnessleistungen besonders hoch (Ausnahme: Wellness als „add-on“). Daher wird jeder Kunde den Wellnessleistungen und ihren Ausprägungen besondere Aufmerksamkeit widmen.

Damit tritt die Leistungspolitik (vgl. Abbildung 82) des Wellnessunternehmens in den Kundenfokus. Was sind das für Leistungen, was bewirken sie, welche Qualität haben sie und welche Zusatzleitungen oder -effekte. Handelt es sich um eine individuelle oder Standardleistung, gibt es weitere Leistungen, also ein ganzes Wellness-Programm? Wird die Qualität durch eine bekannte Marke mit ihrem guten Ruf oder durch Qualitätssiegel mit externer Überprüfung dokumentiert? Was unterscheidet die eine von der anderen Leistung, gibt es Gestaltungsmöglichkeiten, bestehen Garantien oder gibt es noch zusätzliche Beratungsleistungen?

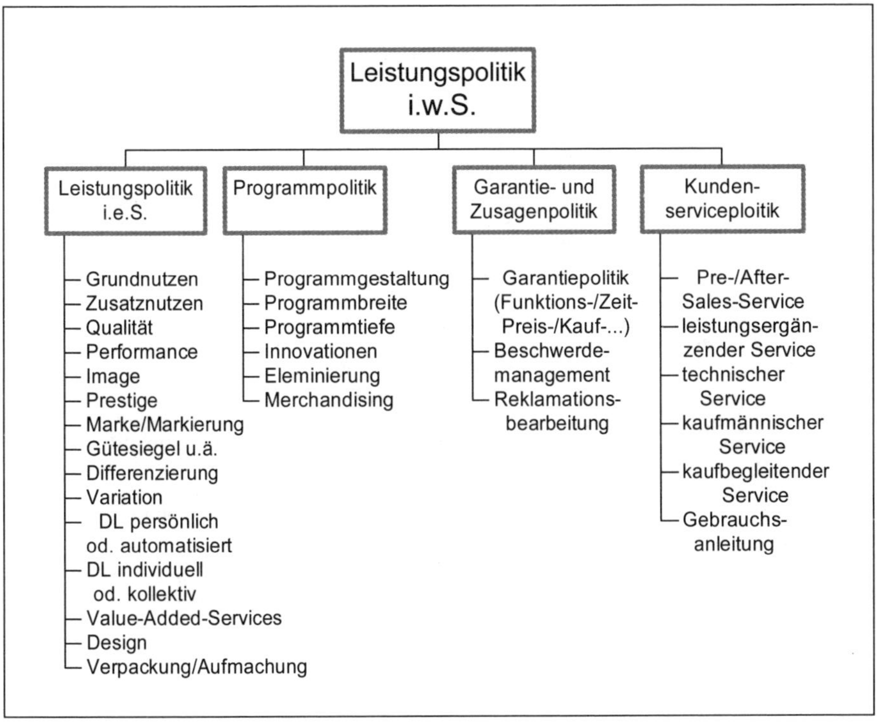

Abbildung 82: Ausprägungen der Wellnessleistungen im Fokus der Wellnesskunden

Also geht es für das Wellnessunternehmen auch zunächst einmal um die Dienst- oder Sachleistung selbst, die gewählten Ausprägungen und Qualitätsstandards, die Einbettung in ein Programmangebot, die Verbindung mit zusätzlichen Services oder Produkten und den bereits beschriebenen Bereich des Beschwerdemanagements. Wie bereits dargelegt ist Qualität stets das, was der Kunde als Qualität bezeichnet. Um dies zu erreichen lassen sich selbstverständlich Qualitätsstandards im Unternehmen für die Produktion oder Erstellung festlegen (Vertiefung später in diesem Kapitel), aber letztendlich entscheidet der Kunde, ob ihm die Leistung, der Erstellungsprozess, das Ambiente, die Betreuung und Information etc. zugesagt hat oder nicht.

Daher muss jedes Unternehmen der Wellnessbranche, wie für den Bereich Wellnesstourismus beispielhaft in Abbildung 83 dargestellt, die verschiedenen Phasen beachten und in jeder dieser Phasen erwartungsgemäße Leistungen erbringen, die auch der Wahrnehmungs- und Vorstellungsebene der Wellnesskunden nahe kommen. Gelingt es zumindest ausreichend freundlich oder besonders freundlich und kundenorientiert zu sein? Stimmen Komfort und Qualität im Wellnessbereich? Und empfindet der Gast tatsächlich Genuss, geistige

Anregung oder Entspannung, so dass sich Wohlbefinden, ein verbesserter Gesundheitszustand oder sogar Glücksempfinden einstellen?

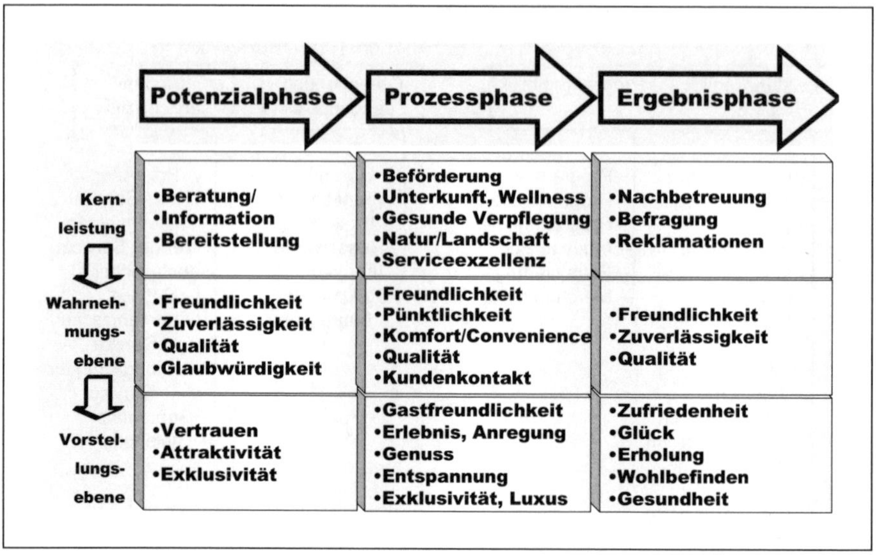

Abbildung 83: Jede Phase der Wellnessleistung muss Zufriedenheit auf der Wahrnehmungs- und auf der Vorstellungsebene der Kunden erzeugen

Eine Leistung besteht i.d.R. nicht nur aus der Kernleistung, sondern aus meist mehreren Zusatzleistungen. Obwohl der Begriff „Kernleistung" eine besondere Bedeutung signalisiert, gilt dies im Wesentlichen nur für die Qualität. Die konkrete Kaufentscheidung treffen die Kunden fast ausschließlich nach Beurteilung der bekannten oder zu erwartenden Zusatzleistungen. Die Kernfunktion oder -leistung ist immer auch mit einer ganz bestimmten Erwartung der Kunden an die Leistungsfähigkeit des jeweiligen Wellnessanbieters (Kenntnis der Gesetze, zuverlässige Mitarbeiter, Sicherheit, Termintreue ...), die Qualität seiner Leistung (Pünktlichkeit, Stressfreiheit, gewünschter Komfort ...) und an das gewünschte/erwartete Ergebnis (besser Fühlen, entspannt sein ...) verbunden. Der Grad der Zufriedenheit hängt aber von Zusatzleistungen, wie z.B. exotische Umgebung und entspannende Musik, angenehme Farben und Düfte ab (vgl. Abbildung 84 – Wellnessreisen), oder bei Produkten eher von einer entsprechenden Aufmachung, einer praktischen oder ökologischen Verpackung, einer genauen Wirkungsbeschreibung oder der Verwendung natürlicher Grundstoffe.

Zusatzleistungen helfen also, die eigenen Leistungen von denen der Konkurrenzanbieter im Wellnessmarkt zu differenzieren. Neben kognitiven Zusatzleistungen eignen sich insbesondere affektive Zusatzleistungen, die Erlebnisse vermitteln, positive Assoziationen erzeugen oder die Gefühlswelt der Wellnesskunden ansprechen. So zahlt sich eine Erweiterung der Leistungsebenen für Wellnessanbieter schnell aus (vgl. Abbildung 85). Je intensiver die emotionale Ansprache, desto größer sind die Vermarktungschancen.

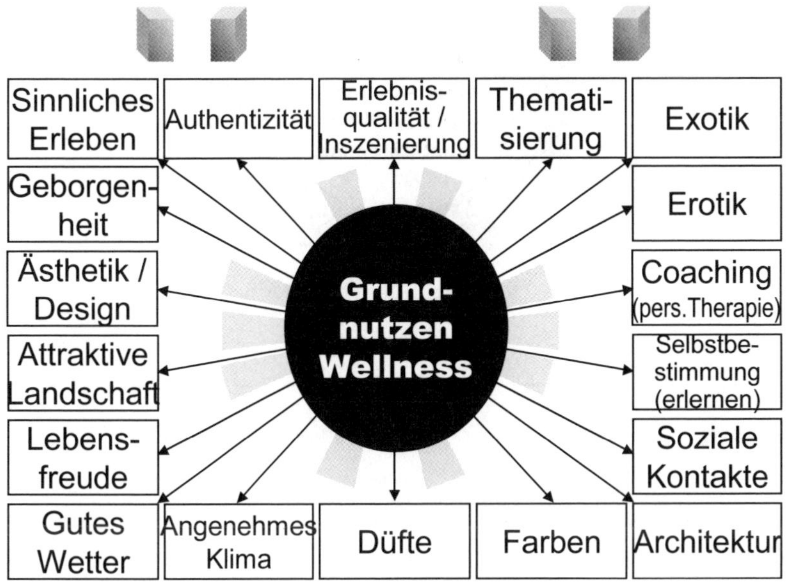

Abbildung 84: Beispiele von Zusatznutzen, die z. B. bei Wellnessreisen kaufentscheidend sind

Immer neue Markt- bzw. Kundentrends bedingen stetige Veränderungen bisher angebotener Leistungen und Leistungsprogramme. Neben Leistungsinnovationen, Leistungsvariationen (Anpassungen), Leistungsdifferenzierungen (zusätzliche Ausprägungen), Leistungsdiversifikationen (neuartige Felder) und unechten Leistungsinnovationen (Mee-too) darf auch eine Leistungseliminierung nicht vergessen werden, wenn der „Bauchladen“ der Angebote nicht unbegrenzt vergrößert werden soll. Nicht (mehr) erfolgreiche Leistungen müssen rechtzeitig entfernt werden, bevor durch sie Verluste entstehen. Das eigene Leistungsportfolio sollte jederzeit über eine gesunde und zukunftsorientierte Mischung von sog. „Stars“ (z. B. exotischen Wellnessreisen), sog. „Cash Cows“ (z. B. Wanderurlaube) und innovativen „Question Marks“ (z. B. exklusive Bausteinangebote im Bereich Selfness) verfügen.

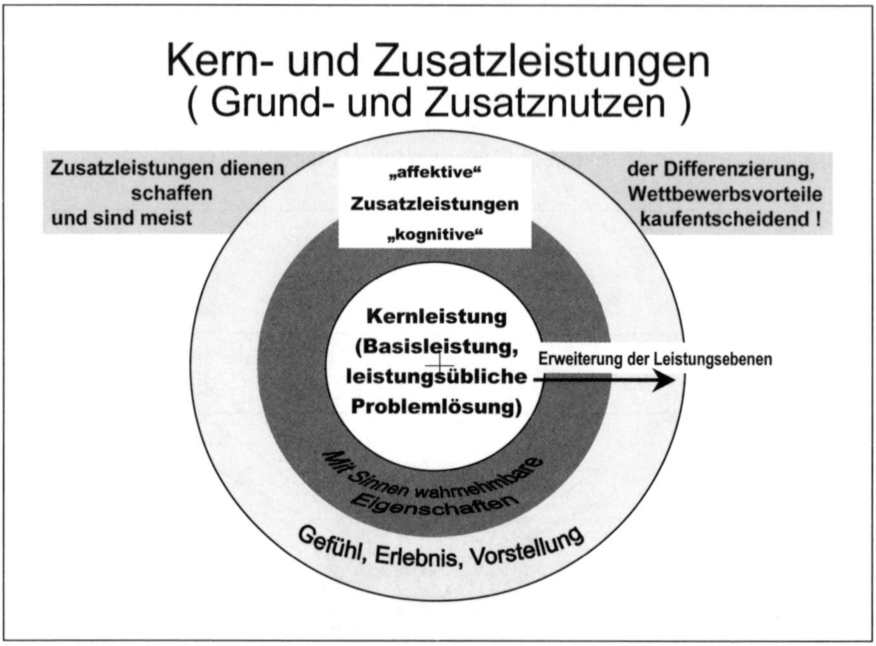

Abbildung 85: Mehrere Nutzenebenen erhöhen die Vermarktungschancen

Einem systematischen Innovationsmanagement ist angesichts eines zunehmenden Wettbewerbs im Wellnessmarkt besondere Aufmerksamkeit zu schenken, um langfristig wettbewerbsfähig zu sein. Nach Schumpeter ist eine Innovation immer revolutionierend neu. Allerdings erfüllen Innovationen dieses Kriterium heute nur eher selten. Häufig gibt es nur noch Quasi-Innovationen oder sogar nur Scheininnovationen, die den Wellnesskunden nur eine Neuartigkeit vorgaukeln. Dabei ist es auch heutzutage immer noch besonders interessant als erster eine neue Leistung zu bieten oder eine (Markt-)Position zu besetzen.

Denn jeder kennt den Ersten (egal ob bei der Olympiade, der Überquerung des Atlantiks oder auf dem Mond), den Zweiten oder Dritten kennt kaum jemand. Dieses Verhalten ist menschlich, schließlich erinnert man sich in besonderer Weise auch an die erste Liebe, den ersten Schultag, das erste Auto oder die erste Wohnung. Also genießt derjenige, der sich als erster im Kopf der Kunden festsetzt einen unschätzbaren Wettbewerbsvorteil gegenüber allen anderen. Innovationen können folgende Stoßrichtungen haben:

- Ablösung nicht mehr marktgerechter Leistungen (Eliminierung)
- Schaffung zusätzlicher Nachfrage
- Verbesserung der Portfoliostruktur

- Schaffung einer zumindest temporären Alleinstellung im Markt
- Verbesserung bzw. Erhalt des Unternehmensimages
- Erschließung neuer Märkte oder Marktsegmente (Diversifikation)
- Erschließung neuer Beschaffungsmärkte
- Organisationsoptimierung auf dem Weg zur Customer Driven Company
- Stärkung der Marke(n) und Erhaltung ihrer Aktualität

Eine Leistungs- oder Unternehmensmarke (vgl. Abbildung 86) dient der Markierung und damit der eindeutigen Identifikation durch die Kunden sowie der Unterscheidung / Differenzierung gegenüber gleichartigen Wellnessleistungen (Alleinstellung). Über Marken erfolgt eine Imagebildung bei (potenziellen) Kunden, die möglichst eine dauerhafte Vertrauensbasis erzeugen soll. Quasi als Markenersatz dienen unterschiedliche Gütesiegel zur Vertrauensbildung bei unsicheren Kunden (z. B. Sterneklassifikation der Hotellerie, Bäume-Auszeichnung der Wellnesshotels …).

Abbildung 86: Unternehmens- oder Leistungsmarken dienen als Qualitätskennzeichen

Ein Markenname im Wellnessmarkt sollte eindeutig, leicht einprägsam und mit einer positiven, zur Leistung passenden Vorstellung verbunden sein. Das Markenimage ist ganz entscheidend für den wirtschaftlichen Erfolg einer Leistung bzw. eines Leistungsprogramms. Wenn es sich bei der Marke um einen Unternehmensnamen handelt, kann allerdings oft nur wenig Rücksicht auf die Assoziation oder gar internationale Anforderungen genommen werden, wenn man diese nicht auch verändern will. Wenn im Rahmen einer ganzheitlichen Markierungsstrategie mit der Marke auch Logos oder Bildzeichen/Symbole, Abkürzungen oder Farbgebungen etc. verbunden sind, sind auch diese gleich auf eine internationale Verwendbarkeit hin zu prüfen.

Marken dienen in ganz erheblichem Umfang der Vertrauensbildung bei den Kunden, denn Markenleistungen lassen stets gleich bleibende Qualitäten oder sich allenfalls verbessernde Qualitäten erwarten, was i.d.R. durch eine umfangreiche Endkundenwerbung unterstrichen wird. Bekanntheit und einheitliches Auftreten über alle Kommunikations-/Vertriebskanäle bilden dabei die erste Vertrauensebene, die dann durch Zuverlässigkeit, Pünktlichkeit, Kompetenz, Innovationen, Convenience, ein stimmiges Preis-Leistungsverhältnis sowie operative Qualität/Exzellenz untermauert werden kann. Treten dann noch emotionale Erlebnisse und (relativ) persönliche Kundenbeziehungen hinzu, wird leicht die höchste Vertrauensstufe bei den Kunden erreicht, die sich dann auch nicht mehr so leicht erschüttern lässt.

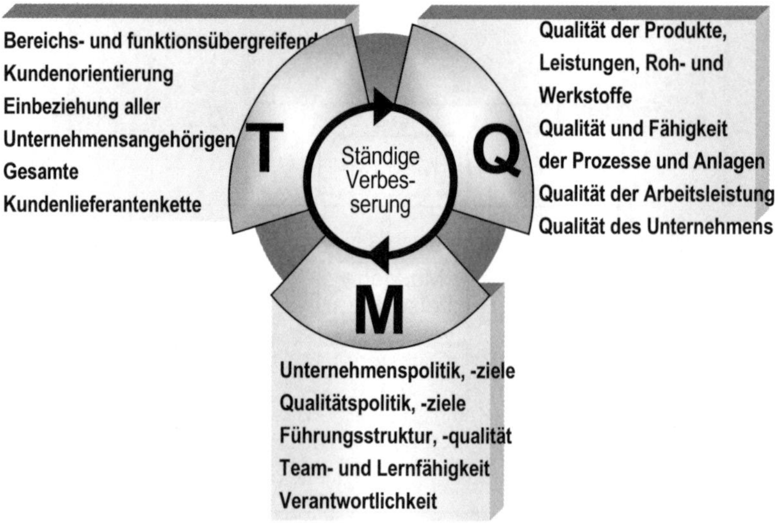

Abbildung 87: Managementherausforderung TQM

Nicht nur eine Marke ist mit Qualität eng verbunden, sondern generell erwarten Wellnesskunden von allen unter diesem Etikett angebotenen Dienstleistungen und Produkten ein bestimmtes Mindestmaß an Qualität bzw. operativer Exzellenz. Qualitätsorientierung bzw. ein Qualitätsmanagementsystem wie Total Quality Management (TQM, vgl. Abbildung 87) wird also von Unternehmen der Wellnessbranche zumindest in gewissem Umfang erwartet. Wenn ein solches Qualitätssystem dann auch noch extern kontrolliert und zertifiziert ist, wie beispielsweise „Qualitätsweg wanderbares Deutschland“, „Qualitätsbetrieb Hermannshöhen“, Hotelsterne oder „Premium Quality“ (CEN/ISO, HOTREC, Wellnessverband ...) oder durch den Gewinn von (internationalen) Quality-Awards dokumentiert wird, dann wirkt dies noch glaubwürdiger und wird von vielen Kunden gern honoriert.

Der Deutsche Wellness Verband hat bereits 1993 Jahren eine unabhängige Qualitäts-Zertifizierung für div. Wellness-Anbieter eingeführt. Im Hotelsektor prüfen professionelle Tester anonym nach einer rund 750 Kriterien umfassenden Checkliste alle Bereiche eines Hotels auf seine Wellness-Qualitäten nach den vom Verband zugrunde gelegten Kriterien (vgl. www.wellnessverband.de). Hotels, die den Test bestehen, können mit den Zertifikaten werben (vgl. Abbildung 88). Die ca. 20 Hotels und Ferienclubs, die bisher ein Qualitäts-Zertifikat des Deutschen Wellness Verbandes erhalten haben, sind auf den Internetseiten des Verbandes dargestellt. Des Weiteren finden sich dort zertifizierte Thermen und ein zertifiziertes Besonnungssystem.

Abbildung 88: Zertifikate des Wellnessverbandes für Wellnesshotels

Die Kooperation Wellness Hotels Deutschland (WHD) hat dann im Jahr 1997 das geschützte Markenzeichen „Wellnessbaum“ eingeführt, das seither bundesweit für gesicherte Wellness-Qualität im Hotel stehen soll. Diese Qualität wird von WHD verbürgt und Jahr für Jahr nach verbindlichen Richtlinien überprüft und weiterentwickelt. 2005 machten der DEHOGA und IHA die Grundzüge dieser Qualitätskriterien zum Maßstab für die offizielle Definition eines Wellness-Hotels: also eine Anerkennung der Hotellerie für diese Vorarbeit.

Folgende Qualitätsmerkmale müssen die Wellness Hotels des WHD erfüllen (nach www.w-h-d.de):

- ruhige Lage in besonders schöner Natur
- 4- bis 5-Sterne-Niveau mit herausragender Gastlichkeit und klarer Ausrichtung auf den Wellnessgast
- attraktiver Wellnessbereich, u. a. mit Pool, Saunen, Massagen, Beauty-, Pflege- und Entspannungsangeboten
- umfassend qualifizierte, besonders freundliche Mitarbeiter, vor allem auch im Wellnessbereich
- Wellness-Vitalküche und vegetarische Gourmet-Menü (als Angebot für interessierte Gäste)
- regelmäßige Zusatz-Qualifizierung der Küchenchefs („Gourmetkoch für gesunde Ernährung“)
- Kultur-, Kunst- und Erlebnisangebote (für interessierte Gäste)
- raucherfreie Bereiche (Gasträume und Zimmer)
- umweltbewusstes Hotelmanagement
- vertragliche Verpflichtung des Hotels zur fortlaufenden Qualitätsprüfung und Qualitätssicherung, mit Schwerpunkt im Wellnessbereich

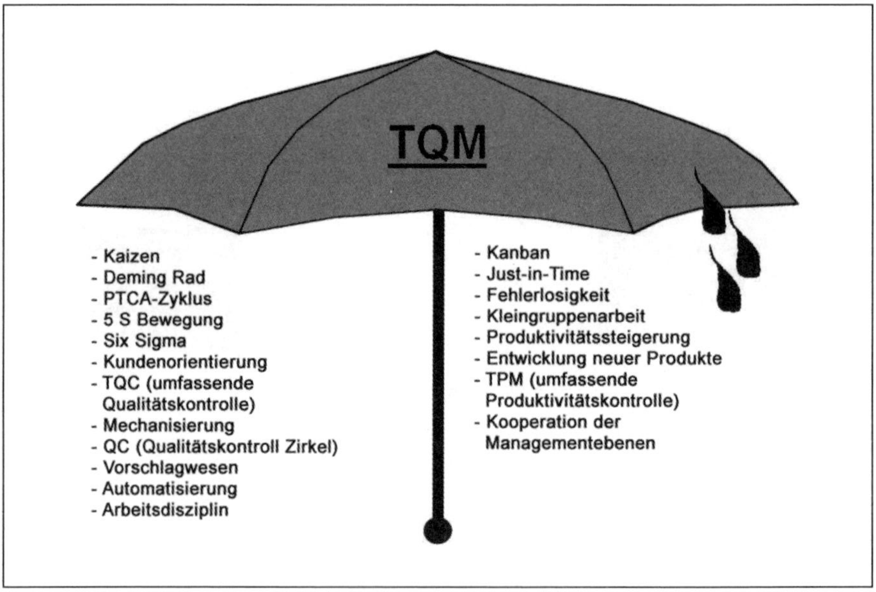

Abbildung 89: TQM-Konzepte, die z. T. im Wellnesssektor Anwendung finden

Es erhebt sich nur die Frage, warum mit Baden-Württemberg und Bayern zwei Bundesländer eigene Wege in der Wellnesszertifizierung beschreiten? In Kooperation mit der Heilbäder und Kurorte Marketing GmbH vergibt das Tourismus Marketing Baden-Württemberg 1–5 Wellenss-Stars an entsprechend qualifizierte Hotels. Bayern puscht sehr erfolgreich die eigene Marke WellVital.

Unter einem Qualitätsmanagementsystem versteht man ein System zur Festlegung der Qualitätsziele im Wellnessunternehmen sowie einer Qualitätspolitik zum Erreichen dieser Ziele. Es umfasst die Aufbauorganisation und das Prozessmanagement, sowohl zur Verknüpfung der qualitätsbezogenen Aktivitäten untereinander als auch im Hinblick auf eine einheitliche, gezielte Planung, Umsetzung und Steuerung aller Qualitätsmaßnahmen. Aufbau und Umfang eines Qualitätsmanagementsystems hängen von den speziellen Zielsetzungen des jeweiligen Unternehmens ab, daher kann es kein allgemein verbindliches Qualitätsmanagementsystem geben (vgl. Abbildung 89 und 90). An die Produktion von Kosmetika oder Vitaminpräparaten beispielsweise sind andere Anforderungen als an ein Sonnenstudio oder ein Day-Spa zu stellen.

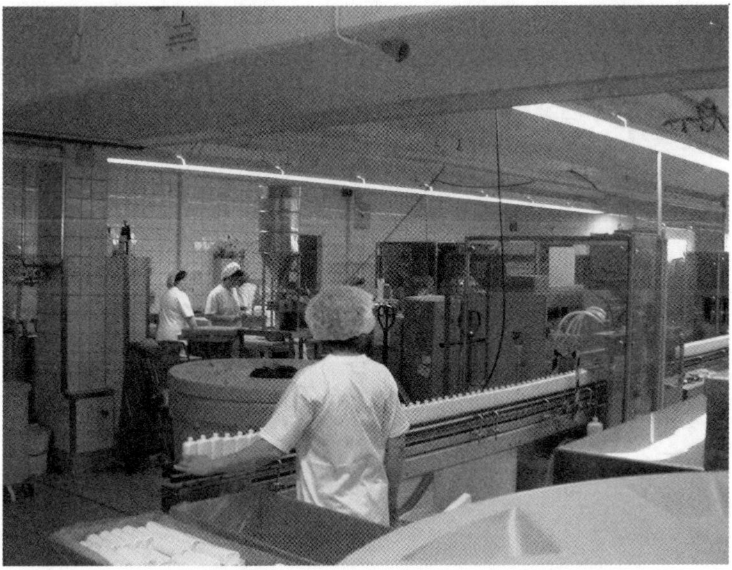

Abbildung 90: Hygienisch einwandfreie Kosmetikfertigung bei La Biosthetique®, Karlsruhe

Das Qualitätsmanagementsystem bildet also den Rahmen für die Umsetzung des Qualitätsmanagements im jeweiligen Unternehmen, an dem unterschiedliche Personenkreise beteiligt sind. Neben den Mitarbeitern des Wellnessunternehmens werden auch externe Personengruppen wie Kunden/Gäste, Partner und Lieferanten in das betriebliche Qualitätsmanagement involviert, das somit eine wichtige Führungsaufgabe darstellt.

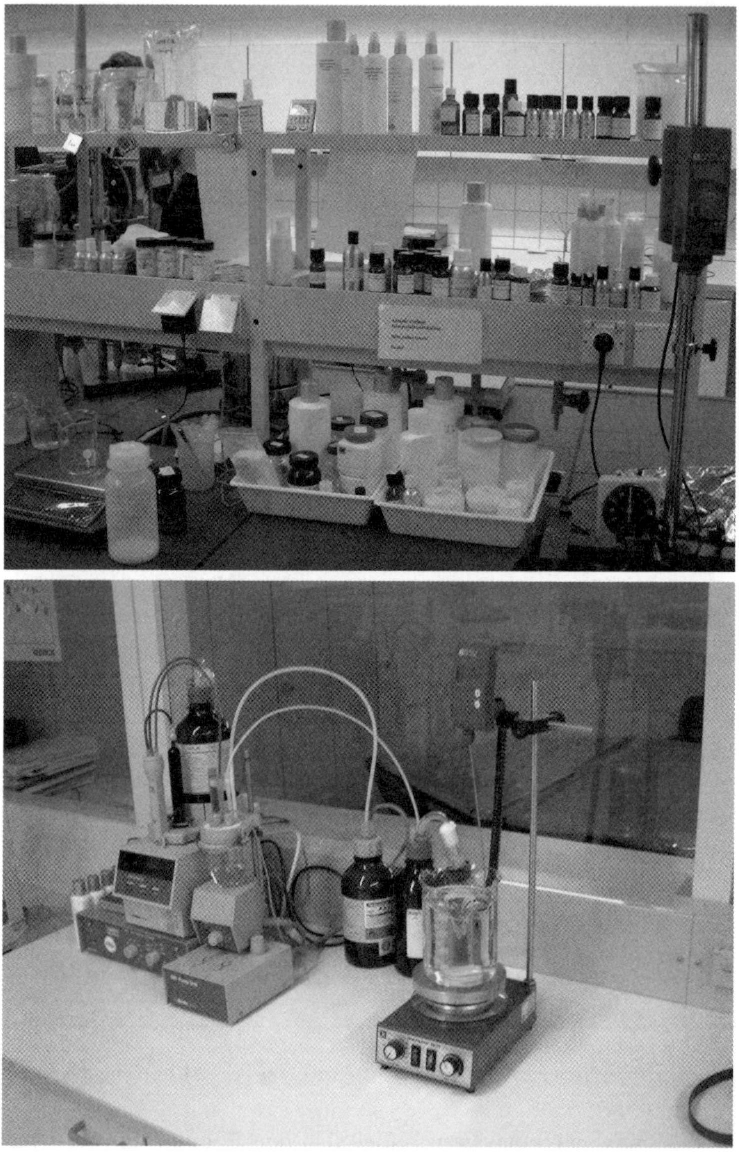

Abbildung 91: Regelmäßige Qualitätskontrollen der Wellness-Produkte bei La Biosthetique®

Den Mitarbeitern kommt im Wellnesssektor generell eine besondere Bedeutung zu. Bei einer industriellen oder handwerklichen Fertigung ist z.B. auf höchste Sorgfalt im Herstellungsprozess zu achten (vgl. Abbildung 90/91); das Produkt ist dann stichprobenweise einer Qualitätsprüfung zu unterziehen, bevor es ausgeliefert wird. Bei Wellnessdienstleistungen fallen Leistungserbringung und Leistungskonsum zusammen, so dass im sog. „Moment of Truth" die Qualität einfach stimmen muss.

Um das Qualitätsmanagement erfolgreich einzuführen bedarf es zunächst einer Erfassung (Messung) des aktuellen Qualitätsstands. Die Qualitätsmessung von Produkten erfolgt anhand von Standards (Hygiene, Wirkungsgrad, Haltbarkeit…) oder durch Tests, bei Dienstleistungen ist die Messung schwieriger, doch auch hier gibt es mehrere erfolgversprechende Ansätze (vgl. Abbildung 92).

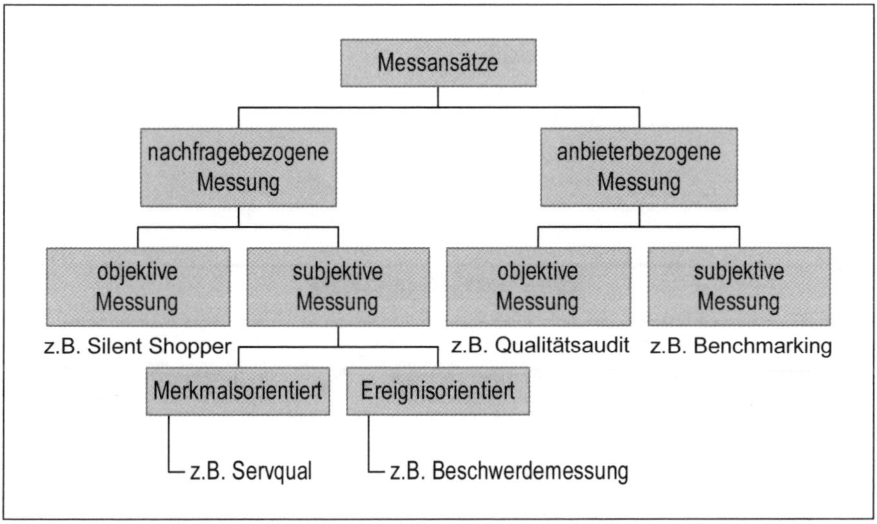

Abbildung 92: Methoden zur Messung von Dienstleistungsqualität im Wellnesssektor

Zur Unterstützung der in Abbildung 92 beispielhaft erwähnten Messmethoden kommt dem sog. GAP-Modell eine zentrale Bedeutung bei der Erfassung der Dienstleistungsqualität zu. Es stellt die Beziehungen innerhalb des Wellness-Dienstleisters und zum Kunden/Gast dar und zeigt mögliche Gaps (Lücken), auf:

GAP 1: Diskrepanz zwischen den tatsächlichen und den durch das Management wahrgenommenen Gästeerwartungen; Entstehungsgründe:

- Mitarbeiter/Führungskräfte, die Wellnessleistungen entwickeln, haben selbst keinen oder zu geringen Gästekontakt

- ungenügende Marktforschung (Konkurrenzforschung, Gästeanalyse ...)
- unterschiedliche Auffassungen über die Dimensionen der Wellnessqualität

GAP 2: Diskrepanz zwischen Gästeerwartungen und anschließender Umsetzung in den internen Standards der Dienstleistungsqualität; Entstehungsgründe:
- interne Kommunikation ist mangelhaft (organisatorisch-strukturelle Barrieren, personell-kulturelle Barrieren)
- eigenwillige Einstellung der am Erstellungsprozess beteiligten Mitarbeiter, wie z. B. eine zu starke Ausrichtung auf den direkten monetären Ertrag

GAP 3: Diskrepanz zwischen den Beschreibungen der Dienstleistungsqualität und der tatsächlichen Dienstleistungserstellung; Entstehungsgründe:
- Mängel in Qualifikation und Motivation der Mitarbeitenden („falsche" Leute eingestellt oder ungenügende Personalentwicklung)
- mangelhafte technische Ausstattung
- Umfeldbedingungen des Unternehmens (einengende Konkurrenz, Änderungen der Marktsituation, rechtliche Bestimmungen z. B. Ladenöffnungszeiten)

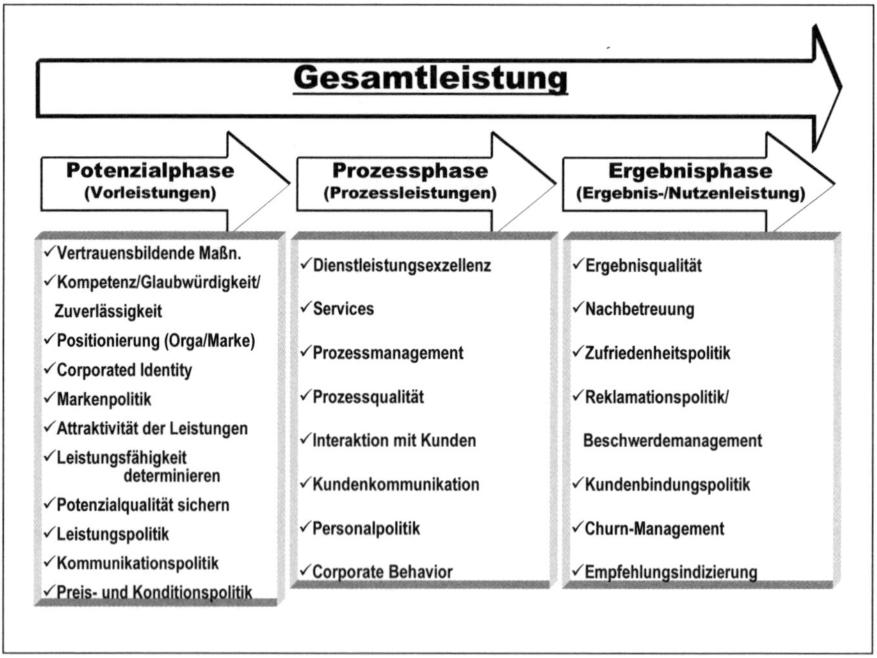

Abbildung 93: Phasen einer Wellnessleistung und Marketingansätze

GAP 4: Diskrepanz zwischen der tatsächlich erbrachten Dienstleistung und der an den Gast gerichteten Kommunikation vor Nutzung/Erwerb; Entstehungsgründe:

- ungenügende Kommunikation im Wellnessunternehmen zwischen der kommunikationsverantwortlichen Abteilung/Person und jenen Mitarbeitern, die die Dienstleistung tatsächlich erbringen
- Missverständliche Aussagen und Interpretationsspielräume in Kommunikation

GAP 5: Diskrepanz zwischen der vom Gast erwarteten und der durch das Unternehmen tatsächlich erbrachten Leistung (vom Gast subjektiv erlebt bzw. wahrgenommenen). Diese zentrale fünfte Lücke lässt sich am schwierigsten beherrschen; kann aber durch die Reduktion anderer Gaps etwas reduziert werden.

Im Rahmen einer Wellness-Leistungserstellung bedarf es also einer prozess- und phasenorientierten Betrachtung, bei der das Management kundenorientiert ansetzen muss. Nur wenn alle Prozesse und Phasen (vgl. Abbildungen 93 und 94) exzellent gestaltet und organisiert sind, wird sich auch bei den Kunden Zufriedenheit einstellen. Der Potenzialphase kommt besondere Bedeutung im Rahmen der Kundenakquisition hinsichtlich der Kundenerwartungen zu. Die beiden anderen Phasen bewirken den Zufriedenheitsgrad.

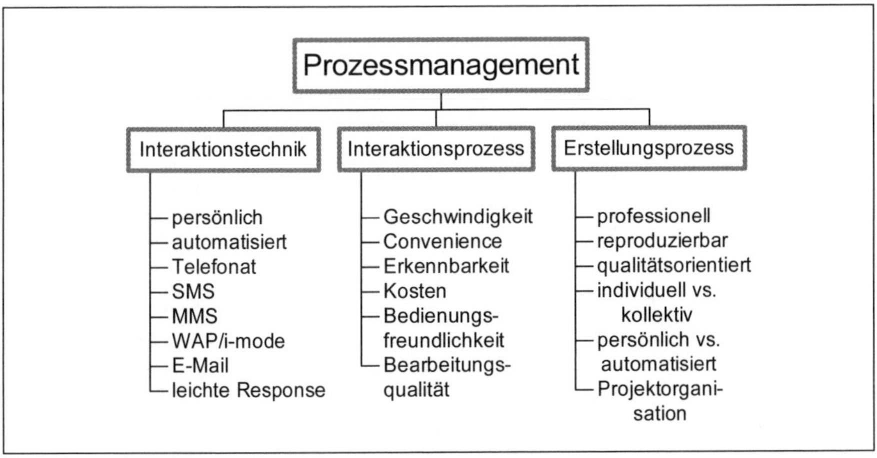

Abbildung 94: Optimales Management der Prozesse erzeugt Kundenzufriedenheit

Neben dem Erstellungsprozess der Wellnessleistung, der vor allem professionell durchgeführt und möglichst jederzeit in gleicher Weise und Qualität reproduzierbar sein sollte, kommen den Faktoren Convenience, Geschwindigkeit oder Bedienungsfreundlichkeit im Interaktionsprozess große Bedeutung zu. Dafür ist die passende Interaktionstechnik zu wählen (vgl. Abbildung 94), alles Managementaufgaben, die zum Erfolg beitragen.

Ebenfalls großen Einfluss auf den Erfolg beim Kunden hat die Ausstattung bzw. das Erscheinungsbild der Räumlichkeiten, in denen ein Kunde eine Wellnessleistung erwirbt und in denen diese Leistung erbracht wird (vgl. Abbildung 95). Wenn alles zusammenkommt, was ein Kunde erwartet und ihn zusätzlich etwas positiv überrascht, sind die Weichen günstig gestellt. Es ist allerdings nicht nur auf die Erscheinung bzw. Wirkung physisch erlebbarer Räume, sondern auch virtueller Räume zu achten, um Kunden erfolgreich anzusprechen. Nicht außer Acht zu lassen ist dabei, dass Kunden möglicherweise suboptimale Empfangsgeräte besitzen, die das von Wellnessunternehmen gewünschte Erscheinungsbild nicht zustande kommen lassen können. Hier muss vorausschauendes Management auch Vorsorge treffen, um den Erfolg nicht zu gefährden.

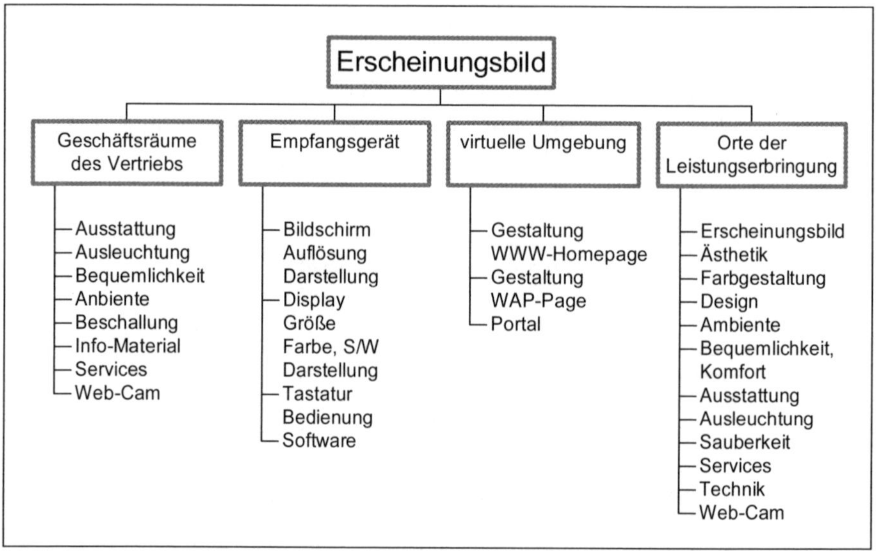

Abbildung 95: Ausstattung und Erscheinungsbild beeinflusst Zufriedenheit der Kunden

8 Erfolgsfaktor Mensch und Führung

Wie schon früher angesprochen trägt der menschliche Faktor bei den meisten Wellnessleistungen einen großen Teil des Erfolgs oder auch Misserfolgs. Bei der Darstellung des GAP-Modells (vgl. Kap. 7) wurde bereits deutlich, an welchen Stellen einer Leistungserstellung es zu Problemen im Kundenkontakt bzw. in der Kundenorientierung kommen kann. Daher ist eine gute Führung und Personalpolitik ein wesentlicher Erfolgsfaktor im Wellnesssektor.

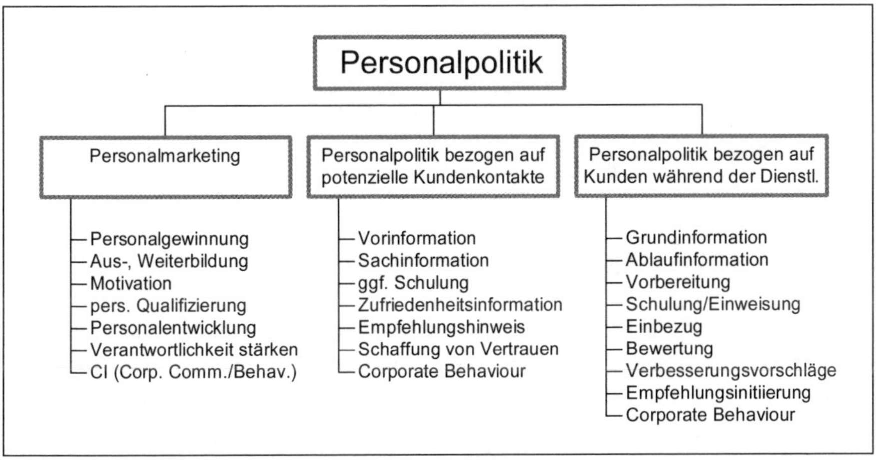

Abbildung 96: Felder der Personalpolitik im Wellnesssektor

Grundsätzlich geht es in jedem Wellnessbetrieb zunächst darum, überhaupt Mitarbeiter mit der notwendigen Qualifikation zu finden. Dazu bedarf es einer richtigen Ausgestaltung des externen Personalmarketings (vgl. Abbildung 96) im Hinblick auf die Kommunikation (Anzeigen, Messen ...) sowie des internen Personalmarketings mit einem geeigneten Auswahlverfahren (Recruitment) bis zur Gewinnung der „richtigen Mischung" an Mitarbeitern (Diversitiy Management) und zu wirkungsvollen Maßnahmen zur Vermeidung von Personalfluktuation. Die Mitarbeiterfluktuation wird durch Motivationsfaktoren (Status, Werte, Gestaltungsspielraum, Arbeitsklima ...), Anreizsysteme (Zulagen, Karriereperspektiven ...), systematische Weiterbildung und -entwicklung sowie durch den herrschenden Führungsstil (autoritär (autonom) beeinflusst (vgl. Abbildung 97). Die Gewinnung adäquat qualifizierten Personals wird wiederum erleichtert, wenn in der Öffentlichkeit ein positives Bild des Wellnessanbieters existiert, das durch alle internen Stakeholder mit geprägt wird. So ist eine Verzahnung der unterschiedlichen Aktivitäten im Sinne einer positiven Positionierung des Wellnessanbieters notwendig.

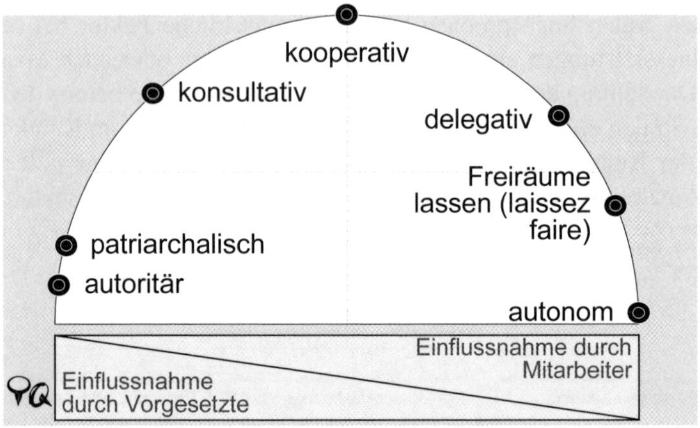

Abbildung 97: Führungsstile beeinflussen Motivation und Leistungsergebnis

Eine erfolgreiche Personalpolitik muss zunächst das Augenmerk auf den Kundenkontakt durch das eigene Personal richten. Am Anfang steht meist ein Beratungsvorgang, der i. d. R. (mit Ausnahme von Selbstbedienung) dem Kauf (oder der Buchung) einer Wellnessleistung voran geht. Dabei gilt es für die Mitarbeiter, die Kunden so umfassend und korrekt zu informieren, dass eine richtige Erwartungshaltung erzeugt wird. Denn Zufriedenheit mit der Leistung stellt sich nur dann ein, wenn die Kundenerwartung zumindest erfüllt, besser sogar übertroffen wird (vgl. Kapitel 6).

Es gibt eine Vielzahl von Untersuchungen und empirischen Erhebungen, die belegen, dass es einen klaren Zusammenhang zwischen Mitarbeiterzufriedenheit und Kundenzufriedenheit gibt. D. h. also, je zufriedener die Mitarbeiter des Wellnessunternehmens, desto zufriedener sind die Kunden mit der Leistung oder Beratung und umgekehrt (Wechselwirkung).

Die Gleichzeitigkeit von Leistungserbringung und Leistungskonsum von Wellnessdienstleistungen macht Mitarbeiter zum „Qualitätsträger". Die Mitarbeiter eines Wellnessunternehmens müssen stets so gut geschult und informiert sein, dass sie diese Anforderungen erfüllen können. Damit die Kunden darauf vertrauen können, immer wieder eine gleich gute Wellnessleistung zu erhalten, sollten in Wellnessunternehmen alle Vorkehrungen getroffen werden, die Leistungen gleichartig reproduzierbar zu machen. Dies kann durch genaue Vorgaben, schriftliche Unterlagen und wiederholtes Einüben erreicht werden.

Zur Schulung gehört auch ein einheitliches Auftreten in der Außenwirkung i. S. d. Corporate Behaviour (vgl. auch Kapitel 9). Einheitliches konsistentes Verhalten wirkt bei potenziellen Kunden vertrauensfördernd. Dem Ziel, Vertrauen in die angebotene Leistung zu erzeugen, dient auch das Einflechten von Zufriedenheits- und Empfehlungshinweisen früherer Kunden.

Die Kommunikation während der Dienstleistung muss sich ebenso an den Maßstäben des Corporate Behaviour und der Corporate Communication eines Wellnessunternehmens messen lassen, wie die sonstige Kommunikation. Die richtige Vorbereitung und Information der Kunden ist besonders wichtig für den Erfolg der Dienstleistung, insbesondere wenn diese quasi an der Dienstleistungserstellung mitwirken müssen (Massage, Anwendung, Stimmung in Wellnesshotel oder Reisegruppe ...).

Gleichzeitig sollte versucht werden, den Kunden positive Rückmeldungen abzugewinnen, um diese zu verstärken und ein Zufriedenheitsgefühl erzeugen bzw. verstärken zu können. In diesem Fall sollte auch die Anregung zu einer Weiterempfehlung durch den Kunden erfolgen. Verbesserungsvorschläge der Kunden und ggf. Beschwerden sind angemessen aufzunehmen und umzusetzen (Kunde ernst nehmen!).

Das gesamte Feld der Kundenkommunikation ist hochsensibel und vom kulturellen Hintergrund der handelnden Personen geprägt. Daher birgt es auch mannigfaltige Möglichkeiten zu Missverständnissen, Unzufriedenheit und Ärger. Es bedarf also einer (kulturell) adäquaten Einstellung auf die Kunden und ihre Bedürfnisse, wozu einschlägige Informationen, Erfahrungen und Schulungen dienlich sind. Die notwenigen Eigenschaften werden heute meist als Skills und Soft-Skills bezeichnet (vgl. Abbildung 98).

Um das, was Sie leisten sollen, auch optimal umsetzen zu können, müssen die Mitarbeiter es zunächst ganz und gar verstehen, doch letztendlich ist es unabdingbar, dass sie es dann auch wollen (ggf. muss Änderungsbereitschaft erzeugt werden). Hierzu bedarf es u. a. üblicher Instrumente zur Motivation (Gehalt und Nebenleistungen, Statussymbole ...) und zur Weiterentwicklung der Mitarbeiter. Weiterbildung (z. B. durch IHKn oder den WHD zum Wellnessberater und Wellnesstrainer), persönliche Qualifizierung und Übertragung zusätzlicher Verantwortung sind probate Hilfsmittel dazu (vgl. Abbildungen 96 und 98). Optimal wäre ein Arbeitsumfeld, in dem sich die Mitarbeiter zu engagierten, selbständig denkenden und eigenverantwortlich handelnden Mitunternehmern entwickeln können und außerdem in die Qualitätsverantwortung einbezogen werden, um so zu einer guten Gesamtleistung beizutragen.

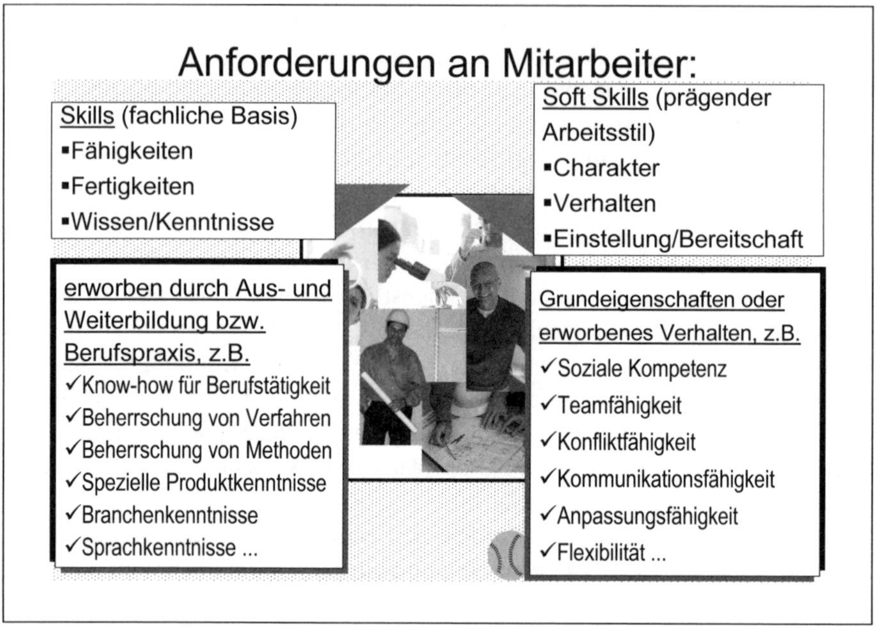

Abbildung 98: Skills und Soft-Skills für den Erfolg der Wellnessleistung

Jeder Mitarbeiter trägt mit seinen Denk- und Verhaltensmustern, seinen Werten und Normen zur Unternehmenskultur bei. Diese findet ihren Ausdruck u. a. in der Art der Kommunikation und Handlungen (Gebräuche, Verhalten ...), die wiederum auf die Kunden und andere Stakeholder des Wellnessbetriebs wirkt. Formen und Instrumente interner Unternehmenskommunikation mit Außenwirkung sind:

- Interne Mitteilungen, Informations- oder Rundschreiben, auch per E-Mail,
- Intranet, Schwarze Bretter, Mitarbeiterzeitschriften/-zeitungen,
- Betriebsversammlungen, Business TV,
- Informationsfilme/-videos/-DVDs,
- Mitarbeiterstammtische, Betriebsausflüge,
- Jubiläen, Auszeichnungen ... .

9 Erfolgsfaktor Kommunikation und Verkauf

Wie auch schon in den Kapiteln 6–8 angesprochen ist die Art und Umfang der Kommunikation ein entscheidender Faktor, um Kundenzufriedenheit zu erreichen. Zunächst bedarf es eines tiefer gehenden Verständnisses für die avisierten Zielpersonen/-gruppen am besten auf der Grundlage eines guten Databasemanagementsystems. Nur auf Basis guter Kundenkenntnis lassen sich die Kommunikationsbotschaften richtig wählen und wirkungsvoll verschlüsseln damit sie gut verstanden werden und zum Kauf/Erwerb der Wellnessleistungen führen.

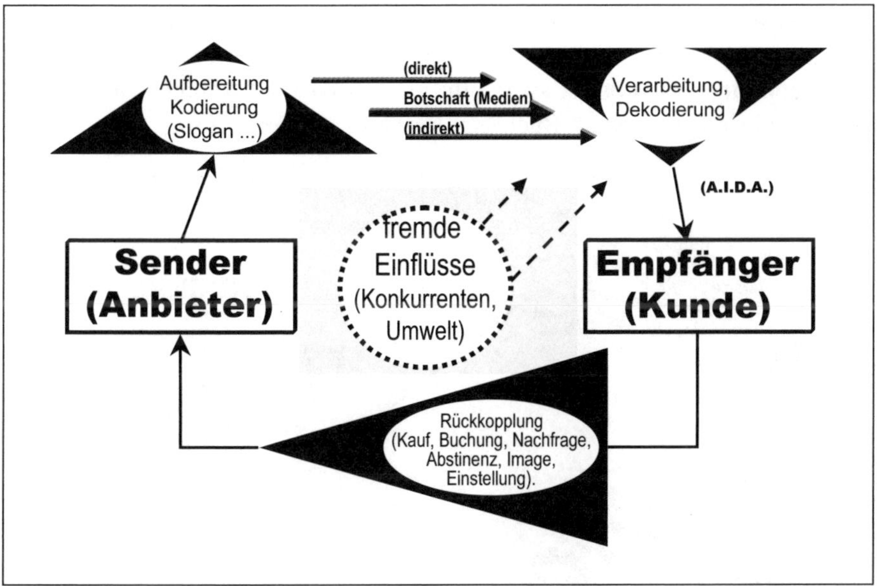

Abbildung 99: Schematisch dargestellter Kommunikationsablauf

Um die Fallstricke in der Kommunikation aufzuzeigen ist es wichtig, sich zunächst einmal den genauen Ablauf jedweder Kommunikation vor Augen zu führen (vgl. Abbildung 99). Das Grundmodell der Kommunikation verdeutlicht dabei die möglichen Problemfelder, die es zu umschiffen gilt, um erfolgreiche Kommunikation zu erreichen.

Ein Wellnessanbieter muss seine Kommunikation bzw. Werbebotschaft so verschlüsseln, dass der Empfänger (Kunde, Gast ...) diese auch tatsächlich im gewünschten Sinn entschlüsseln kann. Dabei kommt es auch auf die richtige Wahl des Übertragungsmediums zielgruppengerecht, ohne missverständliche Wirkung ... an. Fremde Einflüsse (z. B. Werbung der Konkurrenz) kann bei einer Direktansprache weitgehend ausgeschlossen werden (vgl. Abbildung 99). Weiterhin muss auch eine Entscheidung getroffen werden, ob eher eine klassische (klar erkennbare, „above the line“) Kommunikation oder eine sog. (unterschwellige) „below-the-line“ Kommunikation (Events, Sponsoring...) zur Ansprache potenzieller Wellnesskunden gewählt werden soll. Diese Entscheidung wird zunehmend unter Zielgruppen- und Dialoggesichtspunkten zu treffen sein, um Kunden besser einzubinden (Vertrauen erzeugen).

Insbesondere hinsichtlich der Dekodierung der Werbebotschaften müssen auch die (potenziellen) Wellnesskunden näher betrachtet werden. Welche Interessen, Bedürfnisse, Wünsche oder Ängste haben sie? Wie sind sie durch die soziale Umwelt, Freunde, Familie, Beruf oder andere Beziehungen geprägt? Nur, wer seine Kunden kennt, kann sich soweit in diese versetzen, dass er eine Botschaft sendet, die diese auch richtig verstehen (dekodieren) können. Und nur, wenn eine Werbebotschaft richtig verstanden wird, kann es zu einer gewünschten Reaktion (Kauf, Buchung, Anfrage ...) kommen.

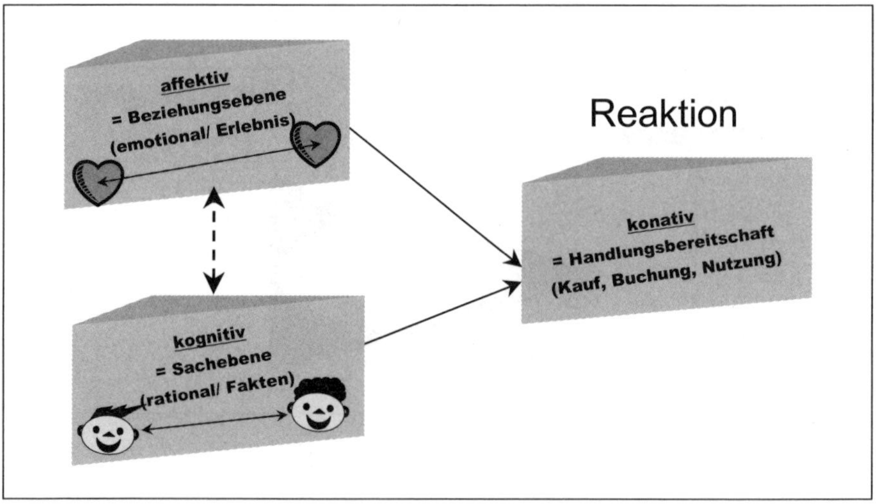

Abbildung 100: Entscheidungsebenen für die Nutzung von Wellnessleistungen

Ausgestattet mit gut nutzbaren Kenntnissen können die „richtigen“ Botschaften formuliert werden. Dabei ist aber zu beachten, dass es zwei Ebenen der werblich-kommunikativen Ansprache gibt: die kognitive und die affektive (vgl. Abbildung 100). Auf der kognitiven Ebene lassen sich die Fakten bzw. Vorteile einer Wellnessleistung darstellen und kommunizieren. Aber inzwischen hat sich herausgestellt, dass die meisten Kaufentscheidungen nicht (nur) auf Basis von Fakten getätigt werden. Alle Kunden wollen bei ihrer Einkaufsentscheidung eine gefühlsmäßige Zufriedenheit erreichen, die meist erst auf der affektiven Ebene entsteht. Daher ist bei einer werblichen Ansprache der Wellnesskunden die affektive Ebene vorrangig anzusprechen. Die meisten Kauf- oder Nutzungsentscheidungen werden (überwiegend) emotional getroffen, dabei dienen Fakten nicht selten lediglich zur logisch rechtzufertigenden Begründung der Einkaufsentscheidung. Die richtige Gewichtung beider Ebenen führt zur gewünschten Entscheidungsbasis auf der konativen Ebene (vgl. Abbildung 100).

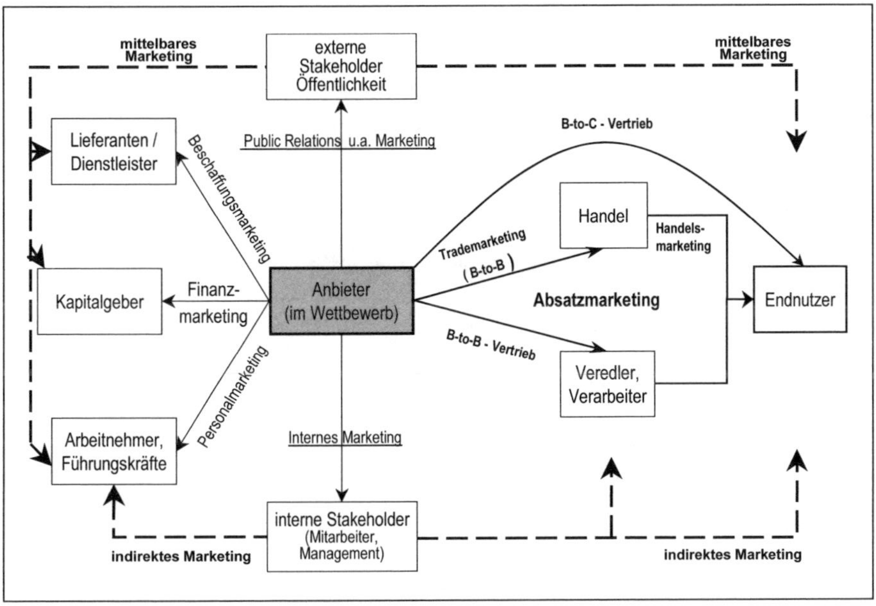

Abbildung 101: Kommunikationsgeflecht eines Wellnessanbieters

Jeder Anbieter von Wellnessleistungen sollte sich auch seine kommunikativen Beziehungen im Markt vor Augen führen. Wie kommuniziere ich mit den Kunden: direkt oder indirekt (z. B. über Drogerie, Bio-Supermarkt, Naturfachhandel, Reiseveranstalter, Fitnessstudio oder Hotel)? Mit wem kommuniziere ich, der auch noch im kommunikativen Kontakt (sozialen Umfeld) zu meinen Kunden steht? Was wirkt sich wie auf das eigene (Marken-)Image in der Öffentlichkeit bzw. bei den Kunden aus (vgl. Abbildung 101)? Und wie lässt sich dieses Image erhalten, ändern oder verbessern? Welches sind die besten Kommunikationsinstrumente zur Ansprache meine Kunden (vgl. Abbildung 102)?

Der Einsatz der Kommunikationsinstrumente verursacht bedingt durch die Kosten der ausgewählten Kommunikationsmedien tendenziell die höchsten Kosten innerhalb der Marketingbudgets. Daher bedarf es unter Effektivitätsgesichtspunkten einer sorgfältigen Planung und Budgetierung.

Um einen effektiven und strategisch erfolgreichen Einsatz der Kommunikationsinstrumente sicher zu stellen, muss berücksichtigt werden, dass heutzutage alle Menschen mit ihren Bedürfnissen ernst genommen und häufig aktiv eingebunden werden wollen. Daher bedarf es einer veränderten Ansprache, nämlich des Direkt- bzw. Dialogmarketings (Beziehungsmarketing) sowie der wirklichen Berücksichtigung der Kundenwünsche. Auch Wellnesskunden wollen meist nicht ungefragt übermäßiger Werbung zum unerwünschten Zeitpunkt ausgesetzt sein; Pull-Marketing und Permission Based Interaction sind daher anstelle des traditionellen Push-Marketings eher gefragt. Auch wollen die potenziellen Kunden über die von ihnen präferierten Kanäle kommunizieren können. Daher wird ein Multi-Kanal-Ansatz (vgl. auch Abbildung 103) immer wichtiger.

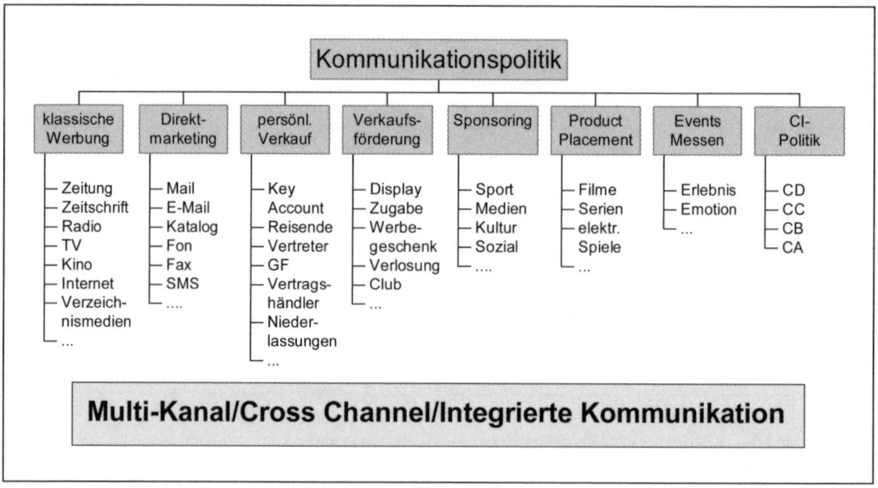

Abbildung 102: Kommunikationsinstrumentarien im Wellnesssektor

Klar und eindeutig formulierte Kommunikationsziele sind Ausgangspunkt jeder Kommunikationsstrategie und der dazugehörigen Maßnahmen: z. B. dem Erreichen einer bestimmte Kontaktzahl zu potenziellen Kunden, dem Erzielen eines bestimmten Interessens- oder Aufmerksamkeitsgrades, eine positive Gefühlswirkung oder das Auslösen einer bestimmten Anzahl von Käufen bzw. Buchungen (in Zukunft mit Hilfe von Event-Meetings, Fan-Clubs oder Themen-Clans?). Unter dieser Vorgabe ist dann die Entscheidung über eine eher direkte oder eher indirekte werbliche Ansprache zu treffen. Je nach Präferenz sind dann diejenigen Kommunikationsmedien auszusuchen, die den Anforderungen der Werbung treibenden Wellnessanbieter am besten gerecht werden.

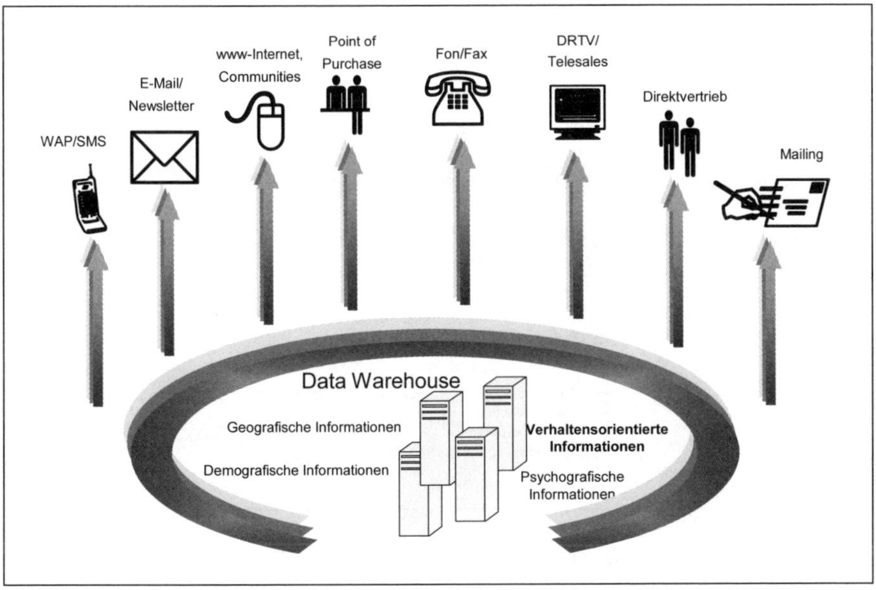

Abbildung 103: Direkte Kommunikation im Wellnesssektor baut auf Kundendialog

Bei der Wahl einer differenzierten Kommunikationsstrategie sollten die jeweils am besten zu den Zielgruppen passenden Medien (Special Interest Zeitschriften, Fachzeitungen, Kino, Regionalradio...) mit einer angemessenen Werbeintensität ausgewählt werden. Das Internet lässt sich sowohl zur Unterstützung der Vertriebskanäle als auch zur direkten Kundenansprache nutzen und weitgehend mit regionalen oder zielgruppenspezifischen Inhalten differenzieren. Ggf. ist auch eine Dachkampagne mit regionalen Ausprägungen (Tageszeitungen) sinnvoll, um die Wellnesskunden optimal und effizient zu erreichen.

Es gibt verschiedene Werbeformen, die generell ihre Anwendung finden können (vgl. Abbildung 104), egal ob es sich um gewinnorientierte Werbung oder nicht direkt gewinnorientierte Werbung einer Wellnessdestination oder Wellnessorganisation handelt. Meist dominiert in den Absatzmärkten die alleinige Unternehmenswerbung, doch finden sich bei ergänzenden Leistungen auch kooperative Werbeformen. Wellnessunternehmen konzentrieren ihre Werbung im Wesentlichen auf den Absatz ihrer Wellnessleistungen (Leistungsmarken), wobei die Ersteller der Leistung gelegentlich andere Ziele als die Leistungsmittler verfolgen. Leistungsmittler wollen Kunden an die Einkaufsstätte binden und ihnen vermitteln, dass es bei keinem anderen Mittler die Leistungen so gut, so günstig oder überhaupt zu haben gibt.

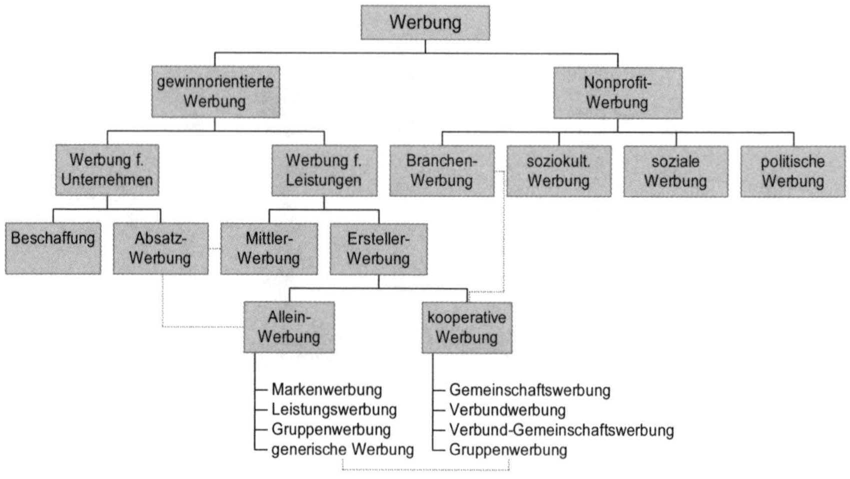

Abbildung 104: Wellnessleistungen können auf unterschiedliche Weise beworben werden

Unternehmenswerbung in der Wellnessbranche umfasst allerdings auch andere Aspekte als nur das reine Leistungsangebot, denn häufig stehen dort Unternehmensname und -image im Mittelpunkt der Werbung. Das Unternehmensimage soll seine positive Wirkung zwar in erster Linie auf die Kunden entfalten in zweiter Linie aber auch auf die Lieferanten, Partner und die eigenen (potenziellen) Mitarbeiter. So kann das Unternehmen auch seine Position auf den Beschaffungsmärkten für Vorleistungen/-erzeugnisse, Dienstleistungen, Finanzen oder Personal stärken.

Im Weiteren ist die Art der Werbung bzw. der Werbekanäle zu berücksichtigen. So gibt es bei den verschiedenen Zielgruppen oft eine unterschiedliche Nutzung der einzelnen Medien. Neuerdings spielen auch das Internet sowie andere elektronische (und dialogorientierte) Kommunikationsmittel als Werbeträger eine immer größer werdende Rolle (Online-Werbung, Newsletter, E-Mails, Communities, Blogs ...). Diese Kommunikationsmittel können sowohl für die direkte als auch indirekte (unterstützende) Kundenansprache genutzt werden.

Je nach Werbeträger stehen unterschiedliche Werbemittel zur Kundenansprache zur Verfügung. So lässt sich beispielsweise in einem gedruckten Medium eine Anzeige, eine PR-Information oder eine Beilage platzieren. Dann sollte noch für eine Responsemöglichkeit (Coupon, Faxformular, Postkarte, Telefonnummer oder E-Mail-Adresse) gesorgt werden. Gerade Coupons sind sehr effektiv, um mit diesem Berechtigungsnachweis bestimmten Gruppen von Kunden (bis) zu einem bestimmten Zeitpunkt einen spezifischen Vorteil für ein vom Wellnessanbieter gewünschtes Verhalten zu gewähren. Coupons finden sich gedruckt in Zeitungen, Zeitschriften oder Prospekten/Handzetteln sowie als Beilagen oder zum direkten Verteilen, elektronisch via Internet (E-Coupon) oder als Mobil-Coupon. Coupons bieten Preis- oder Mengenvorteile (Rabatt- oder Bundling-Coupons), eine Zugabe, eine besondere Präferenzschaffung oder Informationsmöglichkeit und sie dienen dem Dialog mit den Kunden. Kundenzeitungen haben sich ebenfalls als ein allseits anerkanntes Kommunikationsmittel zur Kundenansprache und Kundenbindung etabliert.

Inzwischen haben sich die Kunden daran gewöhnt, auf unterschiedlichen Kommunikationswegen zu kommunizieren, und erwarten daher auch von Wellnessunternehmen, dass diese auf verschiedenen Wegen erreichbar sind. Werbung mit Responsemöglichkeit für die Kunden auf unterschiedlichen Kanälen (Multi-Kanal-Dialogmarketing) wird bevorzugt, so dass jeder Kunde Zeitpunkt und Art der Kontaktaufnahme mit dem Unternehmen zu Kauf- oder Informationszwecken weitgehend selbst bestimmen kann (Pull-Marketing und Permission-Marketing an Stelle von Push-Marketing).

Direkt- oder besser Dialogmarketing erweist sich unabhängig aller Präferenzen zunehmend als effektiver im Vergleich zum traditionellen Massenmarketing, da interessierte Kunden individuell angesprochen werden können. Diesen kann dann auch ein möglichst individuelles, maßgeschneidertes Dienstleistungsangebot gemacht werden, wenn ausreichend Informationen über seine Präferenzen vorliegen (vgl. Abschnitt 4.2). Dialogmarketing hilft dabei, Akzeptanz und Vertrauen bei (potenziellen) Kunden zu erzeugen und zu verstärken, denn passive Kunden gehören der Vergangenheit an, wie die Millionen von Bloggern (Webloggern) und Teilnehmern an Chats und Communities belegen.

Allerdings gibt es auch heute noch Personenkreise, die sich nur schwer durch Dialogmarketinginstrumente ansprechen lassen, da ihre Dialogbereitschaft sehr gering oder gar nicht vorhanden ist. Die Gruppe der sog. „Dialogirrelevanten", die weder dialogfähig noch dialogbereit ist, sollte grundsätzlich mit anderen Kommunikationsmaßnahmen angesprochen werden, um sie als Kunden zu gewinnen. Die Gruppe der „Dialogdilettanten" (meist Laien) ließe sich ggf. durch Schließen ihrer Kompetenzlücke zum Dialog motivieren, da sie grundsätzlich an einem Dialog über interessante Dienstleistungen interessiert ist. Am besten eignet sich selbstverständlich die dialogaffine Gruppe der sog. „Dialogprofis“, die sowohl bereit als auch in der Lage ist, den Dialog mit professionellen Kommunikatoren zu suchen oder dies sogar ausdrücklich wünscht.

Immer häufiger werden auch Events als organisiertes Beziehungsprogramm eingesetzt, um die gewünschten Bindungs- und Motivationsziele zu erreichen. Events sind erlebnisorientierte Veranstaltungen, die einzigartige, positive Emotionen (Verlassen der Alltagswelt) wecken, eine nachhaltige Erinnerung an die Angebote erzeugen, eine persönliche Interaktionsmöglichkeit bieten und ein verbindendes „Wir-Gefühl“ schaffen sollen. Events werden strategisch zur direkten Kundenbindung, zur Imageverbesserung, zur Neukundengewinnung, zur Erzeugung von Aufmerksamkeit und Steigerung der Bekanntheit, zur Motivation und Kontaktpflege und zur Bildung sozialer Netzwerke veranstaltet.

Das Sponsoring ist eine bei vielen Kunden hochgradig akzeptierte Form werblicher Unternehmenskommunikation. Bestimmte Formen des Sponsorings bieten darüber hinaus eine gute Möglichkeit, ein Wellnessunternehmen als vertrauenserweckendes und reputiertes Unternehmen darzustellen. Ein Sponsor stellt dem Gesponserten Geld und/oder Sachmittel zur Verfügung und erhält eine konkrete Gegenleistung, die zur Erreichung der unternehmerischen Ziele beitragen soll (Leistung – Gegenleistung).

Als besonders wichtigen Bereich der Kommunikationspolitik ist die Corporate Identity-Politik zu betrachten. In der Corporate Identity (CI) und ihren Teilbereichen kommt die Unternehmensidentität bzw. Corporate Mission (CM) zum Ausdruck (vgl. Abbildung 105). Die wichtigsten Teilbereiche der CI sind das Corporate Design (CD), die Corporate Communications (CC) und das Corporate Behaviour (CB), neuerdings kommt aber auch dem Bereich der Corporate Acoustics (CA) eine steigende Bedeutung zu.

Das Corporate Design (CD) ist die visuell-formale Gestaltung der Unternehmens- bzw. Anbieterpersönlichkeit, die ihre Ausprägung in Firmen- oder Markennamen, Logos, Zeichen, Farbgebung, Schrift, Gestaltung bzw. Design findet. Das CD kommt z. B. in Briefbögen, Anbieterbroschüren/-katalogen, ergänzenden Produkten, Gebäuden, Fahrzeugen oder in einer uniformen Kleidung zum Ausdruck.

In Corporate Communications (CC) kommt die Art und Weise interner und externer Kommunikation zum Ausdruck. Die Kommunikation kann persönlich oder unpersönlich, schriftlich, digital oder elektronisch sein. Intern wird an der Art der Kommunikation Mitarbeiterorientierung, das Führungsverhalten, die Organisationsgrundsätze oder die Offenheit deutlich. Die externe Kommunikation äußert sich in öffentlichen Verlautbarungen (PR), Werbebotschaften und -slogans (Corporate Advertising), Geschäftsberichten, Geschäftsbriefen, Beschwerdemanagement etc.

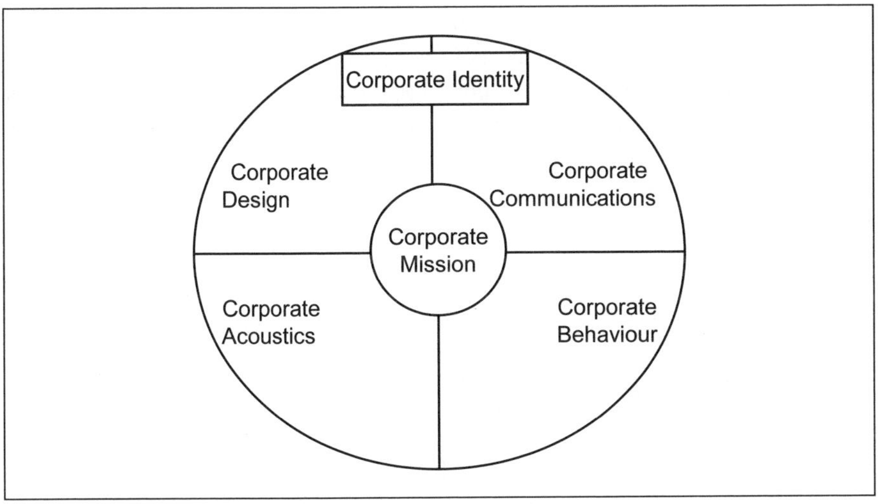

Abbildung 105: Teilbereiche der Corporate Identity

Corporate Behaviour (CB) hat ebenfalls eine interne und eine externe Komponente. In ihr wird das Organisationsverhalten auf dem Absatzmarkt (aber auch dem Beschaffungs-/Arbeits- oder Finanzmarkt) verkörpert, z.B. im Umgang mit Kunden und Mittlern (Leitbild), aber auch intern mit den eigenen Mitarbeitern, die wiederum extern agieren. Intern sind u. a. Werte, Normen, Verhaltensregeln, Hierarchien, Offenheit, Kunden- oder Innovationsorientierung von Bedeutung (abgeleitet aus der Unternehmenskultur/Corporate Culture).

Zusätzlichen Ausdruck erhält die Unternehmenspersönlichkeit der Dienstleister auf akustischer Ebene durch die Corporate Acoustics (CA). Musik und Klänge/Töne erregen Aufmerksamkeit, schaffen Emotionen und transportieren damit die gewünschten Botschaften. Dies haben Unternehmen wie Beck's Bier, Coca Cola oder Bacardi Rum aber auch einige Reiseveranstalter und Destinationen längst erkannt und setzen auf Musik, um Freiheit und Abenteuer als Erlebniswelten zu kommunizieren. Die Telekom setzt nicht nur auf die optische T-Marke sondern kommuniziert zusätzlich fünf helle Klaviertöne als akustische Erkennungsmarke.

Der Corporate Identity-Politik als Kommunikationsinstrument fällt die strategische Aufgabe zu, die Teilbereiche (CD, CC, CB, CA) aufeinander abzustimmen und zu integrieren. So positioniert sich ein Anbieter mit Hilfe der CI eindeutig und damit können sich auch alle Mitarbeiter (interne Stakeholder) leicht mit diesem identifizieren. Die CI erzeugt allerdings als Corporate Image auch eine starke Außenwirkung auf die externen Stakeholder und die Öffentlichkeit (vgl. Abbildung 106), insbesondere im Hinblick auf die Vertrauens-

und Glaubwürdigkeit, Akzeptanz oder Zustimmung sowie die Positionierung). Ist dieses Image positiv, werden auch Kunden, Lieferanten oder (Netzwerk-) Partner eine positive Einstellung zum Anbieter und seinen Wellnessleistungen haben. Ist das Image hingegen uneinheitlich oder negativ, wird dies auch ein entsprechendes Bild in der Öffentlichkeit erzeugen. Damit kommt der CI-Politik eine zentrale Bedeutung im strategischen Management zu.

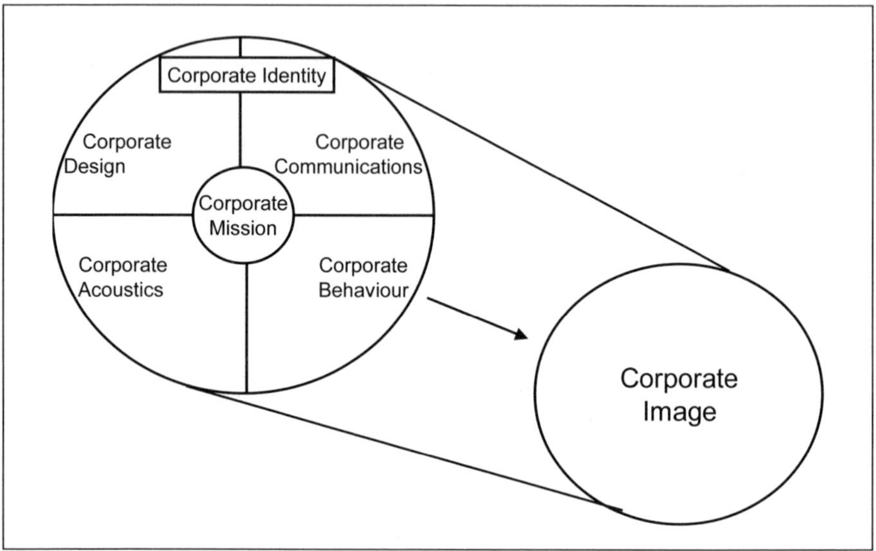

Abbildung 106: Corporate Identity erzeugt stimmiges Corporate Image

Neben den dargestellten Instrumentarien, die klar planbar und steuerbar Wirkung bei den Kunden erzeugen, gibt es weitere Kommunikationsinstrumente für die Anbieter der Wellnessbranche, deren Wirkung nicht so zielgerichtet ist, die aber trotzdem eine wichtig Funktion erfüllen und relativ kostengünstig sind (vgl. Abbildung 107).

Public Relations (PR) bzw. Öffentlichkeitsarbeit hat das Ziel, Verständnis für unternehmerische Entscheidungen und Vertrauen in die Leistungen eines Wellnessanbieters aufzubauen, und ist daher für Dienstleister besonders wichtig. PR ist das ständige, bewusste und geplante Bemühen, ein dauerhaft positives Image für das Unternehmen, die handelnden Personen und die Unternehmensleistungen zu erzeugen. Dabei muss die PR-Arbeit eng mit den anderen Marketinginstrumenten zusammenwirken, um die gesetzten Unternehmensziele zu erreichen.

Die Öffentlichkeitsarbeit hat zunächst eine Informationsaufgabe, die sich an die Stakeholder und die Öffentlichkeit richtet, um eine verständnis- und vertrauensvolle Einstellung gegenüber dem Wellnessunternehmen zu erreichen. Im Rahmen der Imagefunktion soll ein gewünschtes Firmenimage aufgebaut oder ggf. ein bereits vorhandenes in einer gewünschten Richtung korrigiert werden. PR hat auch eine Beziehungsaufgabe, nämlich den Wellnessanbieter mit seinen externen Stakeholdern in Kontakt zu bringen, sowie eine Führungsfunktion im Hinblick auf die gewünschte Beeinflussung der relevanten Öffentlichkeit.

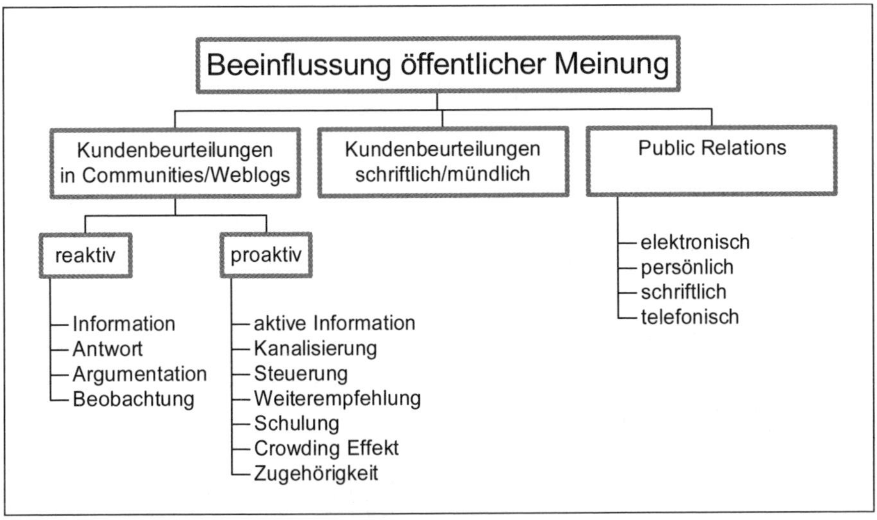

Abbildung 107: Instrumente zur Beeinflussung der breiten Öffentlichkeit

Last but not least kommt der PR-Arbeit eine existenzerhaltende Funktion für jedes Wellnessunternehmen zu, indem sie das Unternehmen glaubwürdig in der Öffentlichkeit darstellt. Insbesondere in Krisenzeiten kann ein Unternehmen dann auf einen gewissen Goodwill zählen. Wenn PR erst in Krisenzeiten begonnen wird, wird dies eher schwierig oder sogar gänzlich unmöglich sein. Krisen-PR heißt, auf evt. Krisensituationen langfristig und gut vorbereitet zu sein. Mit Hilfe der Szenario-Technik sollten alle Eventualitäten/Risiken sorgfältig durchgespielt werden, zumal es Rückwirkungen aus einem Markt in andere Märkte geben kann. Instrumente der Öffentlichkeitsarbeit, die meist auch eine interne Wirkung entfalten, sind u. a.:

- Presseinformationen (schriftlich/elektronisch in Wort, Bild und Ton),
- Pressekonferenzen,
- Journalisteneinladungen,
- Internet-Homepage,
- Redaktionelle Beiträge,

- Interviews,
- Jubiläumsveranstaltungen,
- Empfänge,
- Tage der offenen Tür,
- Ausstellungen, Road Shows,
- Besichtigungen für Schulklassen etc.,
- Vorträge,
- Seminare,
- Geschäfts-/Umwelt-/Sozialberichte,
- Informationsbroschüren, -Filme, -Videos, -CDs, -DVDs,
- Firmenschriften (Kunden-, Fest-, Jubiläums-...),
- PR-Anzeigen ...

Kundenbeurteilungen haben stets eine besondere Bedeutung für Dienstleister, z. B. im Beschwerdemanagement, aber auch wenn es um Lob und Empfehlung geht. Gerade positive Kundenäußerungen werden von Wellnessunternehmen gern als Referenzen gegenüber der Öffentlichkeit und den Kunden sowie im Rahmen einer Werbemaßnahme genutzt.

Abbildung 108: Chancen des Viralen Marketings nutzen

Kundenbeurteilungen im Internet (Communities, Blogs, Chats ...) haben inzwischen eine erhöhte Relevanz für alle Unternehmen erhalten, da das Internet prinzipiell jedermann offen steht und jeder jedem seine Meinung mitteilen und Informationen übermitteln kann. So ist es leicht, im Internet Gleichgesinnte oder an bestimmten Wellnessleistungen Interessierte zu finden; diese können sog. Communities u. ä. bilden. Communities oder Weblogs dienen i. d. R. dem

Austausch von Erfahrungen und der gegenseitigen Unterstützung zwischen den Mitgliedern und genießen hohes Vertrauen.

Viele Unternehmen versuchen daher, solche Communities (Weblogs bisher eher weniger) mit ihren Kunden und Interessenten zu bilden, um den gegenseitigen Erfahrungsaustausch zu fördern und möglichst zufriedene Kunden an sich zu binden. Neuheiten, neue Behandlungsmöglichkeiten, PR-Informationen etc. lassen sich so an die Community-Mitglieder vermitteln. Wenn die Community-Mitglieder durchaus untereinander (über Chat, Schwarze Bretter ...) in Kontakt treten können, können allerdings auch negative Informationen im Lauffeuer die Runde machen. Gut geführte Communities werden diese aufnehmen und (gegen-)steuern, um aus negativen Meldungen positive zu machen (ähnlich wie im Beschwerdemanagement).

Allerdings gibt es auch Communities, die ohne Aktivität eines Unternehmens von (potenziellen) Kunden gegründet werden und die sich dem unmittelbaren Einfluss des Unternehmens entziehen (www. ciao. com, www. votello. de ...). In diesem Fall besteht für das betroffene Unternehmen nur die Möglichkeit, die Aktivitäten zu beobachten, auszuwerten und vorsichtig (verdeckt) zu beeinflussen. Eine solche Beeinflussung kann aktiv oder reaktiv erfolgen (Viral Marketing). Inzwischen gibt es ähnliche Ansätze zur Community-Bildung auch in den mobilen Netzen, so dass eine professionelle Bearbeitung dieses Feldes im Sinne einer positiven Imagebildung oder Gefahrenabwehr der Unternehmen notwendig wird.

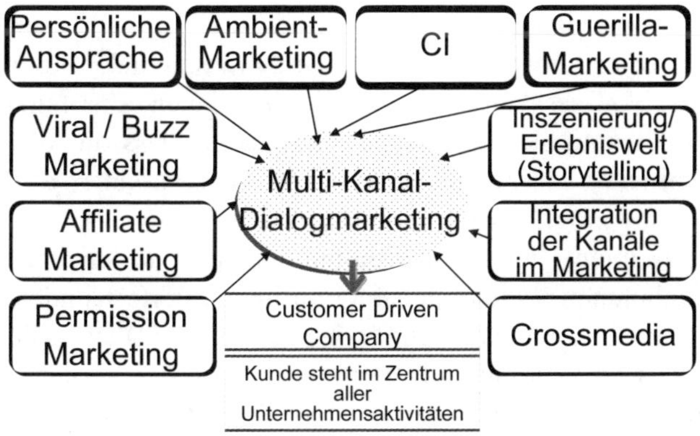

Abbildung 109: Neue Kommunikationsformen, um Wellnesskunden zu erreichen

Gerade für kleinere Wellnessanbieter eignen sich auch einige der neueren Kommunikationsinstrumente, um Ihre Kunden z. T. überraschend, in nicht erwarteten Situationen bzw. Orten zu erreichen: Guerilla-Marketing, Buzz Marketing, Storytelling oder Ambient Marketing sind die entsprechenden Tools (vgl. Abbildung 109).

Guerilla-Marketing ist die Kunst, den Kunden größtmögliche Aufmerksamkeit durch unkonventionelles bzw. originelles Marketing zu entlocken. Guerilla Werbung ist eine neue Form einer an einer Marke orientierten Kundenansprache, die nicht wie die klassische Werbung über feste Werbeplätze funktioniert. Guerilla Werbung hat einen sehr dynamischen Charakter und setzt auf ideenreiche, unkonventionelle und spektakuläre Unterhaltung.

Guerilla Marketing bedeutet eine zeitgemäße Variation eines vorgegebenen Musters sowie die Integration der Marken in eine neue Kommunikationsform und ist damit auch für mittelständische Wellnessunternehmen gut geeignet. Guerilla Marketing ist eine Anspracheform, die nicht im Gegensatz zu bestehenden Markenkonzepten steht, sondern ein zusätzliches Mittel ist, das neuerdings in die Markenidentität investiert und somit die Unverwechselbarkeit sowie Aktualität der Marke stärkt.

Ambient Medien sind nicht klassische, planbare Werbeformate, die im sog. Out-of-Home-Bereich wirken, wo sie im direkten Lebens- und Freizeitumfeld der Zielgruppen installiert werden. Die Kunden werden in ihrem alltäglichen Umfeld („Ambiente") angesprochen. Die Orte und Situationen sind möglichst so, dass die Zielgruppe nicht mit Wellnesswerbung rechnet, dadurch wird für einen wirkungsstarken kommunikativen Auftritt gesorgt (z. B. Einkaufswagen-Werbung, Fußbodenwerbung, Werbung in Bahn oder Bus, Kanaldeckelwerbung, Strandkorbwerbung, Werbung in einer Dusche oder Werbung auf Toilettenpapier und Papierhandtüchern).

Angesichts einer notwendigen multi- und crossmedialen kommunikativen Ansprache der Wellnesskunden bedarf es einer guten Abstimmung bzw. Integration der Kommunikation über alle Kanäle, so dass die Wellnesskunden auf ein einheitliches Erscheinungsbild des Wellnessanbieters treffen und eine Wiedererkennung möglich ist.

Ziel der gesamten Unternehmenskommunikation ist letztendlich der Verkauf der angebotenen Wellnessleistung an interessierte Kunden. Genau wie bei der Kommunikation muss auch für den Verkauf der Wellnessleistungen die grundsätzliche Entscheidung getroffen werden, ob der Verkauf über Mittler (indirekt) oder direkt erfolgen soll. Dabei sind selbstverständlich logistische Aspekte zu berücksichtigen (vgl. Abbildung 110). Die Entscheidung über den Vertriebsweg ist sorgfältig unter Abwägung aller Vor- und Nachteile zu treffen, zumal ein abrupter Wechsel ohne Umsatzeinbußen meist nicht realisierbar ist.

Zunächst ist zu klären, ob es im Wellnessunternehmen überhaupt Kompetenzen zum eigenen Vertrieb der Leistungen oder von Anrechten auf zukünftige Leistungen (z. B. Tickets, Gutscheine ...) gibt, oder ob die Vertriebsleistung nicht besser bei spezialisierten Mittlern aufgehoben ist, z. B. wenn eine längerfristige Vorbuchung notwendig ist, damit die Leistungserbringung, Nutzung oder das Erlebnis zum gewünschten Zeitpunkt bzw. im gewünschten Zeitraum auch sichergestellt ist (vgl. Yield Management). Um einen direkten Vertrieb aufzubauen, entsteht ein höherer finanzieller und personeller Aufwand, doch bei einer relativ kleinen Kundenzahl (z. B. regionaler Anbieter) kann sich auch ein Wellnessanbieter tendenziell leichter für den Direktvertrieb entscheiden. Bei der Notwendigkeit zu einer gewissen Überallerhältlichkeit wird die Hilfe von Absatzmittlern notwendig sein.

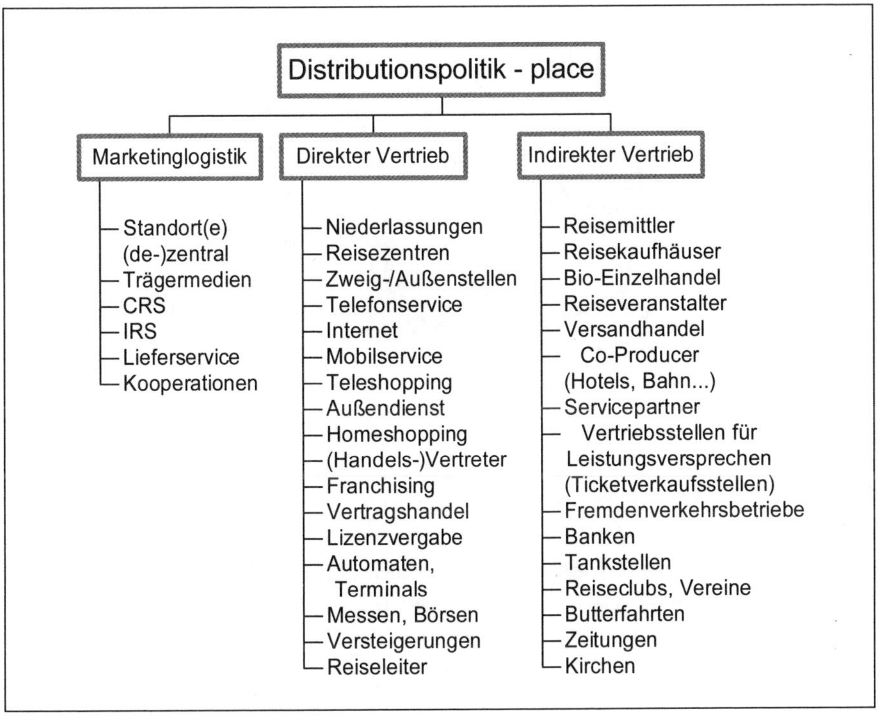

Abbildung 110: Vertriebswege für Wellnessleistungen

Jeder Anbieter von Wellnessleistungen muss heute prüfen, ob sich neben den traditionellen Vertriebswegen nicht auch neue Vertriebswege nutzen lassen. Seitdem es erste Wellnessreisen oder Vitaminpräparate schon beim Discounter oder in TV-Shoppingkanälen gibt, scheint kein Vertriebsweg für Wellnessleistungen ausgeschlossen (lokale Händler in der Nähe, Hochzeitsplaner, Vereine ...). Wichtig ist nur, dass die avisierten Zielgruppen dort auch einkaufen bzw. buchen (vgl. Abbildung 111). Auf Basis guter Kundendaten lassen sich solche erfolgversprechenden neuen Verkaufspunkte lokalisieren und die Zielkundschaft bzw. Schlüsselpersonen (Vorbilder, Idole …) erreichen. Die Future Business Group empfiehlt den Vertrieb über sog. Social-Wellness-Szenarien mittels Event-Meetings, Fan-Clubs, Themen-Clans und Special-Interest-Gruppen als innovative Vertriebsformen. Von dieser Entwicklung werde ein qualifizierter Direktvertrieb profitieren, sofern er das Beziehungsmarketing in den Mittelpunkt stellt.

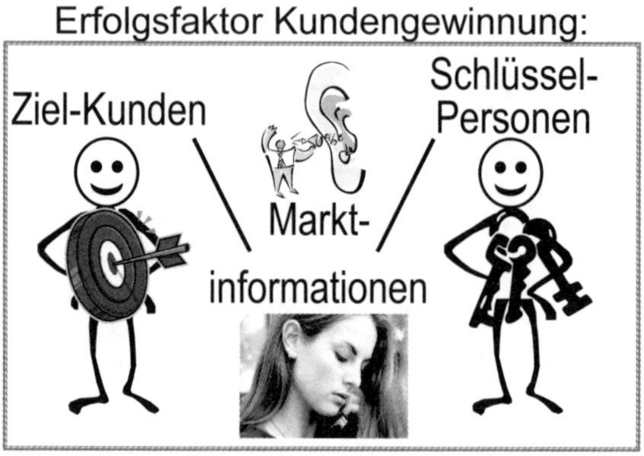

Abbildung 111: Ziel- und Schlüsselkunden exakt erreichen

Eine Discount Hysterie unter den Verbrauchern bzw. Nutzern von Wellnessleistungen ist nicht festzustellen. Hochwertige Wellnesserlebnisse und -produkte sind bisher weder im Discount-Markt noch in den Handelsmarken-Regalen zu finden. Da jetzt eher wieder die Qualität als der Preis im Vordergrund steht, wird sich dies in absehbarer Zukunft auch nicht verändern. Durchaus anders sieht dies nur für einfachere Wellnesserzeugnisse und Wellnesseigenschaften als „add-on“ aus.

Die Preise für Gesichtsbehandlungen liegen z. B. je nach Lage und Größe des Kosmetik-Instituts oder Day Spas zwischen 60 und 90 Euro. Wellnesspakete, die aus einer Kombination von Behandlungen und Leistungen bestehen, beginnen meist bei 100 Euro, können aber auch bis zu 300 Euro und mehr kosten. Der Deutsche Wellness Verband wertet 1 € pro Wellness-Behandlungsminute als einen fairen Preis für eine professionelle und vor allem wirksame Wellness-Leistung.

Mit Hilfe der kontrahierungspolitischen Instrumente (vgl. Abbildung 112) lassen sich Wellnessleistungen hinsichtlich der Dimensionen Preis und Qualität (bzw. Qualitätserwartung) sowie Image (z. B. Premium- oder Low-Price-Angebot) positionieren. Einfluss auf die kontrahierungspolitischen Entscheidungen eines Wellnessanbieters haben die (potenziellen) Kunden, ihre Präferenzen und Kaufkraft, ihre Preisbereitschaft und Arbitrageneigung, die Marktbedingungen, wie Konkurrenz oder Inflationsrisiken, sowie gesetzliche Vorschriften.

Im Zentrum der kontrahierungspolitischen Instrumente steht die Preisbildung bzw. -höhe mit ihren Differenzierungsmöglichkeiten. Bei der Festsetzung der Preise spielen die Kostensituation (Erstellungs-, Distributions-, Miet- und Personalkosten sowie Steuern und Abgaben) und weitere Beweggründe eines Wellnessanbieters (Gewinnerzielung, Risikoausgleich, Auslastung oder Marktstellung) nur noch partiell eine Rolle. Die jeweilige Preisbereitschaft (target pricing) verbunden mit dem Image der Wellnessleistung (Standard oder Exklusivität), die Kaufkraft der Kunden und die gewählte Preisstrategie des Anbieters haben tendenziell eine größere Bedeutung für die Preisfestsetzung. Allerdings führen eine steigende Preistransparenz (Konkurrenz, Internet, Kataloge, einheitliche Währung, eigene Erfahrungen …) dazu, dass solche Strategien im Einzelfall weniger Erfolg haben können. Dennoch gehört einer Preisgestaltung, die strategischen Differenzierungen Raum lässt, eindeutig die Zukunft.

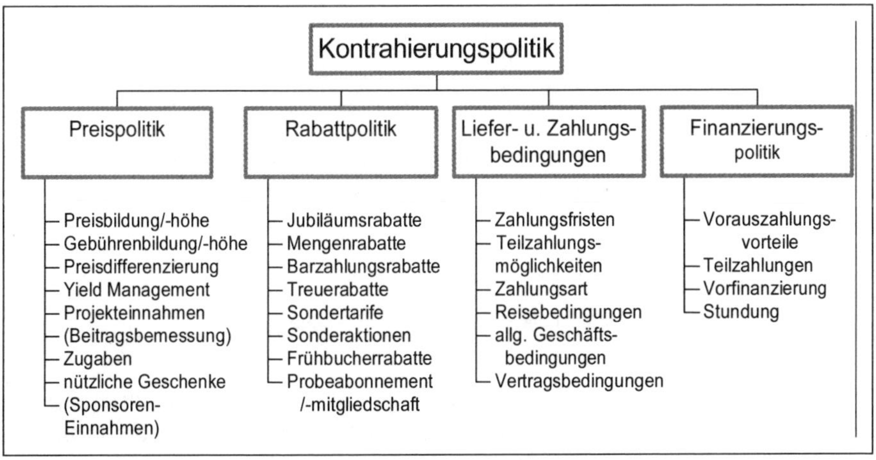

Abbildung 112: Instrumente der Preisgestaltung für Wellnessunternehmen

Neben der geografischen Preisdifferenzierung (z. B. Stadt – Land) gibt es personenkreisbezogene (Studenten, Senioren …), mengenbezogene (Frequent-User, 10-er Karten …), zeitbezogene (Yield Management: Last Minute, Best- oder Tagespreise, Wochenendpreise, günstige Mittagstarife, Abendzuschläge, Happy Hour …) oder verwendungsbezogene Differenzierungen (Preise für Tagungsreisende und Wellnesstouristen). Dabei gibt es unterschiedliche Übungen der Anbieter und differenzierte Erwartungshaltungen je nach den Prägungen der Kunden.

Gerade einem effektiven Yield-Management kommt in der mit Fixkostenblöcken konfrontierten Wellness-Dienstleistungsbranche eine wichtige Bedeutung zu: Denn Yield-Management bedeutet Ertragsoptimierung durch eine Abschöpfung der zahlungsbereiten und -fähigen Kunden (durch Preisstaffelung nach Kundenkategorien). Weitere Gründe sind das Erreichen gewünschter Verkaufs- bzw. Buchungsziele (durch Preisstaffelung nach Einkaufszeitpunkten, wenn schon frühzeitig Anrechte auf die Inanspruchnahme der Wellnessleistungen erworben werden können) und eine regelmäßige Auslastung (Preisstaffelung nach Konsumzeiten, vgl. Abbildungen 113 und 114).

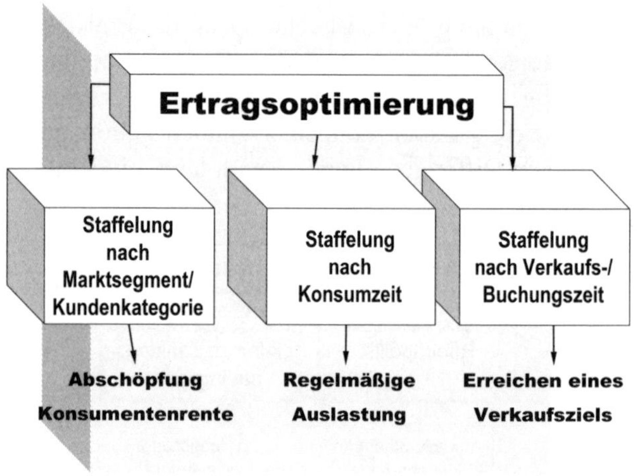

Abbildung 113: Yield Management verbessert Erträge im Wellnesssektor

Manche Wellnessdienstleistungen unterliegen auf Grund von (Betriebs-)Ferien, üblichen Arbeitszeiten, wechselnden klimatischen Bedingungen im Jahresablauf oder Kundenwünschen/-bedürfnissen starken Nachfrageschwankungen. Dies führt zwangsläufig auch zu einem stark schwankenden Auslastungsgrad oder sogar dem Verfall bestimmter Leistungen durch Nichtinanspruchnahme z. B. bei Wellnesshotels, Vitamin-Bars, Skiliften, Schwimmbädern etc; diese Schwankungen wiederum bringen Friktionen für das Servicepersonal und die Kunden mit sich (vgl. Abbildung 114).

Eine zu starke Nachfrage kann gelegentlich die vorhandene Kapazität übersteigen, wodurch die Notwendigkeit zu Absagen an Interessierte besteht, oder es können Wartezeiten/-schlangen und räumliche Enge etc. entstehen. Und all dies führt zur Unzufriedenheit bei den Kunden, die noch dadurch verschärft werden kann, dass das Servicepersonal dem Stress nicht gewachsen ist und unfreundlich reagiert. Dies führt wiederum zu Qualitätseinbußen, die dem Image der jeweiligen Wellnessanbieter schaden können und meist zu Geschäftseinbußen führen. Aber auch schon vor Erreichen der Kapazitätsgrenze sind bei Überschreiten der optimalen Kapazitätsauslastung negative Auswirkungen festzustellen, die auch zu Zusatzkosten führen können, wie z. B. Bedarf an zusätzlichen Mitarbeitern, mehr Verunreinigungen oder mehr Beschwerden (vgl. Abbildung 114).

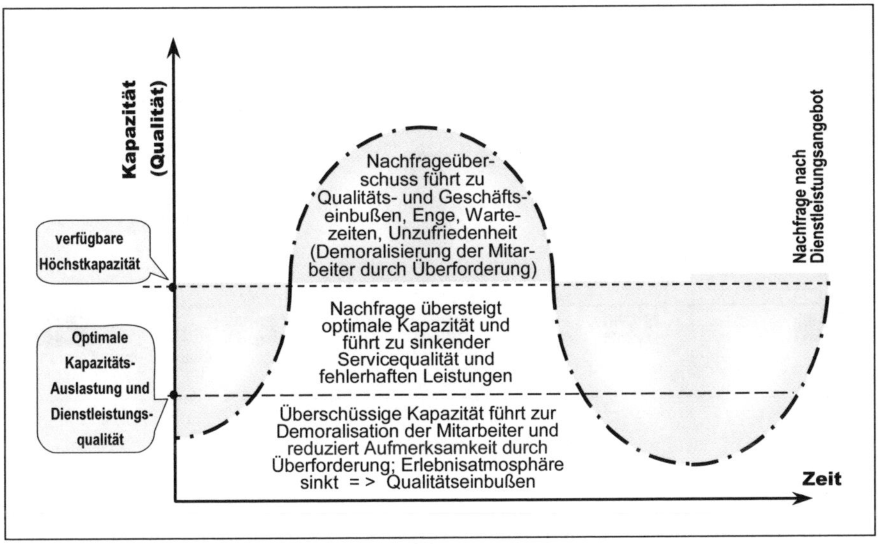

Abbildung 114: Im Wellnesssektor erwünschter Ausgleich von Nachfrageschwankungen

Doch auch das andere Extrem ist für Anbieter von Wellnessleistungen nicht wünschenswert, denn eine Unterauslastung führt durch Leer- bzw. Wartezeiten der Mitarbeiter zu deren Demotivation und verringerter Aufmerksamkeit. Es bestehen nicht genutzte Kapazitäten, die möglicherweise durch die geringe Nutzung (Leere) zusätzlich zu Einbußen in der Erlebnisatmosphäre führen können. Also muss es zentrales Anliegen der Wellnessanbieter sein, durch gezielte Steuerung der Nachfrage zu einer Reduzierung oder im optimalen Fall sogar zu einem völligen Wegfall dieser Auslastungsschwankungen zu kommen, um dann eine möglichst optimale Kapazitätsauslastung und damit auch eine optimale Dienstleistungsqualität zu erreichen.

Viele Wellnesshotels oder Wellnessreiseveranstalter reagieren z. B. zur Ankurbelung der Buchungen mit Frühbuchervorteilen, später bei sich abzeichnender mangelnder Buchung mit Sonderpreisen oder Zugaben und kurz vor einen bestimmten Termin mit Last-Minute-Angeboten.

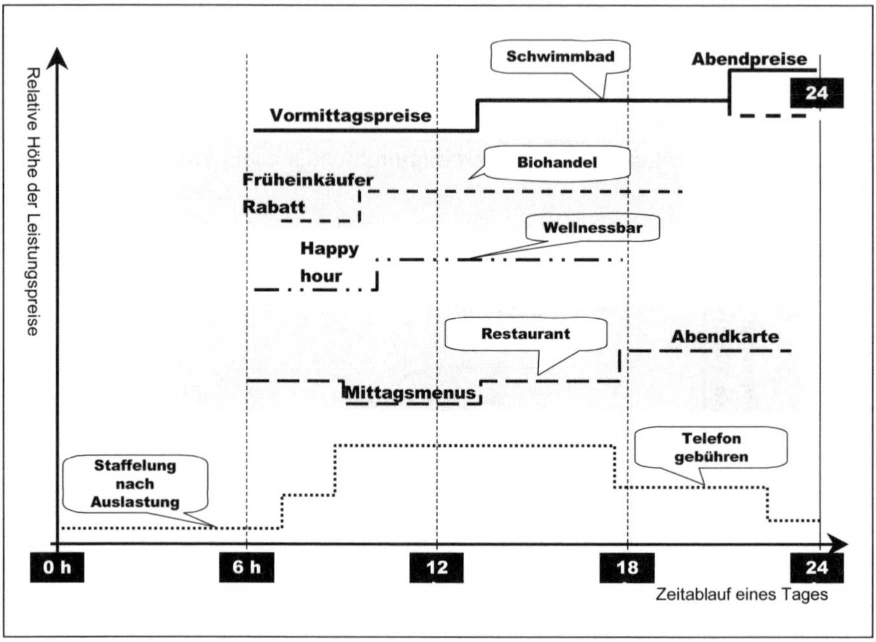

Abbildung 115: Preisdifferenzierung glättet Auslastung

Bei anderen Wellness-Dienstleistern ergeben sich Schwankungen in der Nutzung bzw. im Konsum während des Tagesverlaufs, die auch durch geeignete Maßnahmen ausgeglichen oder zumindest reduziert werden können (vgl. Abbildung 115). Für eine Vitamin-Bar könnten sich Happy Hour Angebote zur besseren Auslastung eignen. Wellness-Restaurants sind häufig zur Mittagszeit nicht so gut frequentiert wie abends, daher gibt es meist eine Mittagskarte mit günstigen Menüangeboten oder eine spezielle Abendkarte. Ein Schwimmbad hat auch eher vormittags und mittags Auslastungsprobleme, so dass es während dieser Zeiten reduzierte Eintrittpreise gibt. Wird aber ein zusätzliches Abendschwimmangebot gemacht, können vielleicht auch höhere Preise erzielt werden oder es sind auch Sonderaktionen, wie „Mitternachtsschwimmen" denkbar. Ungleiche Besucherfrequenzen gibt es auch im Einzelhandel, denn früh morgens erreicht dieser meist weniger Kunden und könnte daher einen „Frühaufsteherrabatt" o. ä. anbieten. Allerdings gibt es Auslastungsschwankungen nicht nur im Tagesverlauf, sondern auch während einer Woche zwischen Wochentagen und Wochenenden.

Gelingen solche Maßnahmen zur Sicherstellung einer gleichmäßigen oder ausreichenden Auslastung, lassen sich die Kosten durch unproduktive Zeiten, nicht verkaufte Wellnessleistungen oder durch den Verlust von nicht (mehr) zu gewinnenden Kunden deutlich reduzieren. Die verbesserte Mitarbeitermotivation und das Gefühl der Kunden, gut aufgehoben zu sein und unter optimalen Bedingungen bedient bzw. betreut zu werden, sind weitere positive Effekte, die zum Erfolg eines Wellnessanbieters beitragen, der Yield-Management-Instrumente einsetzt.

Auch sind über Leistungsbündel (Wochenendangebote von Hotels mit Theater- oder Musicalbesuch, Menüangebote in Restaurants, Pauschalreisen, Versicherungspakete, Museums- oder Buskarten für Regionen etc.), Zugaben (Parkgutschein zur Eröffnung einer Mitgliedschaft … .) oder sog. Bausteinsysteme (Flug und Wellnessanwendungen, Leihwagen und Hotelgutscheine …) und die damit verbundenen Möglichkeiten einer Preisbündelung zu entscheiden. So gibt es inzwischen in einigen Sektoren Tagespreise, z. B. beim sog. „Real Time Packaging“. Je nach Art des Geschäfts können aber auch für den Einzelfall Preisfestlegungen notwendig werden, z. B. bei Großveranstaltungen oder für Gruppen.

Zugaben sind ähnlich wie Rabatte nicht uneingeschränkt zulässig. Dennoch sind Zugaben oder Rabatte genauso wie Sonderverkäufe und Preisbündelungen (Pakete) anlässlich vieler Gelegenheiten gebräuchlich. Die Anlässe für eine Rabattgewährung können unterschiedlich sein, so unterscheidet man folgende Rabattarten, die oft auch Bestandteil von Loyalitätsprogrammen für (möglichst interessante/werthaltige) Kunden sind:

- funktionsbezogene (meist nur für Händler/Mittler)
- personenbezogene
- mengenbezogene
- zeitbezogene und
- regionale/geografische

Bei Zahlungsarten und Zahlungszielen unterscheiden sich regional und hängen i. d. R. von eingespielten Usancen ab. In Europa bringen die zunehmenden Nutzungsmöglichkeiten von Kredit- und Kundenkarten etwas Bewegung in dieses Feld, so gibt es inzwischen Kundenclubs im Reisesektor, die insbesondere die wertvollen Kunden mit Kreditfunktionen und anderen Clubleistungen an das editierende Unternehmen binden wollen. Erst sehr langsam halten neue Finanzierungs- und Zahlungsmodelle für Wellnessleistungen Einzug, so z. B. Teilzahlungsmöglichkeiten, Zahlung erst nach Abschluss der Wellnessdienstleistung oder Zahlungsausfallversicherungen gegen Arbeitsplatzverlust.

10 Erfolgsfaktor Wirtschaftlichkeit

Angesichts vieler neuer Trends im Wellnesssektor, erhebt sich in vielen Wellnessunternehmen schnell die Frage, ob sich eine Investition in einen neuen Trend auch wirklich lohnt. Die Entscheidung über ein neues Vitaminpräparat oder eine neue Art von Walkingstöcken ist sicherlich noch relativ leicht zu treffen. Aber die Entscheidung, ob ich jetzt eine Therme oder ein Hotel-Spa nach dem neuesten Trend aus Indien oder China umgestalte, bedeutet meist eine sehr hohe Investition, die sich erst über Jahre amortisiert. Sicherlich helfen günstige (staatliche) Investitions- und Unternehmensgründungskredite sowie Instrumente der Investitionsrechnung, aber besser ist ein verlässlicher Rat von der Marktseite her. Es gibt spezialisierte Berater über die auch die Branchen- und Wellnessverbände gern Auskunft geben.

Abbildung 116: Strategisches Controlling hilft Wellnessunternehmen

Mit Controlling lässt sich eine Überprüfung der Sinnhaftigkeit, Effizienz und Effektivität der angewandten Strategien, Managementinstrumente und Maßnahmen (auch Investitionen) überprüfen. Dabei geht das Controlling über eine reine Kontrolle des Vergangenen hinaus und soll insbesondere zukünftige Managemententscheidungen verbessern bzw. unterstützen.

Wie schon zuvor dargelegt, bedarf es als Grundlage eines erfolgreichen strategischen Wellnessmanagements einer aussagekräftigen strategischen Situationsanlyse. Diese führt nicht zu statischen Ergebnissen und ist daher in regelmäßigen Abständen zu aktualisieren. Voraussetzung für eine erneute SWOT-Analyse ist die sorgfältige Analyse der zurückliegenden Unternehmensaktivitäten mit Hilfe des operativen und strategischen Controllings (vgl. Abbildung 116). So kann ggf. eine Notwendigkeit zur Adjustierung der Managementinstrumente und Leistungsangebote erkannt werden.

Für strategisch handelnde Wellnessanbieter spielt die zukünftige Positionierung, das zukünftige Erreichen der gesetzten Ziele und die zukünftig optimale Strategieauswahl eine ganz entscheidende Rolle. Also interessieren Zukunftsszenarien und langfristige Zukunftstrends, Chancen-Risiken-Abwägungen und langfristige Planungen auf Basis möglichst valider Prognosen (vgl. Abbildung 116). Strategisches Controlling kann diese Herausforderung leisten und ist damit langfristig effektiver als das traditionelle operative Controlling.

Ein praxisorientiertes strategisches Controlling sollte folgende Stufen umfassen:

1. Selektion wichtiger Bezugsobjekte mit wirksamen Methoden
2. Beschreibung und Quantifizierung der gegenwärtigen strategischen Positionierung dieser Bezugsobjekte
3. Analyse der Veränderung im Zeitablauf dieser Bezugsobjekte

Controlling hat dabei vor allem eine informationsversorgende Funktion für die Managementverantwortlichen, um Informationen zur Überprüfung und ggf. für ein Audit, zur Mitarbeiterführung (Anreize) und zur Marketing-Planung zu erhalten. Dabei ist es eine besondere Herausforderung, die operative und die strategische Perspektive effektiv miteinander zu verbinden.

Zwei wichtige Hilfsinstrumente des Controllings sind das Benchmarking (vgl. Kapitel 3 und 4) und die Balanced Scorecard (vgl. Abbildung 47), die sozusagen die Verbindung zwischen operativen und strategischem Management bzw. Controlling schaffen. Die Balanced Scorecard (BSC) arbeitet als ein Konzept der „strategischen austarierten Anzeigentafel“ bzw. eines „ausbalancierten Berichtswesens“. Sie verbindet finanzielle Steuerungsgrößen (denn nur messbares lässt sich steuern!) über quantifizierte Ursache-Wirkungs-Ketten mit den für die Strategie wesentlichen (eher weichen) Perspektiven der Kunden, der internen Prozesse sowie dem Lernen und der Weiterentwicklung des Dienstleistungsanbieters (vgl. Abbildung 117).

Damit erhält das Management eines Wellnessunternehmens eindeutige und messbare Steuerungsgrößen für den laufenden Management- bzw. Kundenprozess. Erstmalig verbindet dieses Konzept „weiche“ erfolgskritische Faktoren mit den „harten“ finanziellen Zielgrößen eines Wellnessanbieters. So kann auch im Sinne eines Risikomanagements die Zukunftsfähigkeit des Unternehmens über weiche Faktoren, wie Kundenzufriedenheit, Marken- oder Unternehmensimage gemessen und verbessert werden.

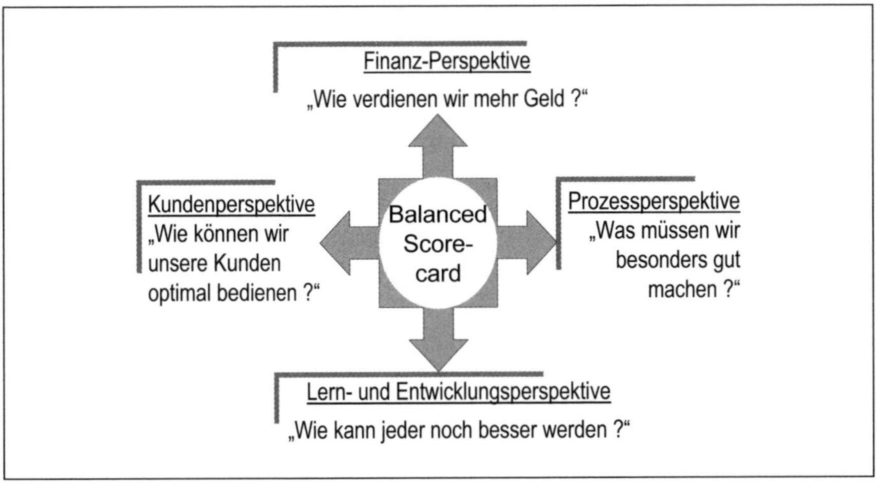

Abbildung 117: Strategische Dimensionen für ein erfolgreiches Wellnessunternehmen

Selbstverständlich sollte auch den harten (Kosten-)Faktoren Aufmerksamkeit gewidmet werden. Bei Wellnessdienstleistungen bleiben die Personalkosten immer noch die größten Ausgabenposten, die dementsprechend auch den meisten Ertrag bieten müssen. Energie spielt bei Wellnessleistungen im Zusammenhang mit Wärme, Dampf und Wasser etc. auch eine wichtige Rolle. Ein Energieoptimierungskonzept hilft sicherlich, diesen stetig steigenden Ausgabenblock zu minimieren, wenn alle Energiesparmöglichkeiten ausgeschöpft werden. Einkaufsgemeinschaften bündeln z. B. das Einkaufsvolumen mehrerer Unternehmen mit dem Ergebnis einer deutlichen Reduzierung der Beschaffungskosten für das einzelne (mittelständische) Wellnessunternehmen.

11 Resümee und Ausblick

Erfolgreiches Management von Unternehmen der Wellnessbranche muss also einige Herausforderungen meistern, um auch zukünftig gut aufgestellt zu sein. Alles was das Wohlbefinden der Kunden fördert oder erhält, ist und bleibt ein sensibler Bereich für Dienstleistungen und Produkte. Körperliche und geistige Gesundheit ist das höchste Gut der Menschen, daher ist die Erwartungshaltung gegenüber Wellnessangeboten sehr hoch.

Ist derzeit der Anspruch von Wellness eher mit sinnlichem und körperlichem Genuss verbunden, soll sich das nach Ansicht der Auguren in Zukunft verändern. Wellnesskompetenz und Wellnessqualität sowie die Glaubwürdigkeit und Authentizität des Wellnessangebots werden zukünftig mehr zählen. Besteht heutzutage eher der Kundenwunsch nach passiver Wellness wird zukünftig wohl eher ein aktives Wellnesserlebnis und -angebot nachgefragt. Dazu zählen sicherlich auch Angebote, um eine geistig-mentale Wellness zu erreichen.

Durch veränderte Rahmenbedingungen im Gesundheitswesen, wird mehr Eigenverantwortung der Menschen gefordert. Dies wird wohl auch zu einem rationaleren Umgang mit dem Thema Fitness und Wellness führen. Die Wirksamkeit der Wellnessangebote wird stärker hinterfragt werden und die Vermittlung von Gesundheitskompetenz wird von den Kunden als selbstverständlich erwartet werden. Neue Angebote müssen also für diese neuen Wellnesskunden geschnürt werden.

Wellness wird noch auf Jahre bzw. Jahrzehnte für die Menschen ein äußerst wichtiger Bereich sein, denn jeder wird älter, will oder soll aber leistungsfähig bleiben und muss daher auch aktiv etwas dafür tun. Wellnessangebote müssen zunehmend seniorengerecht sein, also z. B. anstelle von Anti-Aging eher Angebote, die sich vielleicht mit Pro Aging, Soft- oder Slow-Aging beschreiben lassen; Seniorenwohnungen mit integrierter Wellnesseinrichtung oder Seniorenheime mit kompletter Wellnessausstattung. Vielleicht weist das Seniorenprojekt „fit für 100 – Bewegungsangebote für Hochaltrige“ in NRW den Weg zu Fitnessangeboten für die Zielgruppe 80+.

Allein die Tatsache, dass zum 1. April 2007 mit dem „Deutschen Gesundheitsfernsehen“ der erste gesundheitsorientierte Fernsehkanal auf Sendung ging, unterstreicht die Zukunftschancen des Themas Wellness. Denn die TV-Gründer wollen neben medizinischen Themen Wellness und Ernährung ins

Zentrum des Programms stellen und es soll täglich über die Themen Körper, Geist und Seele berichtet werden.

Für diejenigen, die immer noch zu wenig Zeit haben werden, gibt es dann sog. Instant Wellnessangebote für die kleine Entspannung oder Regeneration zwischendurch. Ein „Wellness Quicky“ im Day Spa oder ein „Tropho-Training“ zur Entspannung binnen Minuten sind mögliche Antworten auf eine entsprechende Marktnachfrage.

Angeboten, die einen Mix aus körperlichem Wohlbefinden, gezielter Selbstmotivation, persönlicher Beratung und organisierten Beziehungsprogrammen (soziale Wellness) bieten, gehört die Zukunft, auch in den Unternehmen. Das Erlebnis von Gemeinsamkeit, die Entfaltung der persönlichen Kreativität, der persönliche Lifestyle aber auch Bio, Natur und Verantwortung (fair, regional …) gehören zukünftig wie selbstverständlich zum Thema Wellness hinzu.

Soziale Beziehungen werden daher auch für den Verkauf von Wellnessleistungen eine steigende Bedeutung erhalten. Organisiertes Beziehungsmarketing/-management mit starkem Empfehlungscharakter in Event-Meetings, Themen Communities, einer Bloggosphäre oder virtuellen Welten wird die Zukunft gehören. Auf solche Trends müssen sich alle Anbieter von Wellnessleistungen einstellen, wenn sie auch in Zukunft erfolgreich sein wollen.

Quellenverzeichnis

1. Baumgarth, Carsten; Bernecker, Michael: Marketingforschung, München/ Wien 1999
2. Berndt, Ralph: Marketingstrategie und Marketingpolitik, Tübingen 2004
3. Eberle, Bernd: Wellness und Gesundheit als Marketingimpuls, Frankfurt 2004
4. Hinterhuber, Hans; Pechlaner, Harald; Kaiser, Marc-Oliver; Matzler, Kurt (Hrsg.): Kundenmanagement als Erfolgsfaktor, Berlin 2004
5. Krczal; Albin; Weiermair, Klaus (Hrsg.): Wellness und Produktentwicklung, Berlin 2006
6. Jung, Rüdiger; Bruck, Jürgen; Quarg, Sabine: Allgemeine Managementlehre, 2.Auflage, Berlin 2007
7. Lanz Kaufmann, Eveline: Wellness-Tourismus, Bern 2002
8. Meffert, Heribert; Bruhn, Manfred: Dienstleistungsmarketing, 6. Aufl., Wiesbaden 2006
9. Müller-Seitz, Peter: Bäder-Management, München/Wien 2005
10. Reuber, Paul; Schnell, Peter (Hrsg.): Postmoderne Freizeitstile und Freizeiträume, Berlin 2006
11. Weiermair, Klaus; Peters, Mike; Pechlaner, Harald; Kaiser, Marc-Oliver: Unternehmertum im Tourismus, Berlin 2004
12. Weiermair, Klaus; Pikkemaat, Birgit: Qualitätszeichen im Tourismus, Berlin 2004
13. Wiesner, Knut: Internationales Management, München/Wien 2005
14. Wiesner, Knut: Kundenbindung durch Kundenclubs und Kundenkarten, Kap. 79 in: Poth/Poth: Marketing, 2. Auflage, Kriftel 2000/2
15. Wiesner, Knut: Mobil-Marketing, Kap. 82 in: Poth/Poth: Marketing, 2. Auflage, Kriftel 2000/2
16. Wiesner, Knut: Multi-Kanal-Dialogmarketing, in: Häberle (Hrsg.): Lexikon der Betriebswirtschaftlehre, München/Wien 2007
17. Wiesner, Knut: Multi-Kanal-Dialogmarketing, Kap. 56 in: Poth/Poth: Marketing, 2. Auflage, Kriftel 2000/2
18. Wiesner, Knut: Strategisches Tourismusmarketing, Berlin 2006
19. Wiesner, Knut; Sponholz, Uwe: Dienstleistungsmarketing, München/Wien 2007

Internetquellen

www.1a-wellness.com
www.bat.de
www.bayern.by
www.beauty24.de
www.beautynet.de
www.besthealthaustria.com
www.bestlife-magazin.de
www.bestwellness.com
www.bestwellnesshotels.at
www.destatis.de
www.deutscher-heilbaederverband.de
www.dzt.de
www. ff-freizeitwirtschaft.de
www.freizeitforschung.at
www.fur.de
www.gesund-im-sueden.de
www.gfk.de
www.guj.de
www.gujmedia.de
www.healinghotelsoftheworld.com
www.heilklima.de
www.hotellerie.de
www.koerper-geist-seele.org
www.kurkliniken.de
www.lifeline.de
www.medialine.focus.de
www.mein-wellnesshotel.com
www.mymuesli.com
www.ostsee-und-wellness.de
www.paradisi.de
www.sauna-bund.de
www.sinus-sociovision.de
www.spa-business-verlag.de
www.studienkreis.org
www.thalasso-verband.de
www.thermenland.at
www.tns-infratest.de
www.viabono.de
www.w-h-d.de

www.well-conzept.de
www.wellness.de
www.wellnessbuch.de
www.wellness-competence-site.de
www.wellnessfinder.de
www.wellness-gesund.info
www.wellness.harz-urlaub.de
www.wellness-hotel.de
www.wellness-hotel.com
www.wellnesshotellerie.com
www.wellnesshotline.com
www.wellness-kuren-online.de
www.wellness-media-group.com
www.wellness-regionen.de
www.wellness-stars.de
www.wellnessverband.de
www.wunderbare-wellnesswelten.de
www.zukunftsinstitut.de

Glossar

Die Wellness-Branche ist sehr erfinderisch in der Kreation neuer Begriffe. Hier werden lediglich bereits etablierte und eindeutig umrissene Begriffe aufgeführt:

Abhyanga
Abhyanga ist eine sanfte ayurvedische Ganzkörpermassage durch 2 Therapeuten.

Aerobic
Gymnastisches Fitnesstraining unter Verwendung von Musik (aus den USA, seit 1980er Jahren in Europa) zur Steigerung von Kondition, Schnelligkeit, Beweglichkeit, Koordination, Kraft und zum Abbau von Stress. Die klassische Aerobicstunde gliedert sich in eine Aufwärmphase (Warm Up), einen Konditionsteil mit Schrittkombinationen nach Choreografien und endet mit Kräftigungsübungen plus Streching (Cool-Down-Phase). Inzwischen gibt es diverse Aerobic-Arten je nach Geschmack und Zeitgeist: Afro Aerobic, Aqua Aerobic, Aquarobic, Dance-Aerobic, Funk Aerobic, Hip Hop Aerobic, Pump, Salsa Aerobic, Slide Aerobic, Step Aerobic, Therarobic …

Affinoderm
Affinoderm sind Algenpackungen, die zur Entgiftung und Entschlackung des Körpers angewandt werden.

Ätherische Öle
Der Begriff Äther kommt aus dem Griechischen und bezeichnet den chemischen Urstoff, aus dem Materie entstanden ist, in der Chemie bezeichnet Äther eine flüchtige und gleichzeitig narkotisierende Flüssigkeit. Alle ätherischen Öle entfalten als verdünnte natürliche Bestandteile von Pflanzen unterschiedliche Wirkungen über die Atmungsorgane oder die Haut. Ätherische Öle eignen sich besonders für Massageanwendungen. Zum Einreiben der Brust bei Erkältungen eignet sich eine Mischung mit Vaseline.

Aikido
Ai (alt-japanisch Awase) bedeutet Harmonie und Vereinigung. Mit Ki (chinesisch **Chi**) wird im Japanischen die Lebensenergie bezeichnet. Aikido bedeutet also in etwa „Weg der Harmonisierung zu kosmischer Energie“.
Also wird im Aikido nicht gegen die Kraft des Gegners gekämpft sondern mit ihr. Aikido-Kämpfer lassen den Gegner mit einer defensiven Kampfhaltung durch geschickte Ausweichbewegungen ins Leere laufen. Die Aikido-Techniken sind nicht nur auf den äußeren Zweck der Kampfkunst optimiert, sondern haben den tieferen Sinn, die Lebensenergie zu stärken, daher wird meist mit einer Meditation begonnen. Aikido soll psychisch-energetische Prozesse auslösen.

Akupressur
Der Begriff Akupressur leitet sich von acus (Spitze, Nadel oder Punkt) sowie premere (drücken) her. Akupressur (Ursprung in der TCM) wird in Deutschland auch als Druckpunktmassage bezeichnet. Nach der **TCM** bedeutet Gesundheit das ungehinderte Fließen der Lebensenergie Qi/Chi, wenn sich die beiden Energiequellen **Yin** und **Yang** in Harmonie befinden. Eine Störung/Disharmonie soll Krankheiten verursachen. Zum Ausgleich der Energie reizt oder beruhigt der Therapeut die Akupunkturpunkte entlang den **Meridianen** durch eine Druckmassage: so soll gezielt Energie zugeführt oder abgeleitet werden. Die Anwendung der Akupunktmassage erfolgt insbesondere bei Migräne, Kopfschmerzen, Verdauungsstörungen, Ischiasproblemen, Allergien etc.

Akupunktur
Akupunktur ist eine 5000 Jahre alte chinesische Behandlungsform (ergänzende Behandlung in der **TCM**) und kommt von Acus = Spitze/Nadel und wird daher auch als Nadelpunktierung bezeichnet. Man unterscheidet dabei die **klassische Akupunktur** und die **Schmerzakupunktur**. Die seit 1979 von der Weltgesundheitsorganisation (WHO) als Therapiemethode anerkannte Akupunktur beruht auf dem Prinzip kleiner Nadelstiche. Die Lehre geht davon aus, dass alle Lebensenergien (**Chi/Qi**) durch **Meridiane** fließen und Krankheit sowie Stress diesen Fluss an bestimmten Stellen blockieren können. Deshalb werden dort Nadeln unterschiedlich tief eingestochen, um einzelne Organsysteme anzuregen oder zu beruhigen bzw. Störungen auszugleichen. Vor allem bei der Schmerztherapie und bei psychosomatischen Beschwerden lassen sich mit Akupunktur gute Ergebnisse erzielen.

Alexander-Technik
Die Lehrmethode nach ihrem Erfinder F. M. Alexander ist eine Bewegungs- und Haltungsschulung, die auf natürliche Bewegungsabläufe zurück führt und

diese trainiert. Ziel sind entkrampfte Bewegungen, die mit Hilfe von unterschiedlichen Bewegungsübungen von Kopf und Wirbelsäule erreicht werden sollen. Die Alexander-Technik wird bei Migräne, Ischias, Stress, Unwohlsein, einseitigen Tätigkeiten, aber auch als Ausgleich bei Sport eingesetzt.

Algenbehandlungen
Der besondere Reichtum an Mineralstoffen, Spurenelementen, Aminosäuren und Vitaminen machen Algen zu Hautpflegeprodukten. Da sie je nach Verwendung den Körper entschlacken (z. B. als Algenpackung) und den Stoffwechsel in Schwung bringen, eignen sie sich auch zur Unterstützung einer Diät (z. B. in Form von Kapseln). Meeresalgen spenden der Haut Feuchtigkeit, so wird Algenschlamm vor allem in der Cellulite-Behandlung und im Anti-Aging eingesetzt.

Aloe Vera
Aloe Vera (Aloe barbadensis miller, Wüstenlilie) ist eine fleischige Pflanze aus der Familie der Liliengewächse. Der Saft aus dem Markgewebe enthält einige ganze Mineralstoffe, wie Eisen, Kalzium, Kaliumcarbonat, Magnesium, Mangan, Natrium, Zink sowie 160 bis 450 weitere bioaktive Wirkstoffe und wird daher seit alters her als Heilmittel verwendet.
Extrakte aus Aloe Vera werden sowohl äußerlich als auch innerlich angewandt. Neu ist die Verwendung von Aloe-Vera-Saft in Lebensmitteln (Joghurt u. Drinks). Innerlich eingenommen soll das Aloe Gel den Darm entgiften und das Immunsystem stärken. Aloe Gel in Cremes und anderen Hautpflegeprodukten soll feuchtigkeitsspendend und hautglättend wirken.

Anthroposophische Medizin
Die „Anthroposophie“ ist die Lehre von der „Menschenweisheit”(aus dem Griechischen: Antropos = Mensch, Sophia = Weisheit). Die anthroposophische Medizin beruht auf den Lehren des Philosophen Rudolf Steiner (1861 bis 1925 – auch Waldorfpädagogik und biologisch-dynamische Landwirtschaft). Nach dieser Lehre besteht der Mensch aus vier „Wesensgliedern“: dem „Physikalischen Leib“, dem „Ätherleib“, dem „Astralleib“ und dem „Ich“. Erreichen die Komponenten nicht in ein ausgewogenes Verhältnis zueinander, so wird der Mensch krank.

Die anthroposophische Medizin versteht sich als Erweiterung der Schulmedizin und setzt daher auch schulmedizinische Methoden ein. Anthroposophische Arzneien (bekannteste Heilpflanze ist die Mistel) werden in besonderen Verfahren gewonnen, die z. T. der **Homöopathie** ähneln. Die anthroposophische Therapie berücksichtigt daneben die Ernährung (ovo-lakto-vegetabil), die intensive Kommunikation sowie künstlerisches Agieren (u. a. Eurhythmie).

Anti-Aging

Als Anti-Aging werden Maßnahmen gegen das Altern bezeichnet. Aufgrund der Erkenntnisse in der Genetik soll es bald möglich sein, die Lebensspanne auf bis zu 150 Jahre zu erhöhen. Nach den sog. Verschleiß-Theorien soll sich durch gesundheitsbewusstes Leben und präventives Handeln die durchschnittliche Lebenserwartung der Menschen bei bester Gesundheit um ca. 10 Jahre erhöhen.

Anti-Aging unterscheidet zwischen dem kalendarischen und dem biologischen Lebensalter. Während die Anzahl der Lebensjahre unbeeinflussbar voranschreite, habe man das biologische Alter (Zustand der Körperzellen und der Blutgefäße, die Potenz, das Kurzzeitgedächtnis, die Elastizität der Lungen und das allgemeine Erscheinungsbild) durch Gestaltungsmittel in der Hand.

Um das biologische Alter so niedrig wie möglich zu halten, werden meist vier Anti-Aging-Strategien angewandt: Bewegung, Ernährung, mentale Techniken und Hormontherapie basierend auf Früherkennung, Vorsorge und Umsteuern von altersbedingten Krankheiten. Inzwischen kennt man sieben Faktoren, die die Langlebigkeit beeinflussen: Mäßiger Alkoholkonsum, der Verzicht aufs Rauchen, eine stabile Partnerschaft, regelmäßiger Sport, ein angemessenes Gewicht, die Fähigkeit, positiv mit Problemen umzugehen und keine depressive Erkrankung.

Zu Anti-Aging zählen auch kosmetische Anwendungen wie Masken, Massagen, Cremes, Algenpackungen oder Biolifting zur Entgegenwirkung der natürlichen Alterserscheinungen. Bei der medizinischen Anti-Aging-Behandlung werden altersbedingte Erscheinungen durch Hormonzugaben oder operative Eingriffe ausgeglichen.

Api-Therapie

Bei der Api-Therapie werden von Honigbienen (Apis) hergestellte Produkte (Honig, Pollen, Weiselfuttersaft, Propolis, Bienengift, Wachs sowie Gelee Royal) z.T. in Verbindung mit einer Reflex-Therapie verwendet. Einsatz bei Krankheiten der Haut, des Herzens, des Nervensystems etc. sowie zur Immunisierung bei Heuschnupfen.

Aqua Balancing

In ca. 35 °C warmen Wasser treibend, wird der Körper nur von den Händen eines Therapeuten mit dem Ziel der totalen Entspannung und des Los-Lassens gehalten. Mittels Unterwassermassage-Techniken wird der Körper gestreckt, gedehnt und gelockert. Die Wirkungen können durch speziell ausgewählte Unterwasser-Musik gesteigert werden, da die Schallwellen im Wasser direkt übertragen werden und so die Vibrationen der Musik sogar auf der Haut spürbar sind.

Bei Gelenkerkrankungen, Verspannungen, Erkrankungen des Nervensystems, Stress, Nervosität oder Erschöpfung, psychischer und physischer Beanspruchung wird eine Linderung erreicht.

Aqua Motion bedeutet schwimmen oder treiben lassen in einem mit Musik erfüllten Raum mit wechselnden Lichteffekten; dies dient der Tiefenentspannung aber auch der Anregung.

Aqua Therapie
Oberbegriff für körperliche Aktivitäten im Wasser, wie z. B.:
Aqua Walking, das Gehen im Wasser entspannt verkrampfte Muskeln, ohne das die Last des Körpergewichts Druck ausübt (idealer Wirbelsäulen- und Gelenkschutz).

Aqua Aerobic, eine Wassergymnastik mit Aerobicelementen, teils mit Hilfsmitteln wie Hanteln oder Auftriebhilfen, schont die Gelenke, braucht aber einen höheren Kraftaufwand durch Überwindung des Wasserwiderstandes.

Aquagym, die Wassergymnastik ohne/mit Fitnessgeräten (z. B. Aqua Walker, Aqua Bike) zum Ankurbeln des Stoffwechsels und zu beschleunigter Fettverbrennung.

Aroha
Ein Ganzkörpertraining, welches ethnische Riten mit traditionellen asiatischen Einflüssen und Fitness-Elementen kombiniert. Es vereint Haka (Kriegstanz der neuseeländischen Maoris) Kung Fu und Tai-Chi. Blockaden sollen gelöst, das Herz-Kreislauf-System gestärkt und die Fettverbrennung angekurbelt werden.

Aromatherapie
Einsatz von Duftstoffen und ätherischen Substanzen zur Stimulation von Psyche und Körper zu kosmetischen Zwecken und der Linderung diverser Beschwerden. Die heilenden Essenzen stecken in Wurzeln, Blättern, Blüten, im Harz oder der Rinde der Pflanzen (besonders begehrt ist das Rosenöl). Je nach Anwendung werden die ätherischen Öle in Aromalampen verdampft oder für Massagen, Einreibungen, Inhalationen oder Aromabäder verwendet. Ätherische Öle wirken über den Geruchssinn (Einatmen oder Inhalieren), über die Haut (Massageöle, Badezusätze, Umschläge Kompressen) oder durch eine innere Anwendung der Essenzen in therapeutisch verordneten Dosierungen. Die Entspannungstherapie mit den heilenden Wirkungen der ätherischen Öle soll der Anregung bzw. Harmonisierung der Selbstheilungskräfte dienen. Die Duftstoffe können beruhigend, anregend, ausgleichend oder sogar aphrodisierend wirken.

Atemtherapie

Das Atmen wird über das vegetative Nervensystem gesteuert. Umgekehrt kann das vegetative Nervensystem über den Atem beeinflusst und harmonisiert werden. Die Atemtherapie soll laut indischer Yoga-Lehre durch bewusstes Atmen das körperliche und seelische Gesamtbefinden eines Menschen verbessern und Störungen ausgleichen helfen. Die Atemübungen fördern die Sauerstoffaufnahme in der Lunge und lösen Muskelverspannungen und sind so Basis für die körperliche und geistige Gesundheit.

Aura-Healing

Der lat. Begriff Aura (Lichthauch) steht für eine magnetische Energie, die alle Menschen in Form einer unsichtbaren Schutzhülle umgeben soll. Aura-Healing bedeutet also das Heilen mittels Energieübertragung in der esoterische Bewegung. Für Aura-Heiler (Aura-Healer) und in der Kirlian-Photographie soll das Energiefeld in Regenbogenfarben sichtbar sein. Veränderungen gelten dabei als Hinweis auf körperliche oder seelische Erkrankungen. Die Therapie sog. aurischer Defekte erfolgt durch Energieübertragung, aber auch die Bachblütentherapie soll Einfluss auf die Aura nehmen können. Eine wissenschaftliche Anerkennung fehlt.

Ausleitende Verfahren

Ausleitende Verfahren dienen zur Entgiftung der Körpersäfte und sind Behandlungsmethoden in der Alternativmedizin, die im Gegensatz zur Schulmedizin und deren „hauteinleitenden" Verfahren (z.B. Injektionen) stehen. Synonym werden die Begriffe **Humoraltherapie** (humores = Saft) oder **Aschner-Verfahren** gebraucht. Dabei werden im engeren Sinn nur die Ausleitungen aus der Haut umfasst, nämlich **die Schröpftherapie, der Aderlass, die Blutegel, die Baunscheidttherapie und das Cantharidenpflaster**. Im weiteren Sinne rechnen Alternativmediziner auch alle Methoden dazu, die den Körper von sog schlechten Stoffen, Giften und Schlacken reinigen sollen, wie etwa Wickel, Schwitzkuren, Brechmittel, Abführmittel, harntreibende Mittel oder das **Heilfasten**

Autogenes Training

(Auto-)suggestives Verfahren zur Entspannung. Nach dem Griechischen ein vom Selbst (autos) sich entwickelndes (gen = werden) systematisches Üben (Training). Es wurde in den 1930er Jahren als Methode der Selbsterfahrung/-suggestion von Professor J. H. Schultz entwickelt. Die konzentrierte Selbst-Entspannung beruht auf auto-suggestiven Formeln, wobei es inhaltlich um Wärme, Schwere, Herz, Atmung usw. geht („Mein rechter Fuß wird ganz warm … "). Autogenes Training hilft den Übenden, Einfluss auf das vegetative

Nervensystem zu nehmen und so körperliche und seelische Störungen selbst auszugleichen. Durch die Entspannung können Ängste und innere Blockaden gelöst sowie psychosomatische Beschwerden beseitigt werden. Bei Stress, Schlafstörungen, Magenbeschwerden, Migräne, Muskelentspannung ist das Autogene Training hilfreich.

Ayurveda

Die Bezeichnung Ayurveda stammt aus dem Altindischen: Ayus (Leben) und Veda (Wissenschaft) und ist das älteste Gesundheits- und (Vorsorge-) Medizinsystem der Welt. Ayurveda versteht sich als umfassende Gesundheitslehre, die die Gesundheit des Gesunden erhält und den Kranken behandelt. Ayurveda ist Teil der vier heiligen Schriften (Veden) des Hinduismus und basiert auf der Vorstellung, dass der Kosmos sich mit seinen Fünf Elementen Feuer, Wasser, Erde, Luft und Äther im menschlichen Organismus widerspiegelt. Der Mensch wird dabei als Spiegelbild des Universums betrachtet. Aus den Fünf Elementen sollen drei sich ergänzende Regelsysteme (Doshas) den menschlichen Organismus bestimmen sowie alle physischen und psychischen Abläufe im Menschen regulieren. Die drei **Doshas** sind:

Vata (Luft/Äther): regelt Bewegung, Atmung und Nerventätigkeit

Pitta (Feuer/Wasser): reguliert Wärmehaushalt, Stoffwechsel, Verdauungsleistung

Kapha (Wasser/Erde): reguliert den Flüssigkeitshaushalt und das Immunsystem.

Ziel der Behandlung ist es, zwischen den Doshas ein Gleichgewicht zu schaffen. Denn eine Störung der drei Doshas soll zu Krankheitssymptomen und zur Ablagerung giftiger Schlacken im Organismus führen.

Im traditionellen Ayurveda gibt es eine Vielzahl eigenständiger Medizinbereiche, u. a. die Innere Medizin, Chirurgie, Geisteskrankheiten, Augenheilkunde, Ernährungslehre, Pflanzenheilkunde sowie Entspannungsverfahren (Yoga) und ausleitende Verfahren (Brechreiz, Aderlass …). Wichtige Elemente sind zudem Synchronmassagen (**Abhyanga**), Stirnölgüsse (**Shirodara**), Ölmassagen und das Kräuter-Schwitzbad (**Svedana**). Äußerliche Öl-Anwendungen zum Entzug von Giftstoffen aus der Haut oder den Schleimhäuten sind im Ayurveda weit verbreitet.

Durch passende ayurvedische Kost, natürliche Heilmittel aus Kräutern und Pflanzen sowie ayurvedische Behandlungsformen, wie z. B. Synchronmassage, Stirnölgüsse und Dampfbäder, soll das körperliche und seelische Gleichgewicht wiederhergestellt werden.

Magen-Darm-Störungen, chronische Schmerzen, Kreislaufbeschwerden, Erschöpfung, Stress, Unruhezuständen, Gewichtsprobleme und chronischen Schmerzen lassen sich behandeln.

Azidose-Massage
Dies ist eine spezielle Form am ganzen Körper (auch eines Tieres) eingesetzter Massagegriffe, mit denen die Depots des Bindegewebes (Cellulite) angegangen und die dort abgelagerten Schlackenstoffe gelöst werden können. Es besteht ein Zusammenhang zur **Lymphdrainage**, die die gestauten Lymphe wieder zum Fließen bringen kann. Über die Lymphe gelangen ausscheidungspflichtige Substanzen/Giftstoffe aus dem Bindegewebe zurück in die Blutbahn und können danach endgültig den Körper verlassen.

Bachblüten (-Therapie)
38 Blütenessenzen, deren jeweilige Schwingungsfrequenz mit je einer negativen Seelenverfassung korrespondieren soll. Die Therapie wurde bereits in den 1930er Jahren vom Homöopathen E. Bach entwickelt, dann als alternative Therapie in den 1980ern neu entdeckt. Jedes Lebewesen soll von einem unsichtbaren Energiefeld umgeben sein, das gestört ist (Mensch erkrankt), wenn die Seele leidet.

Bachblüten sollen bei körperlichen, psychischen und psychosomatischen Erkrankungen sowie Schlaflosigkeit und Stress hilfreich sein. Insgesamt 38 negative Seelenzustände (Angst, Eifersucht, Hass, Misstrauen etc.) sollen als körperliche Erkrankungen in Erscheinung treten können und behandelbar sein.

Badekur
Die Badekur umfasst alle Wasserheilmethoden (auch mit **ätherischen Ölen**) eines Hotels oder Kurortes, angefangen vom **Thermalbad** oder Whirlpool bis zum **Cleopatrabad, Molkebad, Milchbad, Aromaölbad** oder **Rasulbad**.

Balneotherapie
Die Balneotherapie, auch Bädertherapie genannt, bezeichnet eine Behandlung/Kur mit Heilwässern (Trinkkuren), Heilpeloiden (Moor und Schlamm, **Fango**), Wasser (Hydrotherapie, **Medizinische Bäder, Bewegungsbad, Stangerbad, Thalassotherapie**), Kälte und Wärme (**Kneipp-Kur**), Inhalationen und einer Umstellung der Ernährung. Auch das Klima spielt für die Genesung eine wichtige Rolle (z. B. Klimatherapie an der Küste).

Eine Balneotherapie eignet sich bei Muskelschmerzen, Verspannungen, dient zur Normalisierung des Blutdrucks, zur Entspannung und sie beeinflusst Haut und Psyche positiv.

Banja
Russischer Schwitzraum (ca. 70 °C, relative Luftfeuchte ca. 10–40 %, Birkensud). Zur Förderung der Durchblutung und Hautreinigung wird der Saunagast im Banja außerdem häufig mit Birkenzweigen abgeklopft.

Bauchtanz
Orientalische Tanzform, die den Unterleib lockert und positive Entspannungseffekte bei Schulter- und Nackenverspannungen, Haltungsschäden und Unterleibsbeschwerden erzielt. Bauchtanz dient auch zur Erfahrung eines neuen Körpergefühls.

Bewegungstherapie – Ausdauertraining
Bewegung ist notwendig, da durch die Veränderung des Berufsalltags viele Menschen kaum noch in Bewegung sind (Bewegungsarmut auch abends vor dem Fernseher). Sport und Bewegung sind als vorbeugende Maßnahmen gegen alle Zivilisationskrankheiten, die durch Bewegungsmangel hervorgerufen werden, bestens geeignet.

Für ein Ausdauertraining am besten geeignet sind Sportarten, die möglichst viele Muskelgruppen beanspruchen, z. B. **Schwimmen, Aquarobic, Rudern** oder **Skilanglauf**. Auch **Radfahren, Joggen, Walken** oder **Wandern** haben nachweislich eine positive gesundheitliche Wirkung. Neben der sportlichen Ausdauer soll auch die Bauch- und Rückenmuskulatur gestärkt werden, um Haltungsschäden und Rückenschmerzen vorzubeugen.

Eine **Bewegungstherapie** sollte individuell abgestimmt und exakt dosiert sein.

Biodanza
Biodanza ist ein tanztherapeutisches Verfahren mit der Zielrichtung, in Einklang mit dem Kosmos und der Natur zu kommen und in der Gemeinschaft mit anderen Menschen der Entfremdung entgegen zu wirken.

Biodynamik
Konzept der Alternativmedizin mit einer Kombination aus Massage und Psychotherapie (Biosynthese). Die Biodynamik (biodynamische Massage) soll Rückstände von negativen Gefühlen und Emotionen über den Darm ausscheiden helfen. Sie soll von emotionalen Erlebnissen und Einengungen befreien, sodass die Persönlichkeit befreit wird.

Bioenergetik
Bioenergetik ist eine psychotherapeutisch begründete und begleitete Körperarbeit. Man geht davon aus, dass ein psychisches Trauma immer Ausdruck einer körperlichen Panzerung sei. Eine sog. Charakteranalyse nach fünf Grundtypen gibt Informationen über den unbewussten Hintergrund der Probleme und ist Basis für die therapeutische Arbeit, wie z. B. in Selbsterfahrungsworkshops.

Biofeedback

Wahrnehmbare Rückkopplung von Biosignalen, dabei werden physiologische Vorgänge, die der Wahrnehmung weitgehend unzugänglich sind, in wahrnehmbare Signale umgewandelt, um diese beeinflussen zu können. Mit Hilfe von Biofeedback-Geräten werden Atmung, Blutdruck, Hautwiderstand, Herzfrequenz, Muskelspannung, Körpertemperatur und Gehirnströme gemessen und durch Umwandlung in optische oder akustische Signale in ihrer Veränderungen sichtbar gemacht. Durch das sofortige Feedback soll der Patient in die Lage versetzt werden, vegetative Körperfunktion innerhalb kürzester Zeit willentlich zu beeinflussen.

Bio-Lifting/Biolifting

Beim Biolifting wird ein Kräutergel in die Haut einmassiert, wodurch eine verstärkte Durchblutung erreicht wird. Danach werden die Muskeln mit Schwachstrom stimuliert, wodurch die Haut elastischer und straffer wird und Fältchen geglättet werden.

Bioresonanztherapie

Alternativmedizinisches Verfahren, basierend auf elektromagnetischen Schwingungen. Mit Hilfe des Bioresonanzgerätes soll „krankmachende“ Schwingung in „heilsame“ umgepolt und zum Körper zurückgeführt werden, wodurch organische Erkrankungen, Funktionsstörungen oder psychische und psychosomatische Störungen behoben werden sollen (wenn das natürliche Abwehrsystem wieder funktioniert) .

Bodybuilding

Bodybuilding ist ein gezieltes Muskelaufbautraining mit diversen Trainingsgeräten, die individuell abgestimmt und gesteigert genutzt werden.

Body Forming

Alle Anwendungen, die zur Beeinflussung der Körperform dienen, z.B. aktives Muskel-Training, Tiefenwärme, gezielte Massagen inkl. Lymphdrainagen, Elektro-Lypolyse, Fettabsaugen oder kosmetische Operationen.

Body-Scan

Body-Scan ist ein Entspannungsverfahren, bei dem gedanklich der eigene Körper abgetastet wird, um das Fließen im Körper zu beeinflussen. Die Methode wird als Entspannungstechnik i.d.R. erfolgreich angewandt.

Bodywrapping/Body Wrapping
Beim Bodywrapping wird der Körper mit einer Algen- oder Schlammpackung eingerieben und in eine spezielle Folie eingewickelt. Über das Schwitzen nimmt die Haut die enthaltenen Wirkstoffe besonders gut auf, womit die Lymphzirkulation und die Durchblutung angeregt werden. Bodywrapping wird vor allem zur Behandlung von Cellulitis, bei Durchblutungsstörungen sowie zur Entschlackung oder Gewebefestigung (nach Diäten) angewandt.

Bowen-Therapie
Manuelle Therapieform der sanften Bewegungen, die auf die Fähigkeit des menschlichen Körpers baut, sich selbst zu heilen und zu regenerieren. Kein Risiko.

Brechelbad
Trockensauna (ca. 60 °C) aus den Alpenländern mit Kräutern und ätherischen Ölen, die zu vertiefter und befreiter Atmung anregen.

Bürstenmassage
Mit Hilfe einer Naturbürste wird die Haut zum Herzen hin massiert, es kommen auch Luffaschwämme oder Massageprodukte aus rauem Naturfasergewebe zum Einsatz. Das Bürsten der Haut regt den Kreislauf an, reguliert den Blutdruck und wirkt anregend auf die Organe; Einölen/-cremen erhöht das Wohlbefinden.

Callanetics
Gymnastikform nach Callan Pinckney, die aus kleinen, sanften Bewegungen zur gezielten Stärkung der Tiefenmuskulatur und zur Entspannung verkrampfter Muskelgruppen dienen, weist Elemente des BBP-Programms (Bauch-Beine-Po) auf.

Capoeira
In-Sportart, eine Mischung aus brasilianischem Tanz und Kampfkunst. Capoeira umfasst akrobatische Bewegungen, geschmeidige Bewegungen, Kampfelemente und Trittfolgen. Die Teilnehmer des sog. Roda (= Kreis) nennt man Capoeira-Spieler, die sich zu der temperamentvollen Musik (Trommeln, Berimbau, Caxixi-Instrumente) bewegen und von den sog. Capoeiristas umkreist und beklatscht werden.

Chi = Qi

Chirotherapie
Vom Griechischen cheir = Hand (manuelle Medizin) abgeleitet. Eine auf Handgrifftechniken beruhende Methode, bei der Blockaden in den Gelenken und Wirbeln durch gezielte Manipulationen und Mobilisationen gelöst werden sollen.

Chi Yang
Form der Schönheitsmassage, die wohltuend und entspannend wirkt. Dabei wird die Haut durch kosmetische Produkte und Öle behandelt und gepflegt.

Cleopatrabad
Luxuriöses, wohl temperiertes Wannenbad, dem eine Mischung aus Milch, Honig, Essenzen, Ölen und Blüten, abgestimmt auf den jeweiligen Hauttyp, zugesetzt wird. Die Haut wird dabei geschmeidiger, aufnahmefähiger und der natürliche Säureschutzmantel kann sich regenerieren (Entspannung, Steigerung des Wohlbefindens). Sanfte Musik und abgedunkeltes Licht sorgen für die zusätzliche Entspannung.

Collagen-Behandlung
Die Collagen-Behandlung ist eine sog. Anti-Aging-Methode, bei der das Collagen mit einer dünnen Nadel in die Haut gespritzt wird. Collagen ist ein natürliches Eiweiß, das aus Rinderhaut gewonnen und für den menschlichen Körper aufbereitet eine Glättung der Haut (zumindest auf Zeit) bewirkt.

Colon-Hydro-Therapie
Die Darmspülungen (mit Wasser) der Colon-Hydro-Therapie sorgen dafür, dass Gifte aus dem Darm geschwemmt und die Darmfunktionen angeregt werden.

Color Energy Bad
Bestandteil der Farblicht-Therapie. Nachdem die „Mangelfarbe" des Patienten bestimmt ist wird diesem der entsprechende farbliche Badezusatz verabreicht. Das Auge nimmt die Farbimpulse auf, so dass bestimmte Stimmungen (ausgleichend, entspannend, aktivierend) erzeugt und Energieblockaden gelöst werden können.

Cranio-Sacral-Therapie
Teilgebiet der Osteopathie, abgeleitet von lateinischen Cranum (Schädel) und Sacrum (Kreuzbein). Die Craniosacral-Therapie ermittelt Blockaden des rhythmischen Flusses der Flüssigkeit in Gehirn und Wirbelsäule. Durch sanfte Berührung entlang des craniosacralen Systems sollen Disharmonien ausgegli-

chen und Blockaden im Bereich der Skelettstruktur, Muskeln und des Bindegewebes gelöst werden. Wird therapeutisch u. a. eingesetzt bei chronischen Kopfschmerzen, Migräne, Verspannungen etc.

Dampfbad, Dampf-Sauna
Dampfbäder (Danarium, Hamam, Römisch-Irisches Bad) sind geschlossene feucht-warme (ca. 45–60 °C bei 100 % Luftfeuchtigkeit) Räume mit Sitz-/Liegemöglichkeit (auch Steinschwitzbäder). Alle entfalten eine wohltuende Wirkung auf angespannte Nerven und verkrampfte Muskeln. Die Hautporen öffnen sich und werden porentief gereinigt. Das römische Dampfbad eignet sich für Inhalationstherapien, Wechselduschen oder Kneippen, diese verbessern die Immunabwehr.

Danarium
Das Danarium ist ein Dampfbad mit einer mittleren Temperatur von bis zu 60 °C bei einer Luftfeuchte von bis zu 60 %. Es verbessert die Mobilität der Muskeln und Gelenke und kann Linderung bei leichten rheumatischen Erkrankungen bringen. Der Aufenthalt bei mittlerer Hitze und Luftfeuchte ist gut verträglich (wie Bio-Sauna).

Darmreinigung
Darmreinigung umfasst Fastenkuren wie die Milch-Semmel-Diät nach F. X. Mayer oder die Dr. Buchinger Schrothkur sowie Darmspülungen, die mittels Einlauf durchgeführt werden (z. B. Colon-Hydro-Therapie). Eine weitere Alternative ist das Ölziehen nach Dr. Kranach mit Ursprung in der ayuvedischen Medizin. Diese Methode regt die Entgiftung über die Schleimhäute und das Lymphsystem an.

Day Spa
Eine Einrichtung, in der man einen (ganzen) Tag lang verschiedene Wohlfühl- und Entspannungsangebote wahrnehmen kann (s. Spa). Übliche Angeboten sind Sauna, Solarium, Fitness, Gesichtsbehandlungen, Körperbehandlungen oder Thalassotherapien. Auch fällt ein Schönheitstag (Ganzkörperpeeling, -massage, Sauna, Bräunung, Maniküre, Pediküre, Gesichtsbehandlung, Make-up und Typberatung) darunter.

Depilation
Die Depilation ist eine Behandlungsmethode zur Entfernung unerwünschter Haare an verschiedenen Körperstellen und mittels kaltem oder heißem Wachs.

Diäten (Schlankheits-)

Maßnahmen meist zum Abbau von überschüssigem Körpergewicht (Griech. diaita = Lebenskunst). Ca. 2000 Jahre bekannte Zusammenhänge wurden später auf die Kontrolle der Figur mittels vorübergehender Reduktionskost oder spezieller Kostprogramme bei Erkrankungen reduziert. Die Methoden sind sehr unterschiedlich, meist erfolgt eine zeitlich befristete Verminderung der Energiezufuhr durch eine veränderte Nahrungsaufnahme (auch FdH).

Schrothkur ist ein Naturheilverfahren nach J. Schroth und besteht aus den Elementen: spezielle Schrotkur-Diät, Trocken- und Trinktage sowie feuchtwarme Schrothpackungen zur Anregung der Durchblutung (Entschlackung, Gewichtsreduktion und gesunde Blutfett-/Blutzuckerwerte).
Die **F.X.-Mayer-Kur** dient zur Reinigung, Entgiftung und Entlastung des Darmes und soll Besserung bei chronischen Krankheiten des Verdauungstraktes, Verstopfung, Übergewicht und Blutdruckanomalien bieten. Begleitend werden Darmmassagen, Darmgymnastik und Bauchatmung angewandt.

Die **Trennkost-Diät** beruht auf dem Grundsatz, Proteine und Kohlenhydrate nicht gleichzeitig aufzunehmen. Deshalb werden Lebensmittel in kohlehydrat- und eiweißreiche Gruppen getrennt, die jeweils nur mit neutralen Produkten verzehrt werden dürfen (Entlastung und Optimierung der Verdauungsenzyme).

Bei einer **Blutgruppendiät** werden die einzelnen Blutgruppen in Ernährungstypen eingeteilt und für jede eine spezifische Diät erarbeitet.

Heilfasten kann besonders bei der Behandlung chronischer Darmkrankheiten und zur Entschlackung des Körpers hilfreich sein. Diese Ernährungsform besteht aus einer niederkalorischen Trinkdiät, die dem Körper ausreichend Vitamine, Mineralstoffe und Basen zuführt.

Beim **Ayurveda-Fasten** werden individuell abgestimmte Speisen, Arzneien und Tees verabreicht, die auf den ayurvedischen Wirkungsweisen beruhen. Ayurvedische Behandlungen wie Synchronmassagen, Stirnölgüsse oder Dampfbäder können den Behandlungserfolg unterstütztzen.

Bei **Formula-Diäten** handelt sich um Gewichtsreduktion mit Hilfe von bilanzierten Nahrungsergänzungsmitteln, welche während der Diätphase die konventionelle Nahrung ersetzen. Formula-Diäten schränken stark die Energiezufuhr bei gleichzeitig ausreichender Zufuhr von Vitaminen und Mineralstoffen ein, um einen Nährstoffmangel zu vermeiden.

Dorn-Methode

Traditionelle Allgäuer Weise des Wirbelrichtens, wenn der Gelenkkopf aus seiner Gelenkpfanne herausgerutscht ist. Auf sanfte und schmerzfreie Art und Weise werden verschobene Wirbel und Gelenke wieder an ihren Platz zurückgeschoben. Nach Dorn blockieren verschobene Wirbel den natürlichen Fluss der Lebensenergie, wodurch nicht nur körperliche, sondern auch psychische Beschwerden auftreten. Die Dorn-Methode wird bei Beschwerden der Wirbelsäule, Bandscheibenvorfällen, Kopf- und Hüftschmerzen, Knie- und Schulterschmerzen, Kreuz- und Nackenschmerzen angewandt.

Edelsteintherapie
Berichte über die Verwendung von Edelsteinen zu Heilzwecken gibt es aus fast allen antiken Kulturen. Babylonier und Assyrer kannten heilende Tinkturen aus Edelsteinen. Anleitungen zur Zubereitung von Edelsteinmedikamenten in Form von Elixieren, Pulvern, Pasten und Oxiden enthält der altindische Ayurveda.

Die einfachste Form der Edelsteinanwendung ist das Tragen von 1-3 Steinen am Körper, unabhängig von schmerzenden Körperstellen oder bestimmten Hautzonen.

Eisgrotte
Kältezentrum mit Eisdusche, kalten Regengüssen, Nebel und Crash-Eis zum abreiben nach einem Saunagang; dies fördert die Durchblutung und schließt die Poren der Haut. Das Einreiben mit Crash-Eis aus dem Eisbrunnen sorgt für eine herrliche Erfrischung und bringt den Kreislauf wieder ordentlich in Schwung.

Eiswickel
Behandlung mit gefrorenen Handtüchern oder Eispackungen zur Stimulation der Hautdurchblutung und Entstauung der Gewebsflüssigkeit.

Elektro-Therapie
Elektronische Ströme in verschiedener, den Beschwerden angepasster Frequenzstärke stimulieren die Nerven und mindern Schmerzen im Muskelbereich. Besondere Formen sind das **Stangerbad** (Vollbad) und das **Vier-Zellen-Bad** (Teilbad mit Arm-/Fußwannen), die **Reizstromtherapie, Reizstrommassage, Galvanisation**, Transcutane elektrische Nervenstimulation (**TENS**) und Elektrogymnastik. Bei der **Jontophorese** werden Medikamente eingeführt.

Entschlackung
Durch eine Entschlackungskur werden sog. Schlacken (die Giftstoffe und Säuren enthalten), Mikroben, Erreger und Schadstoffe ausgeschieden. Die Entschlackung erfolgt z. B. durch Ernährungsumstellung (viel Trinken, viel Obst, Gemüse und Vollwertkost, wenig tierische Produkte und Fette) bis hin zum Heilfasten. Mineralstoffpräparate, Ölmassagen, Bodywrapping oder Ayurveda-Behandlungen unterstützten diese Entgiftung des Körpers.

Entspannung

Körperlich und geistig spürbarer und messbarer Zustand als Gegenpol zur Anspannung. Ein regelmäßiger und hinreichender Wechsel von Entspannungs- und Anspannungsphasen erhält und fördert die Gesundheit. Entspannung kann bewusst durch bestimmte Entspannungstechniken hervorgerufen werden. Entspannungstechniken lassen sich unterteilen nach

- der Unterscheidung von körperlicher Aktivität oder Passivität in:
  - aktive Verfahren (z. B. Progressive Muskelentspannung oder Biofeedback)
  - passive Verfahren (Autogenes Training oder Meditation)
- der Methode der Entspannungsinduktion mit Veränderung vorwiegend über
  - den körperlichen Bereich oder
  - den kognitiv-mentalen Bereich
- dem Auslöser der Entspannung
  - vom Übenden selbst oder
  - von einer anderen Person oder einem Medium

Erdwallsauna

Eine Erdwallsauna ist teilweise in die Erde eingelassen und hat eine relativ hohe Temperatur (bis zu 100 °C) und eine geringe Luftfeuchtigkeit von bis 10 %.

Erlebnisduschen

Erlebnisduschen zeichnen sich durch verschiedene Düfte, Farben und Berieselungsarten aus, die sich positiv auf den Kreislauf auswirken.

Eutonie

Eutonie kommt von den griechischen Wörtern eu = wohl/harmonisch und tonos = Spannung und bedeutet Wohlspannung. Das Verfahren ist ein pädagogisches Konzept zum bewussten Wahrnehmen des eigenen Körpers in Ruhe und Bewegung. Anwendungsbereiche der Eutonie sind u. a. chronische Schmerzzustände, psychosomatische und vegetative Störungen oder Hautprobleme, da Blockaden gelöst werden sollen (wissenschaftlich nicht belegt).

Fango(-Kur)

Fango (italienisches Wort für heißen, geruchlosen Mineralschlamm) bedeutet die Anwendung von erwärmtem, mineralhaltigem Schlamm auf der Haut. Fango kommt als Bad, Packung oder Umschlag zum Einsatz.

Der Körper wird zum Schwitzen gebracht, was zur Gefäßerweiterung sowie zur Beschleunigung des Blutkreislaufes führt. Die Algenbestandteile im Fango regen die Produktion schmerzstillender Substanzen (Endorphine) an, so dass diese zur Linderung von rheumatischen Beschwerden und Verspannungen einsetzbar sind. Zugesetzte Mineralsalze regulieren den Säurehaushalt der Haut und können zur Linderung bei Schuppenflechte beitragen.

Farbtherapie
Farbtherapie bedeutet seit Jahrtausenden den Einsatz von Farben zur Erzielung gesundheitlicher (psychologischer) Effekte (Chromotherapie). Zunächst wird dabei die Mangelfarbe bestimmt, deren Licht der Patient dann ausgesetzt wird. Gelb- und Rottöne sollen stimulieren und vitalisieren. Zartes Grün (Wachstum, Natürlichkeit und Harmonie) soll die Kreativität beflügeln. Gelb soll entspannend wirken und steht für Licht, Heiterkeit und Lebensfreude. Blau soll eine Wundheilung beschleunigen und Schmerzen lindern. Die Farb-Therapie wird häufig bei Winterdepressionen, psychologischen Störungen, Hautkrankheiten und zur Stimulierung des Immunsystems eingesetzt.

Feldenkraistherapie
Die Therapie nach M. Feldenkrais ist ein körpertherapeutisches Verfahren. Fehlkonditionierte Haltungs- und Bewegungsmuster werden dabei bewusst gemacht und durch sanfte Bewegungsabläufe korrigiert (Verspannungen gelöst). Die Therapie wird u. a. zur Rehabilitation nach Schlaganfällen oder Unfällen sowie in der Schmerztherapie und Psychotherapie eingesetzt.

Felkentherapie
Bei dieser Therapie nach E. Felke werden diverse Anwendungen eingesetzt, die viel Bewegung und vollwertige Ernährung einschließen und sich dabei auf die Elemente Erde, Wasser, Licht und Luft beziehen. Wirkungen sollen sich bei Rheuma, Bluthochdruck, Gicht und Allergien.

Fengh Shui/Fengshui
Feng Shui bedeutet im Chinesischen Wind und Wasser und ist die chinesisch-taoistische Lehre vom harmonischen Leben und Wohnen (Jeder Mensch hat Einfluss auf seine Umgebung und die Umgebung hat Einfluss auf den Menschen). Der Mensch sei angeblich nur gesund und glücklich, wenn sein Lebensumfeld mit der Lebensenergie (Qi) im Einklang stehe. Das Qi könne nur ungehindert fließen, wenn Yin und Yang im Fließgleichgewicht seien, im anderen Fall seien Disharmonien und Krankheiten die Folge. Wohnungen und Gärten werden daher so gestaltet, dass sie gutes Feng Shui erzeugen.

Frigidarium
Das Frigidarium ist ein Kaltbaderaum zur Abkühlung nach dem Saunagang.

Fruchtsäurebehandlung, Fruchtsäurepeeling
Bei einer Fruchtsäurebehandlung werden geschädigte bzw. abgestorbene Hautschichten mittels natürlicher Fruchtsäuren entfernt und so der Erneuerungsprozess der Haut angeregt. Es wird eine feinere Hautoberfläche und die Aufhellung von Hautpigmentierungen (auch Altersflecken) erreicht.

Fünf Elemente (Lehre)
Die Lehre der sog fünf Elemente bildet die philosophische Grundlage des Ayurveda und spielt auch in der TCM eine tragende Rolle. Nach der indischen Lehre besteht die sinnlich wahrnehmbare Welt aus den fünf großen Elementen Erde, Wasser, Feuer, Luft, Raum/Äther, denen bestimmte Sinneswahrnehmungen, Persönlichkeits-Eigenschaften, Organe und Farben zugeordnet werden. Im diätetischen bzw. therapeutischen Handeln gilt das Prinzip, dass mit entgegen gesetzten Eigenschaften behandelt wird, so dass beispielsweise ein Mensch, der über trockene und kalte Haut klagt, mit warmem Öl behandelt wird.

Fünf Tibeter
Es handelt sich um eine Abfolge von fünf relativ einfachen Körperübungen, die Ruhe und Konzentration versprechen und sogar als Jungbrunnen gelten. Die „fünf Tibeter" sollen einer spirituellen Reinigung und Revitalisierung dienen.

Fußreflexzonen (-Massage/-Therapie)
Es handelt sich um eine Fußmassage zur Stimulation von erkrankten Organen und Körperbereichen (aus dem altem Ägypten, Indien und China). An den Fußsohlen sollen sich Nervenverbindungen oder sog. Reflexwege befinden, die zu allen Organen des Körpers führen. Durch eine Massage der entsprechenden Druckpunkte sollen sich eventuelle Störungen der inneren Organe beeinflussen lassen, wofür es jedoch keine medizinischen Belege gibt.

Ganzkörpermassage
Eine Ganzkörpermassage steigert die Durchblutung und führt zu einer Kräftigung des Gefäßsystems und der inneren Organe. Patienten erfahren eine tiefe Entspannung und das Nervensystem wird beruhigt.

Geistheilung
Geistheilung (körperliche oder psychologische Behandlung) hat eine Jahrtausende alte Tradition, bei der auf geistigem Wege auch über größere Entfernungen eine Heilung erfolgen soll. Geistheiler (auch Medizinmänner, Schamanen und Hexen) berufen sich auf übernatürliche Kräfte oder heilige Vorbilder. Sie setzen eine Vielzahl von unterschiedlichen rituellen Handlungen ein, so werden häufig Hände aufgelegt oder Fernheilungen durchgeführt.

Dabei kann sich der feste Glaube der Geistheiler an sich und ihre (bzw. höhere) Kräfte suggestiv auf die Klienten übertragen. Ein medizinischer Beleg fehlt.

Gelée Royale
Als Gelée Royale wird das Produkt bezeichnet, das die Arbeitsbienen aus ihren Schlunddrüsen abscheiden und das die Blutbildung anregen soll. Da auch rheumatische Schmerzen gelindert werden sollen und eine entzündungshemmende Wirkung bestehen soll, gilt das Mittel als Jungbrunnen schlechthin, allerdings fehlen medizinische Beweise.

Gesichtsbehandlung
Bei einer Gesichtsbehandlung wird nach einer Hautbeschaffenheitsanalyse die Gesichtshaut mit Hilfe von Peelings und Lotionen von abgestorbenen Hautschuppen befreit, bevor in der tieferliegenden Schicht der Epidermis Pickel und Mitesser entfernt werden. Danach erfolgt eine sanfte Gesichtsmassage mit Ölen und Lotionen bevor eine Gesichtsmaske der Haut weitere pflegende Substanzen zuführt.

Hamam
Als Hamam bezeichnet man ein türkisches/orientalisches Bad. Der Mittelpunkt des Hamam ist der Bauchstein (Göbbek), ein beheiztes, kniehohes Podest auf das sich der Badegast legt, um sich mit Wärme voll zu tanken. Zuvor führt der Weg führt in den Ruheraum (Maslakh). Im nächsten Raum (Sogukluk) liegt die Temperatur bei 30 bis 40 °C. Hier findet eine Bürstenmassage statt. Dann geht es ins eigentliche Dampfbad (Halvet) mit 45 °C. Ein Hamam-Meister (Tellak) führt dort auf einer Massagebank ein Reinigungsritual durch, das Erlebnis und Entspannung für Körper und Geist bietet.

Hay'sche Trennkost
Eine Ernährungslehre (nach H. Hay), nach der Erkenntnis, dass Eiweiß und Kohlenhydrate im Verdauungstrakt nicht gleichzeitig verdaut werden können. Die meisten Zivilisationskrankheiten sollen auf eine so entstehende Übersäuerung zurückzuführen sein. Bei Einhaltung bestimmter Empfehlungen käme es zu gesteigertem Wohlbefinden, Vorbeugung und Heilung sämtlicher Krankheiten.

Heilfasten
Heilfasten beinhaltet einen zeitlich begrenzten Nahrungsverzicht aus geistig-seelischen Beweggründen (nach Hippokrates). Das Fasten ist ein Ritual, das in allen Weltreligionen praktiziert wird, um leiblichen Versuchungen zu entrü-

cken und sich statt dessen auf Geist und Seele zu konzentrieren. Fasten hat also die Bedeutung von Reinigung und gilt auch als Zeichen der Buße.

Heute hat (Heil-)Fasten oft medizinische Aspekte und wird u.a. bei Krankheiten wie Adipositas, Rheuma, Leber-, Darm- und Hauterkrankungen genutzt. Fasten zur Gewichtsreduktion kann bei medizinischer Indikation Teil einer Therapie sein, wenn Ernährungsverhaltensprogramme und verhaltenstherapeutische Ansätze die Fastenzeit begleiten. Begrenztes Fasten unter spirituellen Gesichtspunkten wird als eine Art des Innehaltens angesehen.

Heubad, Heuwickel
Eine Wärmebehandlung mit Heu, die den Körper sanft zum Schwitzen bringt und ihn sanft entgiften und entschlacken soll. Ganzkörper-Heuwickel wirken durchblutungsfördernd, entkrampfend und immunstimulierend und das seelische und körperliches Wohlbefinden sollen gesteigert werden. Heubäder helfen u.a. bei Neuralgien und Arthrosen.

Homöopathie
Die Homöopathie ist eine alternative Heilmethode. Es werden heilende Substanzen in starker Verdünnung verabreicht. Die zentralen Grundsätze (Potenzierung, Ähnlichkeit, Lebenskraft) der Homöopathie sind medizinisch nicht belegbar.

Hot-Stone Therapie
Bei dieser aus der indianischen Heilkunst stammenden Anwendung werden erhitzte Lavasteine zur Muskelentspannung auf die Energiezentren des Körpers gelegt. Um Heiß-Kalt-Reize zu stimulieren werden auch einige eisgekühlte Marmorsteine eingesetzt. Duftende Öle und sanfte Musik sollen den Wohlfühleffekt steigern.

Hydrojet
Der Hydro-Jet ist ein Überwasser-Massage Gerät, mit dem die Durchblutung des Körpers gefördert wird. Es wird der Stoffwechsel angeregt, die Muskulatur gelockert, Verspannungen und Verhärtungen gelöst. Eine solche Behandlung kann entspannend auf Psyche und Muskulatur wirken.

Hydrotherapie
Heilen bzw. Behandeln mit Wasser (Griech „Hydro" bedeutet Wasser). Die Hydrotherapie zählt auch zu den von Sebastian Kneipp formulierten Fünf Säulen der klassischen Naturheilverfahren. In der Hydrotherapie (auch Wassertherapie, Balneotherapie, Medizinische Bäder, Kneippsche Anwendungen) werden die mechanischen Reizen und die Wärme-/Kälte-

trägereigenschaft des Wassers genutzt (z. B. stärkt Abhärten das Immunsystem).

Interferenzmassage
Die Interferenzmassage (Kopplung von Tiefenstrom und Vibration) wird bei der Cellulite-Behandlung angewendet, um Muskelaktivität und Nervensystem anzuregen.

Irisches Dampfbad
Ein Irisches Dampfbad besteht aus Feucht-Warmluft-Räumen unterschiedlicher Temperatur mit anschließender Abkühlung durch Güsse. Durch die Wärme kommt es zur Öffnung der Hautporen und einer Tiefenbefeuchtung der Haut.

Irisdiagnose
Erkennen von Erkrankungen durch genaues Betrachten des Auges bzw. seiner Iris, da vermutet wird, dass von allen Körperteilen und Organen eine Nervenverbindung zur Regenbogenhaut (Iris) des Auges besteht. In der Iris soll jedes Segment einem bestimmten Körperteil oder Organ entsprechen (keine medizin. Beweise).

Isolationstank
Ein Isolationstank (auch Floatation-Tank, Floating-Tank, Samadhi-Tank oder Entspannungs-Tank) ist ein hermetisch abgeschotteter Raum mit konzentriertem Salzwasser. Alle externen Reize und Sinneseindrücke werden ausgeschaltet, so dass eine absolut Ruhe gewährleistet ist (zur Unterstützung psychiatrischer Therapieformen).

Isometrik
Bei Isometrik handelt es sich um Spannungsübungen, um die Muskulatur zu stärken. Dabei spannt man eine bestimmte Muskelgruppe an und entspannt diese nach kurzer Zeit wieder, Wiederholungen kräftigen die Muskelgruppen.

Jakuzzi
Beim Bad im Jakuzzi (Whirlpool) massieren Düsen den Körper, lockern das Gewebe und regen so die Körperdurchblutung an.

Jonitherapie
Die Jonitherapie ist eine Schönheitsbehandlung, bei der sog. Problemzonen (Bauch, Beine, Po) eine speziellen Laserbehandlung unterzogen werden.

Kaiserbad

Ein Kaiserbad bietet Entspannung in einer luxuriösen, prunkvollen goldglänzenden Wanne aus massiver Bronze. Whirlpool-Jets massieren und Zusätze wie Lavendel, Kamille etc. sorgen für weitere Entspannung.

Kick-Power

Fitness-Mix aus Aerobic und asiatischer Kampfkunst.

Kieselerde

Kieselerde-Präparate (Siliciumoxid) werden als Nahrungs-Ergänzungsmittel von Herstellern für gesunde Nägel, glänzendes Haar und schöne Haut angeboten und propagiert. Es gibt bisher keine medizinischen Belege darüber, ob überhaupt eine Wirkung erzielt wird.

Kinesiologie

Es handelt sich um eine Methode, die die geistige, energetische und körperliche Beweglichkeit fördern bzw. wiederherstellen soll (griech. „Kines" für Bewegung und „Logos" für Lehre). Die Methode basiert auf dem Körperbild der TCM, wonach die Lebensenergie durch bestimmte Meridiane fließt. Die Methode geht davon aus, dass u. a. Stress und Krankheiten zu Blockaden im Bewegungsapparat führen und gestaute Leitbahnen eine Schwächung der entsprechenden Muskeln oder Muskelgruppen hervorrufen. Da Muskeln über die Meridiane auch mit inneren Organen in Verbindung stehen sollen, kann durch Stärkung eines geschwächten Muskels angeblich eine Heilung des entsprechenden Organs erreicht werden (medizinisch nicht belegt).

Kirlian-Fotografie

Ein alternatives Hochfrequenz-Verfahren (nach Ehepaar Kirlian) zur angeblichen Diagnostik der Lebensenergie (medizinisch nicht belegt, aber ungefährlich).

Klang-Therapie/Klangschalen-Massage

Eine Behandlung mit Hilfe asiatischer Messingschalen, wobei mehrere Schalen auf den bekleideten Körper eines liegenden Menschen gelegt und angeschlagen werden. Die feinen Vibrationen sollen Spannungen lösen, Selbstheilungskräfte mobilisieren, schöpferische Energien freisetzen und die Energie ungehindert durch den Körper fließen lassen (Esoterik). Eine Entspannung ist möglich, alles andere lässt sich nicht wissenschaftlich belegen.

Klimakur
Bei einer Klimakur wird zu Heilzwecken die Klimabesonderheit eines Ortes genutzt. Eine heilklimatische Wirkung ist abhängig von der Reinheit, Feuchtigkeit, Bewegung und Erwärmung der Luft, dem Wetter, der Stärke und Dauer der Sonneneinstrahlung, sonstigen Witterungseinflüssen sowie der Jahreszeit. In Europa eignen sich folgende drei klimatische Zonen für die therapeutische Nutzung: Hochgebirge – Mittelgebirge (Wald- und Hügellandschaften) – Küsten

Eine Hochgebirgskur eignet sich für eine Sonnenlichttherapie (Heliotherapie bei Hauterkrankungen) und hilft bei Herz-Kreislauferkrankungen. Das Kurklima im Mittelgebirge eignet sich zur allgemeinen Gesundheitsvorsorge, der Rehabilitation nach schweren Krankheiten (Herz-Kreislauf-, Atemwegs- und rheumatische Erkrankungen). An der Küste macht die meersalzhaltige und reine Luft das Heilklima aus, das z. B. bei Haut- oder Atemwegskrankheiten hilft.

Kneippkur
Wasser treten und kalte Güsse sind die üblichen Anwendungen, die man mit dem Namen Sebastian Kneipp verbindet. Die Kneipptherapie ist ein ganzheitliches und bewährtes Naturheilverfahren, das aus fünf Komponenten besteht:
- Wassertherapie
- Kräuteranwendungen
- Bewegungstherapie
- Ernährungstherapie
- Ordnungstherapie (Seelenordnung heilt)

Kohlesäurebad
Aus Quellen sprudelndes kohlensäurehaltiges Mineralwasser ist Basis des Kohlensäurebads, das die Durchblutung des Körpers fördert und das Nervensystem beruhigt.

Kolon-Hydro-Therapie/Colon-Hydro-Therapie
Die Kolon- (Colon-) Hydro-Therapie ist eine Reinigung des Dickdarms (Colon) mit Hilfe von Wasser (hydro). Die Theorie ist, dass gewisse Gift- und Abfallstoffe vom Darm nicht schnell genug abgebaut und ausgeschieden werden. Dadurch kommt es zu einer „Selbstvergiftung“, mit der Folge von Stoffwechselstörungen, Verstopfung oder psychischen Problemen. Mittels eines speziellen Gerätes wird temperiertes Wasser in den Darm des Patienten geleitet und der gelöste Darminhalt dann hinausgespült. Es gibt keine konventionell-wissenschaftlichen Untersuchungen, die einen Nutzen und das weite Anwendungsspektrum der Therapie belegen.

Kombucha

Als Kombucha bezeichnet man ein leicht moussierendes, schwach alkoholisches Getränk auf Basis des Kombuchapilze. Die angepriesenen Heilwirkungen beruhen auf Überlieferungen: eine leicht abführende und desinfizierende Wirkung erscheint möglich.

Kräuterbad

Dem Kräuterbad werden Kräuter und ätherische Öle als Badezusatz verwendet. Je nach Art der Kräuter wirkt das Kräuterbad entspannend, anregend oder erfrischend.

Kraxenofen

Ein Gast sitzt am Kraxelofen, während der würzige Kräuterdampf des sich erwärmenden Heus an seinem Rücken aufsteigt. Die schonende Erwärmung des Heus tief im Ofen löst die natürliche Heilsubstanz Cumarin, die entspannend und beruhigend, entzündungs- und ödemhemmend wirken soll. Die Behandlung entspannt die Muskulatur und fördert die Schweißbildung.

Laconium

Ein Schwitzbad mit sich von ca. 55 °C bis 65 °C langsam entwickelnder Strahlungswärme aus dem Fußboden, den Wänden und Sitzbänken. Ätherische Öle sollen das schonende Entschlacken unterstützen.

Levitiertes Wasser

Trinkwasser wird in einem Levitationsgerät so aufbereitet (lat. „levis" bedeutet „leicht"), dass sich das Leitungswasser physikalisch energetisiert und regenerieren soll (Esoterik).

Lichttherapie/Heliotherapie/Phototherapie

Eine Jahrtausende bekannte Behandlungen mit Hilfe der Lichtstrahlung, die eine heilende Wirkung hat. Die Lichttherapie verwendet Vollspektrum-Licht sehr hoher Lichtstärken und filtert UV- und Infrarot-Anteile aus. Eingesetzt wird die Lichttherapie z. B. bei saisonal abhängiger Depression (SAD).

Die Lichttherapie ist eine anerkannte Behandlungsmethode, bei der bereits nach einigen Tagen eine deutliche Besserung eintritt. Die Stimmung wird aufgehellt, das Allgemeinbefinden verbessert sich und die Lebensqualität wird gesteigert.

Liquid Sound/Liquid-Sound-Therapie

„Liquid" heißt Flüssigkeit, „sound" bedeutet Klang oder Ton. In einem mit warmem Salzwasser gefüllten Pool treibt der Gast, eingehüllt in sphärische

Klänge und farbiges Licht. Projektionen von Bildern an den Wänden und an der Decke sollen die Wirkung unterstützen. Ein Entspannungseffekt ist möglich, eine weitere Wirksamkeit ist jedoch nicht nachgewiesen.

Lomi Lomi/Lomi-Massage
Die besondere Knet- und Dehntechnik unter Zuhilfenahme von duftenden Ölen war einst Bestandteil der Einweihungszeremonie für Schamanen auf Hawaii. Lomi Lomi Nui als eine Kombination aus Bindegewebsmassage und Gelenklockerung wird in langen, ruhigen, rhythmischen Bewegungen praktiziert.

Lulur
Es handelt sich um ein Javanisches Entspannungs- und Reinigungsritual, bei dem der Körper mit duftenden Ölen eingerieben wird.

Lymphdrainage
Der Begriff setzt sich aus dem lateinischen Wort „lympha“ für klares Wasser und dem französischen Wort „drainage“ für Entwässerung zusammen. Die manuelle Lymphdrainage ist so etwas wie eine Entstauungstherapie, um mit sanften, kreisenden Bewegungen und Ausstreichungen bei gestauter Flüssigkeit den Lymphabfluss zu steigern.

Zu einem Lymphstau (Ödem) kann es durch Entzündungen, Operationen, Bestrahlungen und Tumore kommen. Nach einer Entstauungstherapie kann auch mit Hilfe weiterer Maßnahmen (Wickeltechniken, Kompressionsstrümpfe ...) bei Wasseransammlungen im Gewebe eine Besserung erzielt werden.

Markert-Diät
Die Markert-Diät (Fastenkur) ist ein Gewichtreduktionsprogramm, die als sog Turbo-Diät innerhalb kürzester Zeit einen dauerhaften Erfolg verspricht.

Massage
Das Wort Massage leitet sich aus dem Griechischen „massein“ (kneten) her. Die Klassische Massage behandelt in erster Linie schmerzhafte Muskelverspannungen und -verhärtungen. Auch Kopfschmerzen, Reizdarm oder Erschöpfungssyndrome lassen sich durch verschiedene Massageformen positiv beeinflussen. Bei der **klassischen Massage** werden verschiedene manuelle Techniken angewandt, die unterschiedliche Wirkungen durch unterschiedlich starke Berührungsreize auf Haut, Unterhaut und Muskulatur haben (das sog. Glückshormons Serotonin wird ausgeschüttet).

Viele Menschen haben zu wenig Hautkontakt und empfinden daher die Massage-Streicheleinheiten als besonders wohltuend für Körper und Seele (Taktile

Stimulation). Bei der **Aborigines Massage** sollen durch Verbrennen australischer Wüstenkräuter während der Massage Blockaden und Verspannungen gelöst werden.

Meditation

Der Begriff Meditation leitet sch vom lateinischen Wort meditatio her und heißt u.a. religiöse Versenkung. Die Meditation dient seit Jahrtausenden dem Ziel, Kontakt mit der spirituellen Dimension der Existenz zu erlangen.

Heutzutage wird die Meditation häufig auch als nichtreligiöse Methode zur Entspannung und zum Abbau von Stress eingesetzt. Der gesamte Stoffwechsel schaltet einen Gang zurück. Die Meditation kann also eine wirkungsvolle Methode sein, sich quasi in sich selbst zu versenken: nichts zu tun, nichts zu denken, Entspannung als Selbstzweck.

Auch in wissenschaftlich basierten Therapieformen wird Meditation erfolgreich zur Entspannung und einer inneren Zentrierung eingesetzt. Meditation hat in der Form des **Autogenen Trainings** auch Eingang in die Psychotherapie gefunden. Meditation kann psychosomatische Beschwerden, depressive Verstimmungen, Schlaflosigkeit und Bluthochdruck positiv beeinflussen.

Medizinische Bäder

Medizinische Bäder haben einen therapeutischen Anspruch und spielen im Rahmen der Balneotherapie eine große Rolle. **Bewegungsbäder** entlasten als intensives Muskel- und Kreislauftraining das Skelettsystem durch den Auftrieb des Wassers bei gleichzeitig neuronaler Entspannung. Die positiven Wirkungen von medizinischen Bädern sind umfassend medizinisch dokumentiert.

Kohlendioxidhaltige Bäder (Kohlensäurebäder) fördern die Durchblutung und wirken bei Durchblutungsstörungen positiv auf Herz und Kreislauf.
Moor- und Schlammbäder/-packungen helfen bei chronischem Rheuma, nach Verletzungen des Bewegungsapparats, bei chronischen Entzündungen des Verdauungstrakts, der harnableitenden Organe und bei Frauenleiden.

Schwefelbäder wirken antibakteriell und heilend bei Akne, Neurodermitis sowie chronischen Ekzemen und Gelenkerkrankungen.

Solebäder lindern als stark salzhaltiges Wasser alle Formen von Rheuma, sie können auch bei Frauenleiden und Hauterkrankungen (Akne, Ekzeme…) helfen.

Meridianmassage

Die Meridianmassage ist eine spezielle Massagetechnik (folgt Meridianen) aus Asien, die zu einer Harmonisierung von Körper, Geist und Seele führen soll.

Modelage
Modelage ist eine Thermomaske für die Anwendung auf dem Gesicht, die dort für eine weite Öffnung der Poren sorg (bessere Aufnahme der Wirkstoffe). Sie wird auch zur Behandlung von Cellulite angewandt.

Montignac-Methode (Montignac-Diät)
Es handelt sich um eine Ernährungsphilosophie und ein Diätprogramm, das auf einer strikten Trennung von eiweißhaltiger und kohlenhydratreicher Kost basiert und den glykämischen Index zu Grunde legt. Die alleinige Konzentration auf den glykämischen Index hat jedoch zur Folge, dass eiweißreiche Lebensmittel wie Fleisch und Fisch einen zu großen Stellenwert bekommen und damit schon in Richtung **Atkins-Diät** gehen.

Moorbäder
Medizinische Badeanwendung mit Wärme, die als schmerzlindernd und heilend empfunden wird.

Moxa/Moxibustion
Eine Wärmetherapie der TCM an den Akupunkturpunkten, um Energie freizusetzen.

Musiktherapie
Bei der Musiktherapie werden Klänge zu therapeutischen Zwecken eingesetzt, um so den Patienten die Möglichkeit zu geben, Gefühle und Emotionen klanglich zu äußern. Sie wird besonders bei seelischen und psychischen Erkrankungen angewandt.

Nordic Walking
Nordic Walking (Wandern mit Skistöcken) ist ein gelenkschonendes Ausdauertraining, das die Muskeln in Armen, Oberkörper, Bauch, Rücken, Po und Beinen stärkt. Nordic Walking ist knieschonend und dient zur Konditionssteigerung und zur Fettverbrennung, es kurbelt das Herzkreislaufsystem an und aktiviert damit das Immunsystem.

Odorium
Das Odorium ist ein Inhalationsbad mit milder Raumtemperatur von etwa 45 °C. Dabei werden Ätherische Öle oder Kräuterextrakte verdunstet und über die Haut bzw. die Atmung aufgenommen.

Öl-Massagen
Massageform aus dem Ayurveda, bei der das verwendete Öl eine besondere Bedeutung hat. Das Einölen bedeutet mehr, als der Haut einen geschmeidigen Schutzfilm zu verleihen; es dringt in die Gewebe ein und soll dort seine reinigende, nährende und stärkende Wirkung entfalten. Bei längerer Massage werden tiefere Gewebsschichten erreicht und eine zusätzliche Wärmeanwendung soll den Stoffwechsel beschleunigen. Zur Unterstützung und Beschleunigung dieser Prozesse dienen spezielle Schwitzverfahren, die sog. Svedana-Behandlungen.

Ölziehen, Ölspülen
Eine Reinigungsmethode für den Mundinnenraum, bei der man vor dem Zähneputzen einen Esslöffel helles Speiseöl (z. B. Sonnenblumen- oder Sesamöl) einnimmt und damit spült. Anwendungsgebiete sind neben der Mund- und Zahnpflege unter anderem Kopfschmerzen oder Zahnschmerzen (wissenschaftlich nicht belegt).

Omega-3-Fettsäuren
Omega-3-Fettsäuren kommen in größeren Mengen in bestimmten Pflanzenölen und Fettfischen vor. Die Gruppe der Omega-3-Fettsäuren erfüllt wichtige Funktionen im Körper. Sie können die Fließeigenschaft des Blutes verbessern und die Oxidation von LDL-Cholesterin im Blut verhindern und damit der Arteriosklerose und dem Herzinfarkt entgegenwirken.

Optifast 52
Optifast 52 ist ein ambulantes Therapieprogramm zur langfristigen Therapie von starkem Übergewicht (BMI > 30). Optifast 52 ist eine Kombination aus Ernährung, medizinischer und psychologischer Betreuung und Sport. Das einjährige Programm beinhaltet eine Vorbereitungsphase, eine Fastenphase und eine Umstellungsphase. Das Programm ist für Adipositaskranke und wegen der medizinischen Betreuung auch bei Begleiterkrankungen wie Diabetes, Bluthochdruck, Fettstoffwechselstörungen, Gicht etc. geeignet.

Osteopathie
Die Osteopathie (Oberbegriff für Knochenleiden) dient in erster Linie der Behandlung von diversen Funktionsstörungen. Dabei versucht der Osteopath Ströme über den Kopf zu steuern, die die Störungen beheben sollen.

Ozontherapie, Sauerstofftherapie
Die Ozontherapie ist eine Behandlung mit Sauerstoff, die der Regeneration und Vorbeugung von Alterungsprozessen dienen soll. Außerdem soll sie das Herz-Kreislaufsystem stärken.

Pantai Luar
Eine ostasiatische Massagetechnik mit frischen Fruchtstempeln und heißem Öl. Pantai Luar soll das körpereigene Selbstheilungssystem anregen sowie die Neubildung der Hautzellen aktivieren (Entspannung für Körper und Seele).

Peeling
Beim Peeling reinigt man die Haut mit Hilfe von körnigen Pasten, Meersalzen oder elektrischen Bürsten, die so von überschüssigen Hautzellen befreien.

Periostmassage, Periostbehandlung
Die Periostmassage ist eine besondere Form der **Reflexzonenmassage**. Bei ihr wird ein starker, direkter Druck auf die Knochenhaut (Periost) ausgeübt ohne die evtl. darüber liegende Muskulatur zu beeinflussen.

Personal Trainer
Der Personal Trainer ist ein persönlicher Fitnesstrainer, der individuell auf die jeweilige Person abgestimmte Trainings-, Wellness- und Gesundheitskonzepte erarbeitet und ggf. die empfohlenen Behandlungen und Therapien organisiert.

Phytotherapie/Pflanzenheilkunde
Der Begriff kommt aus dem Griechischen „Phyto“ (=Pflanze) und „therapeia“ (= Pflege). Die Phytotherapie beruht auf der Erkenntnis, dass Inhaltsstoffe von Pflanzen pharmakologische Wirkungen haben und daher bei verschiedenen Krankheitsbildern vorbeugend, lindernd oder heilend wirken können. In der Phytotherapie werden meist Pflanzenextrakte oder Kombinationen von Pflanzenextrakten als Tropfen, Tabletten, Kapseln, Zäpfchen, Salben, Umschläge oder als Tees angewandt.
Die Wirkung pflanzlicher Heilstoffe lässt sich kategorisieren in:
- antikanzerogen (Schutz vor Krebs)
- antimikrobiell (Schutz vor schädlichen Bakterien)
- antioxydativ (Schutz vor Radikalen = agressiven Sauerstoffmolekülen)
- immunstärkend (Schutz vor Krankheitserregern)
- stoffwechselregulierend (Ausgleich von Stoffwechselstörungen)

Pilates
Pilates ist ein ganzheitliches Training bei dem vor allem die stabilisierenden Muskeln des Beckenbodens, Bauchs und Rückens angesprochen werden.

Pizichil
Pizichil ist ein ayurvedisches (königliches) Ölbad mit einer Ganzkörpermassage, Schadstoffe werden „ausgeleitet"

Polarity/Polarität/Polaritätsmassage
Polarity ist eine Körpertherapie-Methode, die von einem Zusammenhang von Körper, Seele und Geist ausgeht. Sie setzt bei ihren Bemühungen Massagen, Körperübungen und körpertherapeutische Verfahren ein, um seelische und geistige Blockaden oder Probleme aufzuspüren und zu lösen.

Die Bezeichnung Polarity bezieht sich auf eine „Körper-Lebensenergie" des Menschen. Polarity geht unter anderem davon aus, dass diese Körperenergie im Menschen zwischen Polen fließt. Der Ausdruck „Polarity" symbolisiert, dass sich menschliches Leben meist in Polaritäten abspielt: zwischen Aktivität und Passivität, Plus und Minus. Im Sinne eines ausgewogenen und gesunden Lebens geht es darum, zum Ausgleich dieser Polaritäten zu kommen. „Harmonie der Energien" soll das Ziel der Methode sein.

Bei der **Polaritätsmassage** wird durch Berührung/Drücken von Energiepunkten Energie weitergegeben. Der ausgelöste Energiestrom soll sich dabei harmonisierend auf den gesamten Körper auswirken. Die Lebensenergie soll so gestärkt sowie Selbstheilungskraft aktiviert werden.

Probiotische Produkte
In probiotischen Produkten sind besonders viele probiotische Bakterien (unterstützen besonders die Verdauung im Darm) enthalten.

Progressive Muskelentspannung/PME, Muskelrelaxation
Eine Entspannungstechnik, bei der nacheinander (progressiv) die wichtigsten Muskelgruppen willentlich angespannt, dann entspannt und gelockert werden. Bei der PME könne durch systematische An- und Entspannung verschiedener Muskelgruppen und durch die damit verbundenen Gefühle ein Zustand tiefer Entspannung eingeleitet und erlebt werden. Die bei Angst beteilig Muskelanspannung könne aufgehoben werden, wenn die muskuläre Spannung beseitigt werde.

Die PME kann zur Vorbeugung z. B. von Spannungskopfschmerz, Migräneattacken und in akuten Schmerzsituationen oder bei essentieller Hypertonie (Bluthochdruck) eingesetzt werden. Die PME eignet sich als Kurzentspannung und Anti-Stress-Technik.

Psycho-Diät
Ziel der „Psycho-Diät“ ist nicht die Änderung der Ernährung sondern der Einstellung zum Essen (Kampf gegen sich selbst). Dem Diätwilligen wird neben einer Gewichtsreduktion versprochen, eine „neue Lust am Essen” zu entdecken. Der Einfluss der Psyche auf das Essverhalten ist unbestritten und viele Hinweise zur Änderung des Ernährungsverhaltens stimmen mit denen der Deutschen Gesellschaft für Ernährung (DGE) überein.

Qi/Chi
Qi lässt sich im westlichen Kulturraum nur schwer übersetzen. Es bedeutet eigentlich „Wirkung“ und soll an der Entstehung und Aufrechterhaltung der Funktionen des lebendigen menschlichen Organismus wesentlich beteiligt sein.

„Qi“ sei die Lebensenergie und Basis der Traditionellen Chinesischen Medizin (TCM). Diese Energie soll in allem leben, dem Materiellen und dem Immateriellen. Qi sei die Wurzel allen Lebens, so heißt es, die das Universum bewege und die Menschen in Gang halte. Das Qi lässt sich innerhalb der TCM an der Aktivität und Ausgewogenheit der inneren Organe erkennen und auch diagnostisch nachweisen.

Qi Gong
Qi bedeutet Wirkung/Lebensenergie und Gong steht für Übung oder Arbeit. Qi Gong ist eine Meditations-, Bewegungs- und Atemtechnik/-therapie der TCM, die regulierend auf das vegetative Nervensystem und gegen funktionelle Störungen wirkt. Mit den Übungen sollen Krankheiten vorgebeugt und Beschwerden gelindert werden können. Regelmäßige Übungen sollen zudem die Konzentrationsfähigkeit stärken und für innere Ruhe und Gelassenheit sorgen. Qi Gong wird häufig ergänzend zur Akupunktur eingesetzt.

Regulierende Wirkungen auf das vegetative Nervensystem können als gesichert gelten. Insofern kann Qi Gong ergänzend bei einigen Erkrankungen, Beschwerden und Befindlichkeitsstörungen angewandt werden.

Rasulbad/Rhassoul
Das Rasulbad ist ein orientalisches Dampfbad mit einer altägyptische Heilerde-/-kräuterbehandlung, die die Durchblutung anregen und das Immunsystem stärken soll.

Rebalancing
Als Rebalancing bezeichnet man eine bestimmte Art tiefer Bindegewebsmassage, die zu den sog. Körpertherapie gerechnet wird und zu einem neuen Körper-Bewusstsein verhelfen soll. Die Kraft unausgedrückter Gefühle, die im Körper verbleiben und dort Verspannungen und Missempfindungen verursachen oder

sogar zu emotionalen Unzugänglichkeiten und Krankheiten führen soll, soll durch Rebalancing behandelbar sein.

Reflexzonenmassage/Fußreflexzonenmassage
Durch Druckmassage an den Füßen, Händen und Ohren sollen innere Organe und Körpersysteme über bestimmte Nervenreizungen (Reflexe) beeinflusst werden, um so die Gesundheit zu fördern. Die Reflexzonenmassage zeichnet sich durch tiefe, ziehende Griffarten aus, die schmerzhaft sein können. Treten bei der Massage an den Reflexpunkten Druckschmerzen auf, soll dies auf eine Störung des damit in Verbindung stehenden Organs hinweisen. Die gezielte Druckmassage an dieser schmerzhaften Stelle soll zur Behebung der Organ- oder Funktionsstörung beitragen. Auch psychosomatische Probleme sollen angeblich durch diese Massage behandelt werden können.

Fußreflexzonen, die der Fußreflexzonenmassage zugrunde liegen, sind allerdings konventionell-wissenschaftlich nicht belegt. Dennoch wird der Methode ein möglicher Entspannungseffekt zugebilligt.

Reiki
Der Begriff Reiki kommt aus dem Japanischen: Rei heißt „universell" und Ki entspricht dem chinesischen Qi und bedeutet „Energie". Vereinfacht übersetzt heißt Reiki also Heilen mit universeller Energie, die es überall gibt. Der Reiki-Gebende gibt laut Lehre keine Energie ab, sondern stellt die Energie nur zur Verfügung. Reiki kann weder gelehrt noch gelernt sondern nur weitergegeben werden.

Inwieweit Energieübertragung durch Handauflegen die Selbstheilungskräfte aktiviert, lässt sich konventionell-wissenschaftlich weder nachweisen noch beurteilen. Als reine Entspannungsmethode (auch mit Placebo-Effekt) ist gegen Reiki nichts einzuwenden, da es keine Nebenwirkungen gibt.

Relaxarium
Ein Relaxarium ist ein Ruheraum zum völligen Abschalten, oft mit Nutzung ätherische Öle.

Rolfing/Strukturelle Integration/Neurophysiologische Integration/Soma
Körpermanipulation/-arbeit mittels Massage- und Bewegungstechniken im Liegen, Sitzen, Stehen und Gehen. Rolfing beabsichtigt die Lockerung und Auflösung von Verhärtungen und Verklebungen des Bindegewebes und der Muskulatur. Rolfing soll Verschleißerscheinungen vorbeugen und Schmerzen des Bewegungsapparates lindern oder beheben. Darüber hinaus betrachtet sich Rolfing aber auch als ganzheitliche Methode, die Körper und Psyche integriert. Indem man zu einer unbeschwerten geraden Körperhaltung zurück-

findet, verbessere sich angeblich auch ein seelisches Leiden (wissenschaftlich unbewiesen).

Römisches Bad/Römisch-Irisches Bad
Abfolge von unterschiedlich warmen und feuchten Baderäumen. Der Besucher eines römischen Bades wechselt traditionell zwischen Tepidarium, Caldarium, Laconium und Frigidarium.

Rosenblütenbad
Das Rosenblütenbad soll antidepressiv und reinigend wirken. Der Rosenblütenduft und beruhigende Inhaltsstoffe sollen Körper, Geist und Seele verwöhnen.

Rückenschule
In der Rückenschule lernt man Bau und Funktion der Wirbelsäule kennen und wird dadurch in der Lage versetzt, Wirkung von Belastungen auf den Rücken besser zu verstehen. Es werden auch Bewegungsverhaltensweisen zur Entlastung des Rückens sowie div. Entspannungstechniken gelehrt.

Salzöl- und Salzschlickbad
Ein Salzölbad (ähnlich Solebad) soll den Körper entschlacken wobei der hohe Mineralstoffgehalt für eine optimale Hautpflege sorgt. Ein Salzschlickbad ist wegen der optimalen Wärmeübertragung vor allem für Rheuma-Patienten geeignet.

Sanarium
Ein Sanarium ist eine sanfte Sauna mit einer Temperatur von ca. 60 °C und einer rel. Luftfeuchtigkeit von ca. 50 %. Dabei wird häufig die Farblichttherapie eingesetzt, um das körperliche und seelische Wohlbefinden weiter zu steigern.

Sauna (finnische)
Diee Sauna ist ein Raum aus Holz zum Schwitzen. Der Wechsel von großer Wärme mit anschließender Abkühlung ist das Grundprinzip der Sauna. Der Saunagang besteht aus vier Abläufen: Duschen (Reinigen), Hitzephase, Abkühlphase und Ruhephase.

Medizinische Vorteile des Saunabadens sind die Verbesserung des Lymphstroms, eine erhöhte Ausscheidung minderwertiger Stoffe über Haut und Nieren (Entschlackung), der Anstieg des Harnstoffspiegels im Schweiß auf das Zehnfache, die Erweiterung der peripheren Blutgefäße oder der Anstieg der Herzfrequenz um 50 %.

Scen Tao

Der Begriff Scen Tao setzt sich aus den Wörtern Scent (englisch für Duft) und Tao (chinesisch für Weg) zusammen. Beim Scen Tao handelt es sich um eine fernöstliche Massage mit wohlriechenden Duftölen, bei der der Patient mit warmen Steinen in Shiatsu-Technik massiert wird.

Schlammkur

Äußerliche Anwendung von Heilschlämmen durch Auftragen auf die Haut in vier aufeinander folgenden Stufen: Schlammpackung, Bad im Thermalwasser, Reaktionsphase und Massage. Dadurch erzielt man eine Durchblutungssteigerung, Stoffwechselbeschleunigung, Entspannung und Schmerzlinderung.

Wesentliche Anwendungsgebiete der Schlammtherapie sind: Osteoporose, Rheumatismus, Nervenentzündungen, Arthrose, Verletzungen und Unfallfolgeerscheinungen, Rehabilitation nach orthopädischen Operationen und Gicht.

Schlüsselzonenmassage

Die Schlüsselzonenmassage (Marnitz-Therapie) ist einer Behandlungsmethode der Physiotherapie. Als Schlüsselzonen werden die Bereiche des menschlichen Körpers verstanden, die angeblich über sog. Reflexbögen eine Verbindung zueinander haben. Die Hauptindikationen für diese Therapie nach Marnitz sind Immobilisationen und Schmerzen bei chronischen und akuten Gelenkserkrankungen.

Schröpfmassage

Auch als Saugmassage bezeichnetes traditionelles Behandlungsverfahren (unblutiges Schröpfen), bei dem auf dem Rücken 6–10 vakuumerzeugende Schröpfköpfe aufgesetzt werden. Diese Methode soll gegen Durchblutungsstörungen, Muskelschmerzen und Verspannungen, Rückenschmerzen sowie chronischen Kopfschmerzen und angeblich auch bei Asthma und Tuberkulose helfen.

Schrothkur

Als Schrothkur wird eine spezielle Fastenmethode nach J. Schroth bezeichnet, die Selbstheilungskräfte mobilisieren und sich ganzheitlich positiv auf Körper, Geist und Seele auswirken soll (3 Phasen: Heilfasten, Wechsel von Trocken- und Trinkfasten, Schroth'scher Dunstwickel). Die feuchtwarmen Wickel dienen der „Entschlackung“ des Körpers über die Haut. Der Begriff „Entschlackung“ ist umstritten.

Schwebebad
Im Schwebebad wird der Körper in hochkonzentriertem, 39 °C warmem Salzwasser getragen und entspannt, gelegentlich mit Liquid Sound kombiniert.

Schwefelbad
Das Schwefelbad ist ein warmes und besonders schwefelhaltiges Mineralwasser mit heilender Wirkung und wird daher vor allem bei Rheuma, Allergien und Hautproblemen wie Schuppenflechte genutzt.

Serailbad
Moderner, orientalisch gestalteter Badetempel, benannt nach dem „Serail" (= Palast eines Sultans). Heil- und Pflegeschlämme werden auf dem ganzen Körper dünn aufgetragen und einmassiert, so dass die Haut weich und zart wird. Weitere Schönheits-, Gesundheits- oder Pflegepackungen finden Anwendung, z. B. Moor-/Heilerde, Algen oder Kreide. Die Prozedur wirkt entspannend und hautpflegend.

Shiatsu
Massagetechnik (aus dem Japanaischen: „shi" (= Finger) und „atsu" (= Druck), also wörtlich „Fingerdruck"). Shiatsu beruht auf den Kenntnissen der Akupunktur und Akupressur. Die Gesundheit wird von der Lebensenergie „Qi" (japanisch „Ki") beeinflusst, die im Körper in geordneten Bahnen entlang der Meridiane (Leitbahnen) fließen soll. Ist diese Energie ausgeglichen, fühlt sich der Mensch angeblich wohl, ist sie jedoch blockiert, sollen „Symptome" und schließlich Krankheiten entstehen.

Bei der Therapie wird mit Händen, Daumen, Ellbogen oder Knien Druck auf die Meridianpunkte ausgeübt und so ein Ausgleich des Ki hergestellt. Die Stimulierung der Druckpunkte soll Glückshormone (Endorphine/Serotonin) und schmerzlindernde Stoffe (Neurotransmitter) freisetzen. Dadurch sollen sich sowohl körperliche als auch seelische Verspannungen lösen. Die Methode ist umstritten.

Slimpoint (-Diät)
Slimpoint ist ein Diätprogramm, das auf folgenden drei Säulen beruht: lebenskonforme Ernährungsumstellung, permanente psychologische Betreuung und homöopathische Unterstützung. Die Slimpoint-Diät entspricht nicht den Ernährungsrichtlinien der Deutschen Gesellschaft für Ernährung e. V. (DGE).

Solarium
Das Solarium ist eine Sonnenbank, auf der der Gast i. d. R. von beiden Seiten mit UV-Strahlen bestrahlt wird, um eine Bräunung der Haut zu erzielen.

Solebad

Beim sog. Solebad wird das Badewasser mit Meersalz angereichert. Das Salzwasser bewirkt vor allem eine Desensibilisierung gegen Allergien und soll die Durchblutung der Haut fördern. Ähnlich soll das **Salzölbad** wirken, das den Körper entschlacken soll und durch den hohen Gehalt an Mineralstoffen optimal die Haut pflegt.

Solegrotte

Eine Solegrotte verfügt über eine Raumtemperatur von ca. 40° Celsius sowie eine sehr hohe Luftfeuchtigkeit. Die Salzsole wirkt positiv auf die Atemwege, fördert die Durchblutung und soll den Körper entschlacken.

Spa

Inzwischen der Oberbegriff für Gesundheits- und Wohlfühlanwendungen bzw. -einrichtungen, die einen Bezug zu Wasser aufweisen. Der Begriff Spa setzt sich aus drei Initialen zusammen, die als Abkürzung für sanus per aquam (lat. = Gesundheit durch Wasser) dienen. Der Name ist identisch mit dem belgischen Badeort Spa und bringt dadurch in zweifacher Weise die Verbindung zur Bäderkultur.

Der Begriff **Spa-Hotel** kommt ursprünglich aus den USA und bezeichnet dort Einrichtungen, die Anwendungen aus dem Bereich europäischer Heilbäderbetriebe anbieten. **Spa-Einrichtungen** bieten u. a. **Dampfbäder, Kneipp-Kuren** oder **Thalasso-Behandlungen** an. Auch Therapien im Wasser zählen zu den Anwendungen, z. B. **Hydrotherapie, Water Balancing, Aqua Wellness** etc. Der Nutzen solcher Anwendungen ist stark von der Qualifikation der Behandler sowie der Güte und Funktionalität der Einrichtungen, Anlagen und Geräte abhängig.

Sportmassage

Eine Sportmassage wird zur Vorbereitung für ein Training oder einen Wettkampf und zur Lockerung von Verspannungen nach sportlichen Aktivitäten angewandt. Darüber hinaus fördert eine Sportmassage das Wohlbefinden der Sportler und erhöht deren Leistungsfähigkeit.

Stangerbad

Es ist ein hydroelektrisches (hydro = Wasser) Vollbad und ist der Physiotherapie zuzurechnen. Bei einem Stangerbad wird die Leitfähigkeit des Wassers genutzt, um dem Körper galvanischen Strom zuzuführen, der eine Erweiterung der Gefäße bewirkt. Ein schmerzhemmender Effekt tritt zur wohligen Wärme.

Steinbad
Ein Steinbad ist eine Sauna-Variante mit einer Raumtemperatur von ca. 65 °C. Spezielles Gestein wird erhitzt und in einen Wasserkessel gegeben. So im Dampf freigegebene Inhaltsstoffe werden über die Atmung aufgenommen.

Stutenmilchbad
Ein Stutenmilchbad gibt der Haut Flüssigkeit zurück und stimuliert angeblich die Zellerneuerung. Dies und die Proteine in der Milch lassen die Haut weicher und geschmeidiger werden.

Sung Rei
Sung Rei ist eine ayurvedische Massagetechnik, die u. a. in Kosmetikstudios angeboten wird. Der Körper wird mit duftenden ätherischen Ölen massiert, wodurch die Haut entschlacken und die Zellaktivität angeregt werden soll. Sie dient zusätzlich der geistigen Entspannung.

Tai Chi/T'ai Chi
Tai Chi (nicht Chi bzw. Qi oder Ki) bedeutet „Großer Balken" und meint symbolhaft die Einheit vor der Zweiheit: Tai Chi wird als die „Mutter" von Yin und Yang verstanden. Es handelt sich um eine meditative Bewegungsform/-methode (Schattenboxen) und entspringt altchinesischen Kampftechniken.

Es werden gesundheitsfördernde und meditative Aspekte in die Bewegungsabläufe integriert. Die meisten Übungen dienen zur Schärfung und Vermehrung des eigenen Körperbewusstseins. Im Tai Chi ist viel Körperbeherrschung, Flexibilität und Konzentration erforderlich.

Als mentale, emotionale und vegetative Entspannungstechnik und zur Entwicklung von verbessertem Körperbewusstsein hat sich Tai Chi bewährt. Der therapeutische Wert bei Krankheiten wird aktuell mit konventionell-wissenschaftlichen Methoden genauer untersucht. Durch Tai Chi wird offensichtlich der Erhalt der Knochendichte und der Zuwachs an Muskelstärke begünstigt.

Taping (Medi Taping)
Beim (Medi) Taping wird mit farblich unterschiedlichen Baumwollklebestreifen eine zu behandelnde Körperregion beklebt. Dieses Taping soll die Muskel- und Gelenkfunktionen verbessern, auf das Lymphsystem und innere Organe einwirken und Schmerzen fortleiten.

Tecaldarium
Ca. 39 °C warmer Raum (römisches Schwitzbad) mit einer Luftfeuchtigkeit zwischen 40 und 60 % (Strahlungswärme kommt aus den Wänden und Wär-

meliegen aus Stein, Marmor oder Keramikfliesen). Wirkung: Tiefe Entspannung, sehr Kreislauf schonend.

Tepidarium
Das Tepidarium (lat. tepidus = mild) ist Teil des römischen Bades und bezeichnet einen lauwarmen, kreislaufschonenden Warmraum, der als Regenerationsbad eingestuft wird. Die im Tepidarium zur Anwendung kommenden Mineral-Aerosole, Heilkräuter und ätherischen Öle können zusätzlich entspannend wirken.

Terra-Sel-Körperwickel
Um Giftstoffe im Körper schneller in die Lymphen zu transportieren, wo sie verarbeitet werden können, wird man mit warmen Bandagen umwickelt, die mit Heilerde und Salzen aus dem Toten Meer getränkt sind. Zusätzlich reinigt und strafft der Wickel die Haut.

Thai-Massage, Nuad
Die Traditionelle Thai-Massage (TTM: in Thailand „Nuad“) hat ihren Ursprung in der Ayurveda- und Yoga-Lehre. Die TTM basiert auf der Vorstellung, dass im Körper Energiebahnen (Meridiane) verlaufen. Auf diesen sollen wichtige Akupressurpunkte liegen, die bei der Heilbehandlung einbezogen werden und über die die Lebensenergie (Qi) aktiviert werden soll. Wesentliche Inhalte der Massage sind Akupressur-, Dehn-, Klopf- und Strecktechniken, Reflexzonenmassage und Yoga-Elemente Die Behandlung um den Einsatz heißer Kräuterkompressen erweitert werden.

Bei der TTM steht nicht die Entspannung der Muskeln im Vordergrund, sondern die Bearbeitung der Meridiane, um den Lebensfluss in ein harmonisches Fließgleichgewicht zu bringen (Ausgleich von yin und yang) und zu stärken. So ist die Thai-Massage in erster Linie auf gesundheitliche Vorsorge ausgerichtet.

Thalasso/Thalasso-Therapie
Der Begriff leitet sich von den griechischen Worten „thalassa“ (Meer) und „therapeia“ (Pflege) ab, bedeutet also eine Heilbehandlung durch das Meer. Die reine Meerwasserbehandlung hat sich weiter entwickelt, denn neben den heilsamen Wirkungen des Meerwassers (Hydrotherapie) werden heute auch Packungen (Algen, Fango) oder Bäder mit Schlamm oder Algen sowie Wanderungen am Strand im gesunden Küstenklima (Klimatherapie) angeboten.

Die medizinischen Anwendungsbereiche von Thalasso-Therapien sind u. a. Stress, Erschöpfungszustände, Stärkung des Immunsystems, Herz-Kreislauf-

Probleme, Durchblutungsstörungen, Rheuma, Venenerkrankungen, rheumatische Leiden, Sportverletzungen, Hautprobleme oder sogar Darmerkrankungen.

Zur Unterscheidung zwischen echten Thalasso-Therapien und eher kosmetisch orientierten Angeboten hat sich die Bezeichnung „Original Thalasso-Therapie“ etabliert. In Deutschland hat sich ein Verband gegründet, der die originale Thalasso-Therapieform vertritt (www.thalasso-verband.de).

Thermalbad/Thermal-Heilbad

Therm heißt im Griechischen warm. Quellwasser mit einer natürlichen Wassertemperatur über 20 °C, das einer Tiefe von mehreren Tausend Metern entspringt, darf sich Thermalwasser nennen. Die Wärme des Thermalwassers wirkt schmerzstillend und entzündungshemmend. Durch die erhöhte Temperatur entspannen sich die Muskeln, das Bindegewebe wird elastischer. Diese Eigenschaften machen Thermalwasser unter anderem auch zum Heilmittel für rheumatische Erkrankungen aller Art. Die mineralische Zusammensetzung des Wassers verstärkt die gesundheitlichen Effekte.
Jede Badekur ist auch eine Reiztherapie. So kommt es zu einer Umstellung des gesamten vegetativen Spannungszustandes: man fühlt sich wohler und entspannter. Das Thermalwasser kann je nach Gehalt an Mineralstoffen für Bäder (Thermalbad) im Rahmen einer Wärmebehandlung oder zu Trinkkuren verwendet werden. In vielen Thermalbädern wird das warme Wasser einer Thermalquelle auch zur physikalischen Therapie genutzt.

Thermotherapie

In der Thermotherapie wird Wärme als Heilmittel eingesetzt. Sie bewirkt eine Linderung von Schmerzen oder Erkrankungen und durch die Wärmebehandlung eine erhöhte Durchblutung. Anwendungen erfolgen z. B. mit Heizkissen, Wickeln, Packungen, Bädern oder Lichtstrahlung.

Traditionelle Chinesische Medizin (TCM)

Oberbegriff für das über 3.000 Jahre hinweg überlieferte volksmedizinische Gesundheits- und Behandlungswissen Chinas. TCM setzt sich zusammen aus **Akupunktur** und **Akupressur**, Kräuterheilkunde/-therapie, **Moxibustion** (= Verbrennen von Kräutern auf der Haut), **Chiropraxis**, Massage (**Tuina-Massage**), **Meditations-** und Bewegungstechniken (Tai Chi, Qi Gong) und die Ernährung/Diätetik.

In der fernöstlichen Heilmethode werden Beschwerden stets im körperlich-geistigen Zusammenhang behandelt. Grundlage der chinesischen Heilkunde ist die Auffassung, dass nicht das reibungslose Funktionieren von Organen, Knochen, Muskeln und Nerven für die Gesundheit wichtig ist, sondern das freie und ungehinderte Fließen der Lebensenergie „Qi". Heilkräuter stehen im Mittelpunkt der Behandlungsmethoden.

In Deutschland nimmt die Anzahl der Ärzte, die TCM-Methoden erlernen, immer weiter zu. Es gibt erste TCM-Kliniken, die TCM und Schulmedizin zu verbinden suchen.

Trinkkuren/Heilwasser
Ein bewusstes, meist verordnetes Trinken von Heilwasser mit therapeutischer oder präventiver Absicht. Natürliche Heilwässer kommen abgesicherte Heilwirkungen zu, die durch das Deutsche Arzneimittelgesetz dokumentiert sind. Die therapeutische Wirkung zielt u. a. auf Magen, Verdauung, Nieren oder Stoffwechsel ab.

Tuina-Massage (Tuina Anmo)
Massage-Technik innerhalb der TCM. **Tuina Anmo** setzt sich aus den unterschiedlichen Massagetechniken zusammen. **Tui** heißt in etwa streichen, reiben oder schieben, **Na** steht für greifen, kneifen, zupfen und **An** für drücken mit Fingern, Daumen oder ganzer Hand. **Mo** ist leichtes Streichen und Reiben.

Bei einer Tuina-Behandlung werden ca. 300 verschiedene Grifftechniken angewandt, die zur Lockerung der Muskulatur, Bänder und Sehnen eingesetzt werden und über eine Druckmassage von Akupunkturpunkten (Akupressur) auch Energieblockaden lösen sollen (Qi). Die Tuina-Massage gilt als hilfreich bei Kopf- und Rückenschmerzen, nervösen Zuständen, Schlafstörungen oder dem „Burn-Out-Syndrom".

Ultraschallbehandlung
Angeblicher Abtransport von Schlacken durch Ultraschallwellen sowie Streichen der Hautoberfläche.

Unterwassermassage
Die Unterwassermassage (Unterwasserdruckstrahlmassage) ist eine manuelle Massage im Vollbad oder mit Hilfe eines gezielten, regulierbaren Wasserstrahls. Die natürliche Muskelentspannung im Wasser sowie der Auftrieb und die Wärme des Wassers unterstützen die Wirkung.

Venusbad
Venusbad ist ein orientalisches Ölbad mit warmem Wasser, das für eine tiefe Entspannung sorgen soll.

Vichy-Dusche
Das Duschen mit horizontal installierten Duschbrauseköpfen findet im Liegen statt. Durch die wechselwarme Brause wird der Kreislauf angeregt.

Vino-Therapie
Die Schale und Kerne einer Weintraube enthalten Bestandteile, wie Polyphenole, die die Haut vor Umweltgiften (UV-Licht und Nikotin) schützen. Sie beugen einer vorzeitigen Alterung vor und sollen sich positiv auf Kreislauf und Immunsystem auswirken.

Die Vino-Therapie wird nur in wenigen Weinanbaugebieten angeboten. Ein Weintraubenextrakt wird dabei mit warmem Quellwasser versetzt. Die Vino-Therapie kann auch Massagen mit Traubenkernöl, Ganzkörper-Packungen aus Traubenkernöl und Honig sowie Peelings mit Fruchtmark umfassen.

Vollwertige Ernährung/Vollwert-Ernährung/Vollwertkost
Die drei Ernährungskonzepte Vollwertige Ernährung, Vollwert-Ernährung und Vollwertkost führen durch ihre leicht verwechselbare Bezeichnungen immer wieder zu Verwechslungen. Sie lassen sich jedoch klar voneinander abgrenzen:

Die **vollwertige Ernährung** basiert auf den Nährstoffempfehlungen der Deutschen Gesellschaft für Ernährung (DGE). Im Vordergrund stehen ernährungsphysiologische Grundlagen, die schonende Zubereitung und ein möglichst geringer Verarbeitungsgrad.

Die **Vollwert-Ernährung** geht einen Schritt weiter und empfiehlt eine gesunderhaltende Ernährungsweise und bezieht zusätzlich technologische (geringer Verarbeitungsgrad), soziale (Sozialverträglichkeit) und ökologische (alternativer Landbau) Aspekte zur Bewertung ein. Die Grundregel der Vollwert-Ernährung lautet, dass die Nahrung so natürlich wie möglich sein sollte.

In der **Vollwertkost** haben diejenigen Nahrungsmittel den höchsten Stellenwert, die möglichst naturbelassen sind. Jegliche Behandlung von Lebensmitteln, wie Erhitzen oder industrielle Bearbeitung, wird ausgeschlossen.

Wakame
Wakame ist eine japanische Braunalge, die die Hautzellen stimuliert und gut verträglich ist. Deshalb wird sie vor allem für Algen-Packungen und in Hautpflegeprodukten verwendet. Als Speise trägt sie zur Reinigung des Darms bei.

Wasser-Gymnastik
Wasser-Gymnastik (Aquagymnastik/Aquarobic) bezeichnet Bewegungsübungen im Wasser, um Kraft und Kondition zu erlangen. Sie ist für alle ge-

eignet, die ihre Wirbelsäule, Gelenke und Sehnen nicht übermäßig belasten dürfen oder wollen. Zusatzgeräte und musikalische Begleitung erweitern das Fitnessprogramm. Auch **Wassertanzen** nach choreografischen Vorgaben.

Wassertreten
Beim Wassertreten werden kalte und warme Wassertretbecken abwechselnd im Storchenschritt betreten, d. h. die Füße werden bei jedem einzelnen Schritt aus dem Wasser gehoben. **Wassertretbecken** werden oft auch **Kneippbecken, Kneipptretbecken** oder **Kneipp-Rondell** genannt.

Watsu
Der Begriff Watsu setzt sich aus den beiden Wörtern **Wa**sser und Shiat**su** zusammen, wobei Elemente aus der Fingerdruckmassage (Shiatsu – Druck auf Energiebahnen), der Gelenkmobilisation und der Muskeldehnung verbunden werden. Diese in warmem Wasser durchgeführte Druckmassage soll sich regulierend auf alle Organsysteme auswirken.

Wellnesstrainer
Wellnesstrainer geben aufgrund ihrer professionellen Aus- und Fortbildung praktische Anleitung und Beratung zu gesunder und genussvoller Lebensweise. Der Beruf des Wellness-Trainers entstand im Zuge des deutschen Wellness-Tourismus. Zur Zeit liegen in Deutschland noch keine einheitlichen verbindlichen Standards für die Aus- und Fortbildung sowie die Tätigkeit von Wellness-Trainern vor (z. B. IHK). Mit ähnlichen Bezeichnungen gibt es Ausbildungen zu Fitness- und Wellnesstrainern, Entspannungs- und Wellness-Trainern, Wellnessmanager oder Wellness-Therapeut. Wellness-Trainer sollten auf jeden Fall eine anerkannte Grundqualifikation in einem gesundheitsorientierten Beruf vorweisen können.

Whirlpool
Wasserbecken mit heißem oder eiskaltem Wasser und Luftsprudeln sowie ggf. zusätzlichen Massage-Düsen. Als **Whirlwanne** bezeichnet man eine Badewanne welche mit einem Whirlsystem ausgestattet ist.

Yoga
Yoga ist ein Wort aus dem Sanskrit (abgeleitet von yui) und bedeutet u. a. binden, vereinen, konzentrieren, anwenden. Auf den Menschen bezogen bedeutet Yoga die Vereinigung und Ausrichtung aller Kräfte von Körper, Seele und Geist auf einen Universalen Gott. Yoga ist eine Kombination aus einem philosophischem System und einer praktischen Methode, die dem Menschen einen Weg zur inneren Freiheit und Zufriedenheit weisen soll.

Die häufig angebotenen Richtungen des Yoga sind: Astanga-Yoga, Bhakti-Yoga, Hatha-Yoga, Integraler-Yoga, Japa-Yoga, Jnana-Yoga, Karma-Yoga, Kriya-Yoga, Kundalini-Yoga, Luna-Yoga, Mantra-Yoga, Marma-Yoga, Raja-Yoga, Tantra-Yoga und Tao-Yoga.

Yoga wird heute allgemein als umfassende gesundheitsfördernde Maßnahme akzeptiert so sind auch die Krankenkassen dem weit verbreiteten Hatha-Yoga gegenüber sehr aufgeschlossen. Medizinische Studien bestätigen den Gesundheitswert der Yoga-Praxis. Neben den unvermeidlichen körperlichen Trainingseffekten bietet Yoga den Übenden auch die Möglichkeit, Bewusstseinserfahrungen zu erleben und zu vertiefen, die dadurch zusätzlich zu einer verbesserten Wahrnehmung und Steuerung ihrer Körperfunktionen gelangen. Durch die Übungen wird die Skelettmuskulatur gestärkt sowie die Atem-, Kreislauf- und Stoffwechselfunktion optimiert und die Stressregulation verbessert.

Ziegenmilchbad

Ein Ziegenmilchbad ist ein Bad zur Entspannung- und Pflege. Der Haut werden beim Baden durch das ausgewogene Fettsäurespektrum der Ziegenmilch Mineralien und Vitamine zugeführt

Zilgrei

(Selbst-)Körpertherapie-Methode mit einem Kunstnamen aus den ersten Buchstaben der Namen der Begründerin **Zil**lo und ihres Behandlers **Grei**ssing. Die Methode der Haltungskorrektur ist abgeleitet von der klassischen Chiropraxis. In Deutschland ist das Verfahren weit verbreitet, ein eigener Berufsverband firmiert unter dem Namen „Zilgrei-Therapie“.

Das Körpertherapieverfahren hat das Ziel, eine schlechte Körperhaltung, verbunden mit Rücken- oder Gelenkschmerzen, durch Bewegungen und Stellungen ähnlich dem Yoga zu korrigieren und durch begleitende Atemübungen in ihrer Wirkung zu unterstützen. Ein Nachweis der Wirksamkeit fehlt.

Quellen: www.gesund-im-sueden.de; www.paradisi.de;
www.wellnessverband.de/infodienst/Lexikon